セミナー・知を究める1

海洋アジアvs.大陸アジア

―日本の国家戦略を考える―

白石 隆著

ミネルヴァ書房

海洋アジア vs. 大陸アジア——日本の国家戦略を考える

目次

序　章　なにが問題なのか……1
第1章　長期の趨勢を読み解く……13
1　新興国の台頭とグローバル・ガバナンスの変容……13
2　中国の台頭と東アジア／アジア太平洋の地域秩序……24
3　グローバル化・都市化・期待の革命……37
第2章　地政学的枠組みを捉える……63
1　アメリカのアジア太平洋政策……64
2　中国の台頭とその政策……81
3　中国の台頭とその行動……96
4　中国の台頭と南シナ海・大陸部東南アジア……103
5　「一帯一路」と「天下」の秩序……116
6　東アジア国際関係の変容……126
第3章　東南アジアの戦略的動向……147
1　民族・宗教的多様性……147

2 経済格差……152
3 中小国の集合地域……157
4 タ イ……162
5 ミャンマー……175
6 ベトナム……188
7 インドネシア……197
8 マレーシア……209
9 フィリピン……220

第4章 アジア太平洋／東アジア／インド・太平洋と日本……231
1 日本を取り巻く現状……231
2 比較史的検討……241

引用文献……263
あとがき……273
人名・事項索引

序章　なにが問題なのか

「一九世紀文明」

これから四回に分けて、「東アジア／アジア太平洋／インド・太平洋と日本」をテーマにお話ししたいと思います。第一回目は長期、長期といっても一〇〜一五年、せいぜい二〇三〇年くらいまでの時間の幅ですが、この幅で、東アジア／アジア太平洋／インド・太平洋地域の国際関係をどう考えているかをお話ししたいと思います。そのあと第二回からは、現状分析、あるいは現状と展望の話となります。ただし、長期の趨勢といい、現状と展望といっても、あくまでこの地域の歴史の文脈の中で考えるわけで、適時、過去に遡ります。しかし、そのときにも、あまり遠い過去まで遡ることはせず、せいぜい二五〜三〇年、つまり、一九八〇年代半ば以降くらいのところで考えるようにします。また、「東アジア／アジア太平洋／インド・太平洋」という地域の枠組みについて、なぜこういう少々もって回った言い方をするかもふくめて、いずれ行論の中で説明しますが、基本的には、太平洋からインド洋に至るこの広大な地域の国際関係を理解する上で、地域の枠組みを固定的に考えない方がよい、その方がこの地域の国際関係のダイナミックスがよくわかるということです。

しかし、まずはそのまえに、わたしのもっている大きな問題関心についてお話ししておきたいと思います。社会科学の古典にカール・ポラニー（Karl Polanyi）の *The Great Transformation*（邦題『大転換——市場社会の形成と崩壊』）という本があります。ポラニーはハンガリー生まれの経済史家・政治経済学者ですが、かれはこの本を第二次世界大戦中に書いています。この本の冒頭でかれは「一九世紀文明は崩壊した。」と述べて、およそ次のように言います。

一九世紀文明は四つの制度の上に成り立っていた。その一つは一世紀にわたり長期の破壊的な大国間の戦争を回避したバランス・オブ・パワー（力の均衡）のシステムである。もう一つは世界経済を支えた国際金本位制である。さらにもう一つは前代未聞の物質的繁栄を生み出した自己調整的市場であり、そしてもう一つは自由主義国家である。この四つの制度のうち、二つは経済的なものであり、もう二つは政治的なものである。また、別の見方をすれば、二つは国際的な制度で、もう二つは国内的な制度である。これら四つの制度によって、「一九世紀文明」は基礎付けられていた。（ポラニー 1975：3）

ポラニー自身は、この「一九世紀文明」を支えた四つの制度のうち、自己調整的市場（市場経済）にもっとも注目し、経済的自由主義の原理（市場システムを創造しようという社会の原理）と社会防衛の原理（公共の利益を守ろうという社会の原理）、この二つの原理が一九世紀の歴史の原動力となり、またその軋轢が帝国主義的対立、為替への圧力、失業、階級対立などのかたちで現象化したと考えます（ポラニー 1975：181）。

しかし、これはずいぶん議論があるところで、わたしとしては、「一九世紀文明」の崩壊はドイツの台頭によって欧州における力の均衡が崩れたことが最大の原因だろうと考えております。では、なぜ、ドイツが台頭し、力の均衡が崩れることになったのか。一八七〇年代以降のドイツの産業化のためです。したがって、一九世紀文明崩壊の原因は、自己調整的市場そのものに内在する矛盾に求めるのではなく、欧州列強経済の不均等発展とその結果としての力の均衡維持の失敗に求めるべきだというのがわたしの考えです。また、「一九世紀文明」ということば自体、二一世紀のいまとなってみれば、いかにも白人優位の欧州中心的な世界の見方で、ことばとしては「一九世紀システム」の方がもっと中立的な表現だろうと思います。

しかし、いま、ここで、ポラニーの「一九世紀文明」を引用するのは、それがどうして崩壊したかについて、異論を唱えるためではなく、かつてナポレオン戦争の終結から第二次世界大戦までの「長い一九世紀」に世界システムの中心を構成した西欧に、崩壊のときから振り返って見ると、「一九世紀文明」とでも呼べるものがあった、それは力の均衡と金本位制と自己調整的市場（市場経済）と自由主義国家という四つの制度の上に構築されていた、という洞察に注目するからです。

米ソ二極体制という二〇世紀システム

では、この「一九世紀文明」崩壊のあと、二〇世紀システムはどのような制度の上に再建されたのか。冷戦の時代、世界システムは東西対立の二極体制（bipolar system）となります。ソビエト連邦を「極」とする「東」のシステムは、帝国的支配と管理貿易と社会主義経済と党国家の四つの制度の上に構築されます。一方、アメリカを「極」とする「西」のシステム、これは通常、「自由世界」（Free World）と呼ばれましたが、これはアメリカの平和（パックス・アメリカーナ）、ドル本位制（一九七〇年代はじめまでは金ドル本位制）・GATT／WTOを中心とする自由貿易体制、自由民主主義国家、市場経済、この四つの制度体系の上に構築されました[1]。

このうち「東」のシステムは東欧の社会主義国家の崩壊とソビエト連邦の解体によって消滅し、その結果、アメリカを中心とする「自由世界」のシステムが、グローバル化の進展とともに世界の趨勢となり、二〇〇〇年代には、九・一一を契機とするアメリカのアフガニスタン、イラクへの介入で世界全体に広がるかに見えました。冷戦終焉の直後、フランシス・フクヤマが「歴史の終わり」を語り、二〇〇〇年代、「アメリカ帝国」論が大いに語られたのは、いまとなってみれば、そういう世界史的状況を踏まえてのことだったと思います。しかし、その頃までには、世界経済の不均等発展、特に中国を筆頭とする新興国の経済的台頭によって、二〇世紀システム自体が変容をよぎなくされるようになっていました。それが二〇〇八年、リーマン・ブラザーズの崩壊をきっかけにはじまった世界金融危機で明らかになり、われわれはいま、世界金融危機がしだいに歴史の後景に遠ざかっていく中、世界の政治経済が大きく変化しつつあることはわかっても、どこに向かうのかはよくわからない、そういう「ニュー・ノーマル」の時代に生きているのではないかと思います。

では、いま現に進行しつつある世界システムの変容をどう考えればよいか。あるいは、もう少し具体的に言えば、なにがこうした世界システムの変容をうながす原動力となっているのか。また、世界システムはそれによって、どう変容しているのか。こういう問いはすべて、ひじょうに大きな問いですが、直感的に言えば、世界システム変容の原動力となっているのは、かつて村上泰亮が『反古典の政治経済学 上』で明快に指摘しているように「産業化」であり、またその基礎にある「技術革新」であることは疑いありません（村上 1992：351）。産業化の下では世界経済の不均等発展は常におこります。その結果、富の分布は常に変化し、それがある時間的なずれをもって力の分布、つまり、力の均衡を変えていきます。力の均衡が変われば、秩序も変容せざるをえません。では、秩序の変容はいかにしておこるのか。

これを説明する一つの仮説が「ヘゲモニー（覇権）の交代」です。この仮説では、ヘゲモニーの交代に際し、結局のところ、大戦争が想定されます。しかし、これは、アメリカのヘゲモニーが二つの大戦争、第一次大戦と第二次大戦を経由して成立したという歴史にとらわれた見方であり、方法的にも、方法的国家主義（methodological statism）とでも言えばよいでしょうか、世界政治のアクターとしてもっぱら国家を想定し、世界史のダイナミックスをひじょうに単純化した見方になっています。国際政治学のパラダイムとしては、一般的に、リアリズム、リベラリズム、さらに近年では、構築主義とでも言えばよいでしょうか、歴史的、政治的に構築されたアイデンティティを重視する constructionism という整理がよく行われますが、これを援用すれば、ヘゲモニー交代論はリアリズムにあまりに傾斜した見方であるとも言えます。

こういう見方は、素朴リアリズムとしては、「日本」はこうする、「中国」はこうする、といった表現そのものの中に表れますが、そういう見方の基礎には、世界は、世界政府がないという意味で「アナキー」、つまり、無政府状態にあり、そういうアナキーの世界で、国家はそれぞれにひとつのまとまりのある行動単位（アクター）として「国家理性」（レーゾン・デタ）に従って合理的に行動する、したがって、国際政治の分析においては国家を一つの人格のようにとり扱えるという想定があります。

グローバル・ガバナンスと世界の趨勢

国際社会にはたしかに世界政府はありません。しかし、それでは、世界は全くのアナキーかと言えば、そうとも言えません。これは最近よく使われるようになった「グローバル・ガバナンス」（global governance）ということばに如実に示されていることで、世界は全くのアナキーではなく、政府はないけれども、さまざまの国際的な制度が定着しています。国際連合もあれば、ＩＭＦ（国際通貨基金）、世界銀行、ＷＴＯ（世界貿易機構）もある。地域的には、北米と欧州にまたがってＮＡＴＯ（北大西洋条約機構）があり、アジア太平洋にはアメリカを中心とするハブとスポークスの安全保障システムがある。ＥＵ（欧州連合）もあれば、ＡＳＥＡＮ（東南アジア諸国連合）もある。つまり、世界政府はないが、世界的、地域的に、さまざまの制度、ルール、機構があり、それを支える規範がある。第二次大戦後、アメリカを中心として「自由世界」がつくられた。これはアメリカの平和（パックス・アメリカーナ）とドル本位制（一九七〇年代はじめまでは金ドル本位制）・ＧＡＴＴ／ＷＴＯを中心とする自由貿易体制と自由民主主義国家と市場経済、こういう制度の上に構築されていた。それが冷戦終焉以降、グローバル化の進展とともに世界の趨勢となり、世界全体に広がるかに見えた。そう申しましたが、これはまさに世界が全くのアナキーではないということです。

また、国家は、国際政治において、それぞれ、一つのまとまりのあるアクターとして行動しますが、国家はある一定の政治プロセスの結果（outcome）として意思決定を行い、行動するのであって、国家が国家理性に従って合理的に行動するというのは現実には妥当しない想定です。

さらに、また、グローバル化の進展とともに、国家以外のアクターがますます重要となっていることも、常に指摘される通りです。これがグローバル・ガバナンスということばの意味するもう一つの意義です。たとえば金融市場はグローバルにきわめて緊密に繋がっており、そこでは金融機関、機関投資家、ヘッジ・ファンド、格付け機関などが、中央銀行、政府とならんで、プレーヤーとして、大きな役割をはたしています。安全保障においても、ソマリア沖、マラッカ海峡周辺の海賊、アル・カイーダ、ドラッグ・カルテルなど、国家以外のアクターがひじょうに重要になっています。また、途上国援助ではフォード財団、ゲーツ財団のような大規模財団が、国連、政府機関とならんで、グローバルなアジェンダの設定に大きな役割をはたしています。さらに、今日のように、生産プロセスが国境を超えて地域的に展開している時代には、一国の経済発展戦略も国際的な価値連鎖の中でいかにして付加価値の高いところに位置取りするか、これを考えずに構想することはできません。

世界を理解するための社会科学とは

ますます多くの人たちが、ますます頻繁に、また、ますます安く、国境を超えて移動するようになれば、国籍、移民などの概念も変質せざるをえません。そういう中で、まだずいぶん萌芽的なかたちではありますが、グローバルな規範としか言いようのない規範が形成され、制度が作られています。文明的な違いが消滅しつつあるとはもちろん言いません。しかし、そういう文明的な違いを超えて、また、地域的にはきわめて不均等なかたちで、英語が世界の共通語となり、それなりに多くの人が正当と受けとめるグローバルな規範もできつつあると思います。グローバル化の進展、つまり、情報通信革命によって時間と空間が圧縮され、ヒト、モノ、カネ、情報・知識が、国境を超えて、ますます大規模に、またますます速く、流通し、循環する中、地域的にそれぞれ違う秩序が形成され、国民国家が変質し、テロリスト・グループ、犯罪組織、財団、NGO、企業、個人等、さまざまの国家以外のアクターが国際的に重要な役割をはたすようになっています。そういう世界を理解するには方法的国家主義では不十分と言わざるをえません。リアリズムの重要性は否定しません。しかし、現代国際関係を理解する上で、リアリズムとならんで、リベラリズム、構築主義のパラダイムの重要性が指摘されているのはこうした理由によります。

なお、これに関連し、二つ、追加的に述べておきたいことがあります。その一つは、アメリカにおける社会科学の趨勢です。わたしがアメリカに留学した一九七〇年代にもすでにその兆しはありましたが、一九八〇年代以降、アメリカの大学における政治学の教育はひじょうに制度化が進みました。これは品質管理にはきわめて重要なことで、アメリカの大学の大学院で、政治学科のミッションとはなにかといえば、これはアメリカの大学で政治学を教えることのできる教員を養成することですから、当然のことながら、品質管理として重視されるのは、博士論文を書いて大学院を卒業し、アメリカのどこかの大学で教職に就くと、ただちにある水準の政治学の講義を担当できる、そういう人を養成するということになります。そのためには、大学院で二年程度のコース・ワークが必須となっていますが、そのときに、国際政治学では、パラダイムとして、リアリズム、リベラリズム、構築主義がある、リアリズムとはこういうことで、リベラリズムとはこういうことで、構築主義とはこういうことである、それぞれのパラダイムを代表するテキストはこれとこれで、鍵概念はこれである、そういうことを教えます。そういう教育を受けた人が論文を書けば、こういうパラダイムを踏まえ、方法的にひじょうにすっきりした、しかし、ある政治現象を理解する上で、はたしてどれほど役に立つのか、よくわからない、それどころか、本を読み終えて、さてなにを学んだかと考えてみると、この程度のことであれば、こんな本を読まなくともおよそわかっていた、ということが少なくありません。また、正直なところ、こういう本を四〇年以上も読んでいると、世の中、こんなパラダイムでそんなにきれいに分析できるわけがないという確信もできます。ということで、かつてコーネル大学時代に同僚だったピーター・カッチェンシュタインは「折衷主義」と言っておりますが、要は、いろいろな見方をテーマに応じてうまく組み合わせ、また、歴史の重みをよくよく考慮しながら、国際政治・政治経済の分析をしてみたい、方法的にはそういう考え方でおります。

もう一つ、ここではあまり明示的には議論しませんが、これも最近の社会科学の傾向として、制度と構造、さらに最近では、社会的に共有されたものの考え方、そういう個々人を超えた一般的な構造を分析することで、社会現象を説明しようというところがあります。特に制度論的アプローチにはその傾向が強いといえます。制度はデザインできます。そこで、たとえば、選挙制度をいままでのようなAの制度でなくBという制度にすると、議会の構成にどのような変化がおこりそうか、これはかなりの程度、客観的に分析できます。そういう魅力もあって、制度と構造を重視する傾向はこれからもっと強くなるのではないかと思いますが、その結果、ある制度、構造の中で人がどう行動するのか、それを分析する上で、人、特に戦略的にきわめて重要な地位にある人たちが、なにを、どう考えて、どんな決定をするかということが、ともすれば重視されなくなっております。しかし、制度を動かすのは人です。したがって、構造と人、英語で言えば、structure と agency の関係をどう考えるかという問題は、特に明示的に議論するわけではありませんが、特に現状分析においては、よくよく注意しておく必要があります。

註

(1)　ただし、これは西ヨーロッパのことであって、東アジアでは、国内体制として自由民主主義体制と市場経済の組み合わせがはじめから成立したのは日本だけで、「自由アジア」のそれ以外の国では、韓国でも、台湾でも、フィリピンでも、民主化は一九八〇年代半ば以降、インドネシアでは一九九八年のスハルト体制崩壊後、また、マレーシア、シンガポールが現在でもどれほど自由民主主義であるか、大いに議論のあるところです。

第1章　長期の趨勢を読み解く

1　新興国の台頭とグローバル・ガバナンスの変容

G7と新興国の世界経済シェア

国家のレベルで長期の趨勢を考えることからはじめます。まず、表1-1「世界経済に占める主要国・地域のシェア」を見ていただきたいと思います。ここには、世界経済全体を一〇〇としたとき、一九九〇年、二〇〇〇年、二〇一〇年、二〇一八年において、世界経済に占める先進国と発展途上国、主要地域・主要国のシェアがどうなっているかを示しています。二〇一八年の数字はＩＭＦの予測です。この表から二つ、ただちに言えることがあります。

第一に、世界経済に占める先進国と発展途上国のシェアを見ると、一九九〇年と二〇〇〇年には、Ｇ7、つまり、アメリカ、日本、ドイツ、フランス、イギリス、イタリア、カナダの七カ国の経済で、六五〜六六パーセントのシェアを占めております。つまり、別の言い方をすると、Ｇ7が世界経済の

表1-1　世界経済に占める主要国・地域のシェア

（単位：10億USドル）　（単位：世界100分率）

国　名	1990年	2000年	2010年	2018年	1990年	2000年	2010年	2018年
世　界	22,428	32,731	64,020	95,733	100	100	100	100
先進国	17,917	26,140	42,041	56,632	79.9	79.9	65.7	59.2
G　7	14,637	21,586	32,304	43,048	65.3	65.9	50.5	45
新興国・途上国	4,510	6,591	21,979	39,101	20.1	20.1	34.3	40.8
北アメリカ	6,575	11,029	16,572	23,830	29.3	33.7	25.9	24.9
アメリカ	5,980	10,290	14,958	21,556	26.7	31.4	23.4	22.2
EU（欧州連合）	7,047	8,540	16,366	22,329	31.4	26.1	25.6	23.3
アジア太平洋	5,136	8,642	18,433	30,954	22.9	26.4	28.8	32.3
日　本	3,104	4,731	5,495	5,943	13.9	14.5	8.6	6.1
中　国	390	1,198	5,930	13,760	1.7	3.7	9.3	14.2
韓　国	270	533	1,015	1,702	1.2	1.6	1.6	1.8
ASEAN 10	343	610	1,902	3,409	1.5	1.9	3	3.6
インドネシア	114	165	710	1,212	0.5	0.5	1.1	1.3
南アジア	417	619	2,045	3,102	1.9	1.9	3.2	3.2
インド	327	475	1,711	2,481	1.5	1.5	2.7	2.6
オセアニア	369	453	1,389	1,922	1.6	1.4	2.2	2
オーストラリア	324	400	1,247	1,702	1.4	1.2	1.9	1.8

三分の二を占めていた時代、これが二〇世紀の第4四半世紀で、この時代には、一九八五年のプラザ合意から一九八七年のルーブル合意にいたる時期の国際経済協調に典型的に見られる通り、G7で世界経済の運営に関わる戦略的決定ができたと言えます。しかし、二一世紀に入ると、G7、さらには先進国の世界経済に占めるシェアがしだいに下がっていきます。その結果、G7のシェアは二〇一〇年には五〇パーセントとなり、二〇一八年には四五パーセントを切るところまで下がると予測されています。BRICS（ブラジル、ロシア、インド、中国、南アフリカ）をはじめとする新興国の台頭のためです。世界経済に占める新興国（Emerging

Economies）のシェアは、一九九〇年にも二〇〇〇年にも二〇パーセント程度でしたが、二〇一〇年には三四パーセントになり、二〇一八年には四〇パーセントを超えて、二〇二〇年代の半ばには世界経済に占めるG７と新興国のシェアが逆転する、そういう趨勢が見てとれます。

二極・一極・多極

では、新興国が台頭すると、世界システムにどのような変化がおこりそうか。それが現在、新興国の台頭とグローバル・ガバナンスの変容というかたちで議論されている問題です。これを考える上で、一般によく援用される概念として「多極化」という概念があります。しかし、この概念は、実のところ、ずいぶんいい加減で、あまり役には立ちません。かつて冷戦の時代、世界は二極体制（bipolarity あるいは bipolar system）となっていました。このシステムが、ソビエト連邦の崩壊、東欧社会主義国家の民主化によって、冷戦が終焉し、一極（unipolarity あるいは unipolar system）になります。しかし、二一世紀に入り、新興国が経済的に台頭し、その結果、世界は一極から多極（multipolarity あるいは multipolar system）に移っている。多極化とはこういう力の分布の趨勢をごく単純素朴に表現することばです。

しかし、これだけでは、世界システムがどう変容するのか、どのような世界がこれからできそうか、ほとんどわかりません。冷戦の時代に二極を構成したアメリカとソビエト連邦は、それぞれヘゲモン（盟主）として、みずからの陣営を編成し、イデオロギー的にも、軍事的にも、政治経済体制としても、厳しく対立し、競合しました。つまり、二極というときの「極」は、ヘゲモンを意味しておりました。この二極が冷戦の終焉で一極になる。このときの「極」もヘゲモンを意味しています。では、多極化というとき、アメリカに対立・競合するはずの多くの「極」はヘゲモンとしてそれぞれに陣営を編成するのか。おそらく多くの人はそんなことは考えていないと思います（ただし、中国の党国家の意思決定中枢にいる人たちが「多極化」というときには、中国を「極」＝ヘゲモンと想定していることはおそらく間違いないと思います）。つまり、二極、一極、多極ということで、一見、多極化ということばは現在の世界システムの趨勢をうまく捉まえているように見えますが、実際には、「極」の意味内容が二極、一極と多極ではずいぶん違う。あるいは別の言い方をすると、多極化ということばは、きわめて単純に、富と力の分布が変化しています、という程度の意味しかもっていないということです。では、どう考えればよいのか。その一つの方法は、新興国の台頭の意義をグローバル・ガバナンスの現状と展望に関連させて考えるということです。

こういうかたちで問題を立てると、この問題について、大きく二つの見方のあることがわかります。その一つは、ジョン・アイケンベリー（John Ikenberry）によって代表される立場で、これは一般にリベラル・リアリズムとされますが、かれの代表的な作品としては、*Liberal Leviathan: The Origins, Crisis, and Transformation of the American World Order*（『リベラル・リバイアサン――アメリカの世界秩序、その起源、危機、そして変容』）があります。おもしろい本ですが、まだ翻訳は出ておりません。(1)

アイケンベリーは、新興国が台頭しても、アメリカを中心とする世界秩序はきわめて強靱で柔軟性に富み、そう簡単に崩壊することはないと言って、次のようにその論を展開します。

アメリカは、第二次大戦後、ＩＭＦ、世界銀行、国連、ＯＥＣＤ（経済協力開発機構）、ＷＴＯといった国際機関、さらにはＮＡＴＯ、日米安保条約等、世界的、地域的にさまざまの制度を構築した。力の分布だけを見れば、アメリカの力は相対的に下がっている。しかし、二〇世紀には、アメリカの力が低下するに応じて、西欧諸国、そして日本がアメリカのジュニア・パートナーとしてアメリカ中心の世界秩序を支持し、そのために応分の負担をした。それが西欧諸国にとっても、日本にとっても、利益だったからであるが、その基本には、アメリカとその同盟国が、ＮＡＴＯ、日米同盟のようなかたちで、おたがいの行動を制度的に縛り合い、それによってアナキーのもたらす不確定性を抑制したということがあった。この相互拘束性はアメリカの立憲的政治システムによっても担保された。アメリカの分権的で多元的な政策形成プロセスに西欧諸国も日本もさまざまに関与することができたからである。その結果、現在のアメリカ中心の世界秩序は、アメリカの国内政治システムの基本にある立憲主義（constitutionalism）の伝統に則り、アメリカの憲法体制の基本にあるひじょうに柔軟でダイナミックな制度作りの仕組みを国際的に拡大するかたちで構築されている。また、この秩序の下で、世界経済の開放性が担保され、民主主義、人権、立憲的統治、私有財産等の規範と理念の共有の上に、国境を超えた包括的なコミュニティとネットワークが作られてきた。アメリカの力が相対的に下がっても、世界秩序がそのつど、適当に調整され、手直しされ、維持されてきたのは、そのためである。こうした事情は新興国が台頭しても同じで、新興国にとっても、安定し、予見可能性の高い秩序を維持することは、結局のところ、大きな利益だろう。アメリカの力はこれからも下がっていくかもしれない。しかし、アメリカの構築した世界秩序そのものはこれからも存続する。

アイケンベリーの議論をわたしなりにまとめれば、大体、こういったところかと思います。ここに見るように、かれの議論はまさにリベラルで、かれ自身、一九九一〜九二年に国務省の政策計画局(policy planning)に務めたことがありますが、たとえばオバマ大統領が二〇一一年一一月にオーストラリア議会で行ったアメリカのアジア太平洋政策についての演説などを見ると、こういうリベラル・リアリズムの考え方が色濃く投影されていると思います。日本では、アイケンベリーに代表されるリベラル・リアリズムの見方について、少し甘いのではないか、という反応が多いと思いますが、これをどう評価するかについてはあとでまた述べたいと思います。

G20は結局Gゼロになった

もう一つ、これとは対照的な議論として、イアン・ブレマーのGゼロという考え方があります。これは、最近、日本でもずいぶん取り上げられているので、ご存知の方も多いと思いますが、その要点は、新興国と先進国では一つ決定的な違いがあるということです。新興国と先進国は、経済規模でみれば、ほとんど拮抗しています。たとえば二〇一三年の中国のＧＤＰ（国内総生産）は八・九兆ドル、これはアメリカの一六・七兆ドルの半分ですが、日本（五兆ドル）、ドイツ（三・六兆ドル）を合わせたより大きくなっています。また、インドのＧＤＰは一・八兆ドルで、これはカナダ（一・八兆ドル）と同じ、オーストラリアの一・五兆ドルより大きいものです。さらに、ブラジルのＧＤＰは二・二兆ドルで、これはイギリスの二・四兆ドルより小さいが、イタリアの二・一兆ドルより大きい規模です。つまり、経済規模でみれば、こういう国はＧ７の国々に匹敵する経済規模をもっています。

しかし、一人当たり国内所得はＧ７の国々よりもはるかに小さい水準にとどまっています。二〇一三年のブラジルの一人当たり国民所得は一万九五八ドルで、これはイギリス（三万九〇四九ドル）、イタリア（三万三九〇九ドル）の三分の一です。中国の一人当たり国民所得は六五六九ドルで、これは日本（三万九三二一ドル）、ドイツ（四万三九五二ドル）の六分の一です。また、インドに至っては、一人当たり国民所得は一四一四ドルで、カナダ（五万三九五三ドル）の三八分の一以下です。したがって、あたりまえのことながら、これらの国々では圧倒的に多くの人たちがもっと豊かになりたい、先進国の人たちと同じような豊かな生活を享受したいと考えています。ということは、別の言い方をすれば、地球温暖化のようなグローバルな課題のために、国民的利益を犠牲にしてもなにかをしようという政治的意思はなかなか生まれないということですし、ときには、知財保護のような問題についても、先進国が知財保護を言うのはわれわれを貧しいままに留め置くための陰謀だ、といった議論がそれなりの説得力をもつということになります。

したがって、新興国が台頭し、国際政治において新興国の発言力が大きくなると、世界的な課題に取り組むグローバル・ガバナンスの能力、あるいは効率は低下せざるをえない、これがイアン・ブレマーの議論です。これをわたしなりの言い方で敷衍すれば、二〇世紀の第4四半世紀、G7だけで世界経済の三分の二を占めた時代には、G7が世界経済の運営に関わる戦略的決定をすることができた。しかし、リーマン・ショックをきっかけとして国際金融危機がおこったときにはG7では不十分で、G20が国際協調の枠組みとなった。しかし、G20の国際協調は、マイケル・スペンスの指摘する通り、すぐに破綻し、結局、G20はGゼロになった、こう言えるのではないかと思います（スペンス 2011：320-336）。

イアン・ブレマーの『「Gゼロ」後の世界——主導国なき時代の勝者はだれか』（日本経済新聞出版社、二〇一二年）が大いに評判となったことからすると、日本ではおそらく、アイケンベリーの議論よりこちらの議論の方が説得力がある、と受けとめられているのだろうと思います。わたしとしては、理論的には、アイケンベリーの議論の方がはるかに洗練されていると考えますが、それにしても、いずれの議論もあまりに一般的すぎて、もう少していねいな議論がいります。というのは、政策分野によって新興国の台頭とグローバル・ガバナンスの変容には大きな違いがあるからです。これは具体的にいくつかの政策分野を考えてみれば明らかです。たとえば、最近になって少し落ち着きましたが、二〇一一年から二〇一二年、ユーロ危機はきわめて深刻で、そのときには、日本、中国、さらにはそれ以外の東アジアの国々も流動性支援のために資金を提供しました。なぜか。ユーロが崩壊すれば、世界の通貨金融システムそのものがたいへんな危機に陥るためで、自国の利益を守るためにも、資金を提供せざるをえなかったからです。二〇一一年はじめ、バンコクでグローバル・ガバナンスの会議が開催されたことがあります。主催者はスラキアット・サティアンタイ元副首相でしたが、かれは、一九九七年七月、バンコクで東アジア通貨危機がはじまったとき、危機はトム・ヤム・クン危機と言われた、さて、それでは、今回のユーロ危機はなんと呼べばよいのか、パエリア危機か、スパゲッティ危機か、と言っておりました。しかし、それでも、タイは資金を提供しました。グローバル・ガバナンスの仕組みは、その意味で、国際通貨金融の分野ではそれなりに機能していると言えると思います。

途上国開発とグローバル・ガバナンス

一方、途上国開発の分野では、かつてＧ７の時代にあった国際的なレジームは明らかに崩れつつあります。中国の四国有銀行の発展途上国に対する開発融資総額は、二〇一〇年にすでに世界銀行のそれを超えております。(2) しかし、中国はＯＥＣＤに加盟しておらず、もちろんＯＥＣＤのＤＡＣ（Development Assistance Committee、開発援助委員会）のメンバーでもありません。したがって、中国は、二〇世紀に開発援助レジームの根幹をなしたＤＡＣの規範に縛られることなく、開発援助をやっております。中国は開発援助では常に「ウィン・ウィン」と言いますが、その実態は、中国が開発金融を提供する案件については、中国の国営企業が落札し、中国人の技術者と労働者、そして中国の機材をつかって道路をつくり、ダムを建設し、港湾を整備しています。また、援助を受ける国に人権、ガバナンスなどの問題があっても、中国は、内政不干渉原則の下、援助を提供しています。その結果、かつてそれなりに意義のあったDACの国際援助レジームはずいぶん崩れてしまったと言ってよいと思います。日本がアフリカの国々に対してインフラ整備の低利借款を提供しようというとき、日本企業は、アンタイド（ひも付きなし）では、たとえば、道路建設案件で、コスト的に、中国企業、あるいは韓国企業に勝てません。ある品質の道路が造られる限り、どの国の企業が道路を造っても道路は道路で、援助を受ける国にとって違いはないのですが、政治家から見れば、どうして日本の開発援助で中国の企業、韓国の企業が受注するのか、中国の手掛ける援助案件はみんなひも付き（タイド）ではないか、ということになります。その結果、日本のODA（政府開発援助）政策そのものも変わりつつあります。つまり、開発援助の世界では、中国がひじょうに重要なプレーヤーになるにつれて、ルールそのものが変わりはじめています。それが、たとえば、日本では、インフラ輸出のところで表れていると言えると思います(3)。

さらにまた、地球温暖化（global warming）の問題になると、中国も、インドも、その他の新興国も、二酸化炭素（CO_2）削減のために自分たちが率先してなにかしようという意思はほとんどありません。一九～二〇世紀に、西欧諸国、アメリカ、日本などは地球温暖化など全く気にせずに、エネルギーを消費し、産業化したではないか。なぜ、われわれだけが産業化、国民の生活水準向上を犠牲にして二酸化炭素削減に協力しなければならないのか。こういう議論は、新興国ではひじょうに説得力があると思います。その結果、この問題についての世界的取り組みはなかなか進みません。

こうしてみれば、すでに明らかな通り、政策分野によって、グローバル・ガバナンスの能力はずいぶん違います。これは、通貨金融、通商、開発援助など、政策分野によってそれぞれ別の国際レジームが現にあることからすれば、ごくあたりまえのことで、そうしたレジームの制度化のレベルは分野によってそもそも違いますし、新興国がそういうレジームの維持にどの程度の利益を見出すかによっても、レジームの安定性は違ってきます。その意味で、アイケンベリー、ブレマーのような人たちの議論は、一見、わかりやすいのですが、実はあまり頼りになりません。

もう一つ、いままでは制度と構造の観点からグローバル・ガバナンスの変容について話をしてきましたが、同時に、こういう制度を運用する人の問題もあります。たとえば、ジョージ・W・ブッシュ大統領の時代（二〇〇一～〇八年）とオバマ大統領の時代（二〇〇九年～現在）で、さまざまの政策領域で国際レジームがラディカルに変わっているわけではありません。しかし、アメリカのリーダーシップに対する信頼ということでは、最近、ひじょうに懸念されるところが多くなっています。これは、たとえば、化学兵器の使用禁止に関連して、オバマ大統領がシリアに制裁を加えるといっておきながら、結局、やらなかった、といったことに如実に見る通りですが、これは構造の問題ではなく、だれがやっているのかという問題、つまり、リーダーシップの問題です。制度は同じでも、アメリカの大統領がリーダーシップを発揮するときとしないときで、グローバル・ガバナンスのパフォーマンスには大きな違いが出てきます。ブレマーの議論では、こういうリーダーシップの問題と構造の問題が混同されているところもあります。

2　中国の台頭と東アジア／アジア太平洋の地域秩序

ガリバーになった中国

もう一つの大きな趨勢は地域的な富と力の分布の変化、そして中国の台頭です。表1-1に見るように、一九九〇年においても、二〇〇〇年においても、北米（アメリカとカナダ）とEUを合わせると、世界経済に占めるそのシェアはほぼ六〇パーセントでした。ところが、二一世紀に入り、二〇一〇年にはすでに五二パーセントまで下がり、二〇一八年までにはほぼ確実に五〇パーセントを切ります。アジア太平洋地域が世界の成長センターとして世界経済に占めるそのシェアを急速に伸ばしているためですが、中でも中国のシェアの伸びが突出しています。世界経済に占める中国のシェアは一九九〇年で一・七パーセント、二〇〇〇年でも三・七パーセントでしたが、二〇一〇年には九パーセントを超え、二〇一八年には一四パーセントを超えると予想されます。世界経済に占める日本のシェアは、一九八五年のプラザ合意以降、二〇〇〇年頃まで、一四パーセント台で、日本の力はこの時期、ピークに達しました。世界経済に占める中国のシェアは二〇一八年頃からその水準に達し、それ以降も年率四～五パーセントの経済成長が続けば、二〇二〇年代半ばには中国はアメリカと拮抗する経済規模になります。一方、日本のシェアは近い将来、五パーセント以下のところまで下がってきます。では、アジア太平洋では、富と力の分布はどう変わっているのか。表1-2を見ていただきたいと思います。

ここでは日本を一〇〇としたとき、他の国々の経済規模はどれくらいになるかを示しています。一九九〇年には、中国、インド、ASEAN-7（このときにはベトナム、ラオス、カンボジア、ミャンマーはまだASEANに加盟していないので、ASEAN-7というのは、正確ではありませんが、便宜上、東南アジア一〇カ国のうち、ブルネイ、カンボジア、ラオスを除く七カ国をASEAN-7と呼んでおきます）をすべて合わせても、その規模は日本の三分の一程度でした。また、二〇〇〇年になっても、中国、インド、ASEAN-7の経済をすべて合わせて、日本の半分にしかなりませんでした。つまり、二〇世紀の

表1-2　アジア太平洋の GDP 比較

（単位：10億 US ドル）

国名	1990年	2000年	2010年	2018年
中国	390	1,198	5,930	14,941
インド	324	476	1,356	2,976
インドネシア	114	165	710	1,482
マレーシア	43	94	249	475
ミャンマー	n/a	9	45	87
フィリピン	49	81	200	451
タイ	86	123	319	612
ベトナム	6	30	104	240
シンガポール	39	94	232	342
ASEAN-7	337	596	1,859	3,689
オーストラリア		400		1,702
アメリカ	5,801	9,951	14,499	21,101
日本	3,104	4,731	5,495	5,930

（単位：日本＝100）

国名	1990年	2000年	2010年	2018年
中国	12.6	25.3	107.9	252
インド	10.4	10.1	24.7	50.2
インドネシア	3.7	3.5	12.9	25
マレーシア	1.4	2	4.5	8
ミャンマー	n/a	0.2	0.8	1.5
フィリピン	1.6	1.7	3.6	7.6
タイ	2.8	2.6	5.8	10.3
ベトナム	0.2	0.6	1.9	4
シンガポール	1.3	2	4.2	5.8
ASEAN-7	10.9	12.6	33.7	62.2
オーストラリア		8.5		28.7
アメリカ	186.9	210.3	263.9	355.8
日本	100	100	100	100

第4四半世紀には、日本は東アジアのガリバーでした。しかし、二〇一〇年には、中国の経済規模が日本のそれを凌駕し、インド経済は日本の四分の一、ASEAN－7の経済は日本の三分の一になりました。さらに、二〇一八年になると、中国経済は日本の二・五倍になり、インドは日本の半分、ASEAN－7は日本の三分の二近くになります。

世界全体で見れば、二〇一八年になっても、中国は世界経済の一四パーセント程度を占めるにすぎません。しかし、その頃までに、中国の経済規模は、日本、ASEAN（ここでは七カ国のみを見ています）、インドを合わせた経済規模以上となり、日本に代わって中国が東アジアのガリバーになります。一国の経済規模が大きくなれば、政府の収入も拡大します。国としては、より大きな資源を教育、科学技術、軍事力などに投資できますし、それが、ある時間のずれをおいて、国によって効率性に違いはありますが、国力の増大に繋がっていきます。二〇二〇年代半ば、中国の経済規模がアメリカのそれに拮抗するようになると、中国とアメリカの国力も拮抗するようになるとは言いません。しかし、それでも、ある時間のずれをおいて、中国の経済が大きくなれば、国力も伸びていきます。その結果、これから一〇年くらいのうちに、その間、中国が四～五パーセントの経済成長を維持すれば、中国は東アジアで圧倒的な強国になる可能性があります。中国の人たちはもちろんそれを意識していますし、周辺の国々も、われわれもふくめ、中国の経済的台頭と強国化がどのような機会（opportunities）とリスクをもたらしそうか、注意しながら見ています。同じことは中国の後背地である中央アジアの国々についても言えます。中国はすでにこの地域のほとんどすべての国で第一位、あるいは第二位の貿易相手国ですし、中国の景気の動向は周辺諸国の経済に大きな影響を与えます。また、中国と領土紛争をかかえる国にとって、中国が安全保障上の大きな脅威となっていることも疑いありません。したがって、日本、東南アジア、さらにはインドなどにおいて、中国の台頭にどう対応するか、これはきわめて重要な課題となっています。

台頭する中国——ヨーロッパでの受けとめ方

しかし、世界全体としてはまだそうはなっていません。欧州では、中国の台頭は大きな経済的機会をもたらすものと受けとめられる一方、そのリスクはほとんど意識されていません。これはドイツのアンジェラ・メルケル首相が頻繁に中国を訪問していることに見る通りです。欧州、あるいは中東、アフリカ、南米などから見ると、中国は世界の向こう側にある遠い国だからです。その意味で、中国の台頭をどの程度、システミックな課題と受けとめるかについては、地域的にずいぶん温度差があります。われわれとしては、これから二〇二〇年代半ば頃まで、この点も注意しておくべきだと思います。

では、中国の台頭でなにが大きな争点になりそうか。これは次回、もっとていねいにお話ししますが、中国の指導者は、江沢民主席も、胡錦濤主席も、習近平主席も、すべて、二〇〇〇年から二〇二〇年の時期が中国台頭の戦略的好機であると言っております。これはおそらく、二〇二〇年代に入ると少子高齢化がはじまり、経済成長が減速しはじめることを踏まえたものだと思いますが、それでは、この戦略的好機に、中国はなにをしようというのか。中国の党と政府のスローガンを借用すれば、「富国強軍」、明治日本の「富国強兵」と同じ意味のことばですが、要するに、経済を成長させ、国を豊かにし、軍事力を増強して、地域的にも、また将来は、世界的にも、経済力、軍事力に裏打ちされたかたちで、強国として、影響力を行使する、それが中華人民共和国という党国家（party state）の国家戦略だろうと思います。

では、中国経済がこれからも成長し、富国強軍の国家戦略下、中国がこれからも国力を増強していくとどうなるのか。すでに冒頭で紹介したことですが、カール・ポラニーは、「一九世紀文明」は、バランス・オブ・パワーと金本位制と市場経済と自由主義国家、この四つの制度の上に成立していたと言いました。それが第一次大戦から第二次大戦に至る三〇年で崩壊し、そのあと二極体制の成立する中、「自由世界」では、アメリカを中心として、アメリカの平和とドル本位制・ＧＡＴＴ／ＷＴＯ体制、自由民主主義国家と市場経済の制度の上に、新しい二〇世紀システムが構築されました。アメリカの平和は、アメリカの圧倒的な軍事力とアメリカを中心とする同盟関係、特に北大西洋におけるＮＡＴＯ（北大西洋条約機構）とアジア太平洋におけるハブとスポークの地域的な同盟システムによって支えられます。また、ドル本位制は、本来、金ドル本位制として作られますが、一九七一年、ニクソン大統領が金とドルの兌換を停止し、これをきっかけとしてドル本位の変動為替制となります。一方、自由貿易体制はＧＡＴＴ（貿易および関税に関する一般協定）体制として出発し、冷戦終焉後、ＷＴＯ（世界貿易機構）体制に進化します。また、国内的には自由民主主義と市場経済が政治、経済体制の原則となります。つまり、別の言い方をすれば、一九世紀システムから二〇世紀システムへの転換において、バランス・オブ・パワー（力の均衡）に代えてアメリカの平和が安全保障の基本にすえられ、一方、経済的にはドル本位制にもとづく金融システムとGATT／WTO体制の上に世界的な自由貿易体制が構築されたということです。

アメリカのシステムに「ただ乗り」する中国

中国は一九七八年の改革・開放以来、このシステムの中で大いに成長しました。しかし、アメリカの平和を受け入れる一方、富国強軍によって着々と軍事力を強化しています。ドル本位制は認めるけれども、管理フロート制によって元とドルの為替レートを管理し、国境を超えた資本の自由な移動も認めていません。また、国内政治体制としては、党国家体制によって中国共産党の事実上の一党独裁体制を維持し、市場経済を原則とすると言いながら、国内経済においては、国有企業が経済の三分の一以上を占めています。国際システム維持のコストも負担しません。つまり、中国は、アメリカの主導する国際システムに「ただ乗り」しながら、富国強軍に邁進し、国力の増大するにつれて、その行動は大国主義的になっています。中国がこれからもこういう行動をとり続けると、国際システムはどうなるのか。世界経済に占める中国のシェアが二〇パーセントを超えるようになって、それでもなお、中国がいまと同じような行動をとり、システム維持のコスト負担をしないとすれば、国際システムはどうなるのか。長期的にもたないのではないか。それがいずれ深刻に懸念されるようになると思います。

アメリカの相対的な力が低下すると二〇世紀システムはどうなるのか、この問題はこれまでにもくりかえし問われてきました。先に紹介した「ヘゲモニーの交代」という仮説はそういう問いに対する一つの回答としてそもそも提出されました。日本では、村上泰亮が『反古典の政治経済学』(上、中央公論社、一九九二年)において、この問題を体系的に考察しています。また、日本政府も、一九八〇年代に入ると、一九八五年のプラザ合意以降の国際経済協調に見るように、国際システム維持のコストを負担するようになります。また、「アメリカの平和」維持のための努力も、主として吉田ドクトリンの修正というかたちで、平和維持のための自衛隊の海外派遣から、最近の集団的自衛権に関する憲法解釈の修正まで、遅々としてではありますが、少しずつ進んでおります。さらに、日本は一九九七~九八年のアジア経済危機に際しては、アジア通貨基金を構想し、宮澤イニシアティブによって巨大資金を経済危機に陥った国々の流動性支援、財政支援に提供しました。しかし、中国はそういうコスト負担の努力をほとんどしておりません。それどころか、陸と海のシルクロード構想の制度化として提案されているアジアインフラ投資銀行、BRICS銀行などの構想を見ると、はたして世界システムを維持したいのか、壊したいのか、よくわからないところがあります。

しかし、先にも述べましたが、これが世界的に大きな懸案と受けとめられるようになるには、おそらくまだ一〇年かかります。つまり、これからの一〇年、中国の台頭がどのようなリスクをもつかについて、アジア太平洋地域と世界ではかなりの温度差があります。そしてこの一〇年のうちに、中国の党国家の意思決定中枢の考える戦略的好機が終わります。したがって、気分としては、この戦略的好機のうちに、とれるものはとっておこうといった誘惑もひじょうに強くなると思います。その意味で、これから一〇年は世界的にも東アジアでもひじょうに難しい時期となるだろうと思います。

欧州／北大西洋と東アジア／アジア太平洋

では、これから一〇年、なにが東アジア／アジア太平洋においては、大きい課題となりそうか。これについては、欧州／北大西洋と東アジア／アジア太平洋を比較しながら考えるとわかりやすいと思います。欧州／北大西洋には集団的な安全保障のシステムとしてNATOがあります。NATOの司令官はアメリカ人で、アメリカが事実上、NATOの指揮権を掌握しておりますが、NATOには、冷戦終焉以降、旧ワルシャワ条約機構参加の国々が次々と加盟し、いまでは冷戦時代からの加盟国である西欧諸国に加え、チェコ、ハンガリー、ポーランド（一九九九年加盟）、エストニア、スロバニア、ラトビア、ルーマニア、スロバキア、ブルガリア（二〇〇四年加盟）、アルバニア、クロアチア（二〇〇九年加盟）が参加しています。欧州統合は、この集団的な安全保障機構の土台の上に、人間の尊厳、自由、民主主義、平等、法の支配、人権の尊重などを原則として進んでいます。したがって、集団的安全保障の機構であるNATOと欧州統合の機構であるEU（欧州連合）のあいだに、同盟関係、制度構築の基礎となる規範について、緊張はありません。いま、ウクライナ危機、つまり、ロシアのクリミア併合とウクライナへの介入が大きな国際問題となっていますが、その一つの争点は、ウクライナとしては自国の安全保障と経済成長のためにNATOに加盟し、EUに参加したい、しかし、これはロシアにしてみれば、NATOとEUが自国の国境まで拡大するということで、ロシア・ナショナリズムに訴えるプーチン大統領にはとても受け入れられないということで、この危機がNATOとEUの二つのシステムのあいだの構造的緊張で生まれているわけではありません。

一方、東アジア/アジア太平洋では、そういう安定した、また制度的に整合的な、安全保障と政治経済協力のメカニズムは存在しません。この地域の安全保障システムとしては、日米、米豪、米韓、米比、米タイなどのバイ（二国間）の安全保障条約と基地協定の束からなるアメリカ中心のハブとスポークのシステムがあります。一九七一年の米中国交正常化以来、中国は日米安保条約を受け入れ、アメリカを中心とするハブとスポークスの地域的安全保障システムを受け入れることで、この地域におけるアメリカのヘゲモニーを受け入れてきました。[4] しかし、それでも、中国はこのシステムには入っていません。その一方、通商システムにおいては、中国はすでに東アジア/アジア太平洋の地域的な通商システムの重要なプレーヤーとなっており、かつて二〇世紀には日本と日本以外のアジアとアメリカの間にあった三角貿易は、いまでは中国と中国以外の日本もふくめたアジアとアメリカの間の三角貿易となっております。つまり、別の言い方をすれば、中国の入っていない地域的な安全保障システムの上に、中国を一つのハブとする地域的な通商システムが成立しています。そのため、たとえば、南シナ海の領土問題で中国が大国主義的に一方的に行動する、あるいは尖閣諸島の領有権問題で中国が日本に厳しい措置をとると、それがただちに通商問題にも連動する、それが東アジア/アジア太平洋における地域システムの構造的特徴となっております。こういう構造的特徴をもつ地域システムの中で、これから一〇年くらいの時間の幅で、なにが大きな問題になりそうか、わたしとしては二つ大きな課題があるのではないかと考えております。

これからの一〇年――中国の課題

その一つ、これはすでに述べたことですが、中国はこれからもまだしばらく経済的に台頭し、その結果、力の均衡は放置しておけば中国に有利な方向に推移していくだろうということです。では、これをみすえて、どのような連合によって力の均衡を維持すればよいか、それが一つの課題です。なお、ここで、力の均衡を維持するというのは、少々もってまわった言い方で、実際には、力の均衡を日米豪に有利なかたちで維持する、ということです。そのためにオバマ大統領が提唱したのがピヴォット（軸足）、あるいはリバランシングということで、それがどういうことかはまたあらためて説明しますが、その要点は、これまで大西洋と太平洋に均等に配置していた軍事力を太平洋重視のかたちで再配備することにあります。日本もこれに対応して、日米同盟を支える国内体制の整備を進めており、太平洋からインド洋に至る広大な地域（インド・太平洋）においてアメリカの同盟国、パートナー国との連携を深めています。特に、オーストラリアとの外交・安全保障分野における連携は急速に進んでおり、いまでは、事実上の同盟関係となりつつあると言えます。また、フィリピン、ベトナム、インドネシア、インドなどとの戦略的連携も進んでおります。アジア太平洋における力の均衡をこういうかたちでこちらに有利なように維持する、それが大きな課題の一つです。

同時に、たとえば、通商自由化を見ますと、WTO（世界貿易機構）のドーハ・ラウンドはすでに一〇年以上、行き詰まっております。一方、発展途上国・新興国はともすれば、国内政治における経済ナショナリズムの圧力もあって、通商自由化に積極的でないことも少なくありません。こうした中、二一世紀の世界にふさわしい、より質の高い通商システムの構築はまずは先進国主導でやらざるをえません。しかし、そのための時間はあまり残されていません。先にも見た通り、二〇二〇年代には、世界経済に占める先進国と新興国・発展途上国のシェアは逆転します。これを考えれば、いまなぜ、TPP（Trans-Pacific Partnership、環太平洋パートナーシップ）、TTIP（Trans-Atlantic Trade and Investment Partnership、環大西洋貿易投資パートナーシップ）、日本・EU自由貿易協定が重要課題となっているか、よくわかると思います。

同じことは他の政策分野についても言えます。しかし、特に主権、領土に関わる領域では、たとえば、南シナ海の行動規範策定を考えれば明らかな通り、規範作り、ルール作りは決して容易ではありません。こうした問題については、どのようなルールを作るかということとならんで、どのような方式でルールを作るかという問題があります。これはアイケンベリーが *Liberal Leviathan* で明快に指摘していることですが、国際的なルール作りの方式には、帝国的な方式と、多国間の交渉でルールを作る方式（マルティラテラリズム、multilateralism）の二つの方式があります。

ここで帝国的な方式というのは、大国が、ある特定の政策分野について、自分で勝手にルールを作り、このルールを他の国々に押し付けるというやり方です。中国は南シナ海の領有権の問題でこれをやっています。ご承知の通り、中国は一九九二年に国内法として領海法を制定しました。そして、現在では、この法律を根拠に、南シナ海の「牛の舌」をした九段線の中はすべて中国の領土であるといって、この地域に多数の武装公船を配備して法執行を行い、他国の抗議を押し切って海底資源探査も実施しています。また、東シナ海の尖閣諸島水域には、ほとんど毎日、中国の公船が侵入しています。そこでおこっていることは、中国がこういうかたちで実効支配を確立しようとしていることに加え、こういう帝国的方式を中国とその周辺地域におけるルール作りの方式として確立しようとしているということです。中国の人たちは「盟主」、ヘゲモンとはそういうものだ、と考えているのかもしれません。

しかし、ルール作りの方式としては、これが唯一の方式ではありません。実際、アメリカは現在、ＴＰＰをアジア太平洋自由貿易地域（ＦＴＡＡＰ）に至る途として大いに推進しておりますが、そこでのルール作りの方式は多国間（multilateral）の交渉にもとづくものです。言うまでもなく、交渉では国力が大いにものをいいます。したがって、ＴＰＰの交渉でもアメリカの言い分がずいぶん通り、かなりの程度、アメリカに都合の良いルールができます。しかし、それでは、小国の言い分はなにも通らないかといえば、政府調達、知財保護などでそれなりの配慮がなされていることに見る通り、全く通らないわけではありません。日本のようにもっと力のある国の言い分はもっと通ります。これに加え、ルールを多国間交渉で作る方式には、もう一つのメリットがあります。それは、ルールができてしまえば、たとえそのルールが大国に都合が悪くなっても、大国もやめた、とは言えないことです。一度、多国間でルールについて合意すると、ルール作りに参加したすべての国はこのルールに縛られます。一方、帝国的な方式でルールを作った場合には、ルールが帝国にとって都合が悪くなると、帝国はいつでもやめた、と言えます。この違いはきわめて重要です。東アジア／アジア太平洋では、現在、こういうルール作りの方式をめぐるせめぎ合いがおこっております。

こうしてみればすでに明らかな通り、東アジア／アジア太平洋では、力の均衡をいかにみずからに有利に維持するかをめぐって「力の均衡の政治」(balance of power politics) が行われるとともに、どのような分野でどのようなルールをどう作り、地域協力を進めていくかをめぐって、「協力ゲーム」が行われています。このような国家をアクターとする「力の均衡の政治」と「協力ゲーム」がこれからも東アジア／アジア太平洋の国際関係の基調となることは間違いありません。また、新興国の人たちが経済成長とともに自信をつけ、自己主張を強めれば、ナショナリズムがいままで以上にこの地域における政治の潮流となり、その結果、「協力ゲーム」以上に「力の均衡の政治」が重要となる可能性も大いにあります。それが少なくともこれから一〇～一五年くらいの趨勢だろうと考えてよいと思います。

3　グローバル化・都市化・期待の革命

情報通信の普及で変わるアジア

もう一つの長期の趨勢はグローバル化、都市化、増大する期待の革命（revolution of rising expectations）とまとめることができます。ここで、グローバル化とは、一般的に、時間と空間の圧縮とでも定義するしかありませんが、内容的には、情報通信革命、金融のグローバル化、国際的な価値連鎖の成立と発展、国境を超えた人の移動など、いくつかにまとめてその効果を理解することができます。また、都市化とはごく単純に、東アジアでは二〇三〇年頃までに人口の六〇パーセント以上の人たちが都市に住むようになるということです。そうしたグローバル化と都市化、これがこの地域の経済成長と中間層・富裕層の拡大とあいまって、政治的にどのような意義をもつか、それを捉まえる上で鍵となるのが「増大する期待の革命」ですが、その趣旨は行論の中で説明します。

さて、今日、情報通信革命がどのくらいの規模で、またどのくらいの速度で進んでいるのかについてはいろいろなデータがありますが、かなりショッキングなデータを一つ紹介します。二〇〇〇年、世界で携帯電話をもっている人は七億人超で、そのうち五億人は高所得国の人たちでした。しかし、二〇一〇年になると、携帯電話所有者数は五三・六億人を超え、うち三七億人は中所得国、五億人は低所得国の人たちとなっています。また、二〇〇〇年には世界のインターネット人口は四億人以下で、そのうち三億人超は高所得国の人たちでしたが、二〇一〇年にはインターネット人口は二〇億人を超え、そのうち一一・六億人は中所得国の人たちとなっています。さらに、識字率と情報通信技術普及の相関をみると、二〇〇〇年には識字率八〇～一〇〇パーセントの国で携帯電話、インターネットなどが普及していたのに対し、二〇一〇年には識字率五〇～八〇パーセントの国々で情報通信技術が普及するようになっております。こうしてみれば、これから一〇年で、世界の圧倒的多数の人たちが情報通信技術の恩恵を享受できるようになるのはほぼ確実です。人類学者はかつて、「未開社会」の研究ということで、太平洋の島々、東南アジアの山地、アフリカの平原などに住む人たちの社会に入り込み、フィールド調査を行いました。しかし、いまでは、東南アジアの山地でも、「山地民」が携帯電話で「ハロー」とやっていて、「未開社会」は事実上、消滅しつつあります。また、これから一〇年程度を考えれば、世界中の人たちがインターネットとスマート・フォンでおたがいに繋がるようになるばかりでなく、ウェアラブルの普及、さらには自動車、家電製品などがインターネットで繋がれ、モノのインターネット、IOT（internet of things）がわれわれの日常生活の不可欠の基盤となり、それが途上国の人たちが貧困から抜け出すチャンス、あるいは新しいビジネスのチャンスを生むばかりでなく、技術的には、企業も、政府も、きわめて多数の人たちを、個々のレベルで、常に、捕捉し、監視できるようになります。その意味で、かつてミシェル・フーコーが描いたような監視の世界とはおよそ違う、つい先頃までわれわれとしてほとんど想像もしなかった監視の世界がいま生まれつつあると言えます。

では、情報通信革命は、いま、世界をどう変えつつあるのか。その第一は金融のグローバル化です。この意義はすでによく理解されておりますし、これに関する記事もほとんど毎日のように見ることができます。たとえば、日本経済新聞の記事「新興国のマネー流出が高水準、最大で週六五〇〇億円に」（『日本経済新聞』二〇一四年二月二五日付）です。その内容を簡単に紹介すると次のようになります。

米調査会社ＥＰＦＲグローバルによると、世界の新興国株で運用するファンドでは、二〇一四年二月五日までの一週間の純流出額が約六四億ドルに達し、二〇一一年二月初旬以来の水準となった。対象となったのは新興国株で運用する投資信託、上場投信、一部ヘッジ・ファンド（約六五〇〇本、運用資産総額は一兆ドル）の資金の動きで、ＥＰＦＲによると、直近の調査である二月一二日までの一週間でも純流出額は三〇億ドルで、資金の純流出は昨年一〇月三〇日までの一週間から一六週連続となった。特に流出が目立つのはブラジル、トルコ、インドネシアで、昨年（二〇一三年）一年間、トルコ、インドネシア、ブラジルの株式相場の下落率は二桁、投資マネーの流出は各国の通貨安も加速した。ＥＰＦＲによれば、ＢＲＩＣ（ブラジル、ロシア、インド、中国）株ファンドからは二月一二日まで六八週連続で資金が流出し、昨年はじめからの累計で中国株ファンドから一五億ドル、ブラジル株から一一億ドル、ロシア株から七億ドルなどとなった。

特に説明を加えることもないと思いますが、このアメリカの調査会社によれば、新興国の株式を運用する投資信託、上場投信、ヘッジ・ファンドの資金総額が一兆ドル、かりに一ドル＝一〇〇円として、一兆ドルは一〇〇兆円、日本のＧＤＰのおよそ五分の一になります。そのくらいの規模のお金が二〇一四年二月時点で新興国で運用されていました。しかし、アメリカの連邦準備制度（Federal Reserve System, FRB）が近々、量的緩和政策をやめるだろうという観測の下、新興国で運用されている資金が引き上げられており、その結果、トルコ、インドネシア、ブラジルなどの株価は二〇一三年、二桁台の下落となり、またインド、インドネシア、ブラジルなどの通貨は一五～二〇パーセント、下落しました。では、どのくらいの規模の資金が引き上げられたのか。それほど大きな規模ではありません。中国から一五億ドル、ブラジルから一一億ドル、それ以外の国はそれ以下で、トータルでも、一兆ドルの二パーセント程度、二〇〇億ドル程度が新興国から引き上げられたにすぎません。それでこれほどのインパクトがありました。

金融のグローバル化と危機

ところで、一九九七～九八年の東アジア経済危機に際しては、はるかに大きな規模の資金が東アジアの国々から引き上げられました。タイ、インドネシア、マレーシア、フィリピン、韓国、この五カ国に限ってみると、一九九六年にはネットで七二九億ドル＝七・三兆円の資金がこれらの国に流入しました。ところが、一九九七年には、これが一一〇億ドル＝一・一兆円の純流出になります。つまり、一九九七年だけで、合計八・四兆円の資金がこれらの国々から流出したということで、そのため、これらの国々は次々と流動性危機に陥り、ＩＭＦの処方箋の誤りもあって、国によっては、きわめて深刻な政治経済危機となりました。つまり、インドネシア（二〇一四年で八八九〇億ドル）、タイ（二〇一四年で三七四〇億ドル）あたりの規模の経済では、数十億ドル台（数千億円台）の資金流出であれば、株式市場の下落、通貨の下落ですむけれども、一桁大きい数百億ドル＝数兆円規模の資金流出がおこると流動性危機がおこりうるということで、そうした危機のおこる可能性は、金融のグローバル化によって、世界各地で運用されている資金の規模がますます大きくなるにつれて、大きくなると言えます。

なお、参考までに、もう一つ、最近、みつけたデータを紹介しておきます。これは世界の為替市場で一日にどれほどの規模の通貨が取引されているかを示したものですが、一九九八年には一・五三兆ドルでした。これが二〇一〇年には三・九七兆ドルになり、二〇一三年には五・三五兆ドル、この年の日本のＧＤＰは五兆ドルですから、日本のＧＤＰを少し超える規模の資金が毎日、国境を超えて移動していることになります。また、この一五年間で、世界の為替市場の一日の取引額は三倍に増えております。この趨勢がこれからも継続すれば、いまのところ、日本のＧＤＰ規模の資金が、毎日、国境を超えて移動していますが、その規模はこれからますます大きくなるということです。こういうきわめて大きな規模の資金が国境を超えて移動し、世界のマクロ経済動向に応じて各地に投資されています。「通貨危機で滅びた国はない」とはときに言われることですが、これほどの資金が世界的に動いている時代には、一国のマクロ経済運営を誤ると、資金はたちまち逃げ出し、それが一国の経済を

表1-3　域内貿易比率の推移

国　　名	1980年	1990年	2000年	2005年	2010年	2012年
アジア						
RCEP（ASEAN+6）	33.2	33	40.6	43	44.1	43.2
ASEAN	15.9	17	22.7	24.9	24.6	24.5
ASEAN+中国	14.9	15.8	20.1	20.7	20.7	21.2
ASEAN+韓国	15.1	16.1	22.4	23.2	23.9	24.5
ASEAN+インド	15.1	16.5	22.3	23.8	23.4	23.1
ASEAN+日本	23.4	21.7	26.4	26	26.7	27.1
日中韓	10.3	12.3	20.3	23.7	22.1	20.2
米州　NAFTA	33.2	37.2	46.8	43	40	40.2
欧州　EU27	57.5	65.4	65.1	65	64.9	63.3
日本　EU	52.6	61.4	59.8	60.5	59.2	57.4
APEC	57.5	67.5	72.3	69.2	67	65.8
TPP	44	50.8	53.9	47	41.9	42
アメリカ　EU	55	61.3	57.9	58.7	57	55

（注）域内貿易比率＝（域内輸出額＋域内輸入額）／（対世界輸出額＋対世界輸入額）×100

破綻させる、そういうリスクを常にあたまのどこかにおいておく必要があります。(5)

谷が深まるスマイル・カーブ

グローバル化の第二の効果は国際価値連鎖ですす。これについては、表1-3「域内貿易比率の推移」を見ていただきたいと思います。ここで域内貿易比率とは、たとえば、日中韓の場合、日本、中国、韓国の総輸出額、総輸入額、この和を分母にとり、日中韓が相互に貿易でやりとりしている貿易総額を分子にとって、三国の貿易総額に占める三国間の貿易額の比率を見たものです。日中韓の場合、二〇〇〇年で域内貿易比率は二〇パーセント、二〇〇五年、二〇一〇年に少し上昇しますが、二〇一二年にはまた二〇パーセント台に戻っています。この表の最上列にはRCEP（ASEAN＋6）というのがあります。これはＡＳＥＡＮ一〇カ国と日本、中国、韓国、インド、オーストラリア、ニュージーランドの六カ国のことで、その域内貿易比率は一九八〇年に三三パーセント台でしたが、二〇〇〇年に四〇パーセント台に乗り、二〇一二年には四三パーセントまで伸びています。比較のために、北米のＮＡＦＴＡ、これはアメリカ、カナダ、メキシコの自由貿易地域ですが、この域内貿易比率を見ると、これは一九八〇年で三三パーセント台、それが二〇〇〇年には四六パーセント台まで伸びますが、二〇一二年にはまた四〇パーセント台に下がっています。アメリカにとって、ＮＡＦＴＡの重要性は下がっているといえるかもしれません。さらに、ＥＵ（欧州連合）二七カ国の域内貿易比率は一九八〇年ですでに五七パーセント台でしたが、二〇一二年には六三パーセント台になっております。これは別の言い方をすると、欧州連合の国々はおたがいの貿易で貿易全体の三分の二に達するということです。

問題は、なぜ、こういうことになっているのか、なぜ、域内貿易比率が貿易を考える上で重要なのか、ということです。その一つの理由は、生産のプロセスがますます細分化され、この細分化された生産プロセスを構成する一つひとつのしごと（タスク）が、比較優位の原則に従って、国境を超えて、地域的に配置されるようになっている、ということです(6)。それは具体的にはこういうことです。たとえばアップルのｉＰｏｄの国際価値連鎖について、最近、よく言われることですが、ｉＰｏｄとは、ｉＰｏｄという製品の元になったアイデア、そのアイデアを具体的にｉＰｏｄというかたちにデザインし設計するプロセス、それを元に部品を調達し組み立てるプロセス、そしてｉＰｏｄを販売したあ

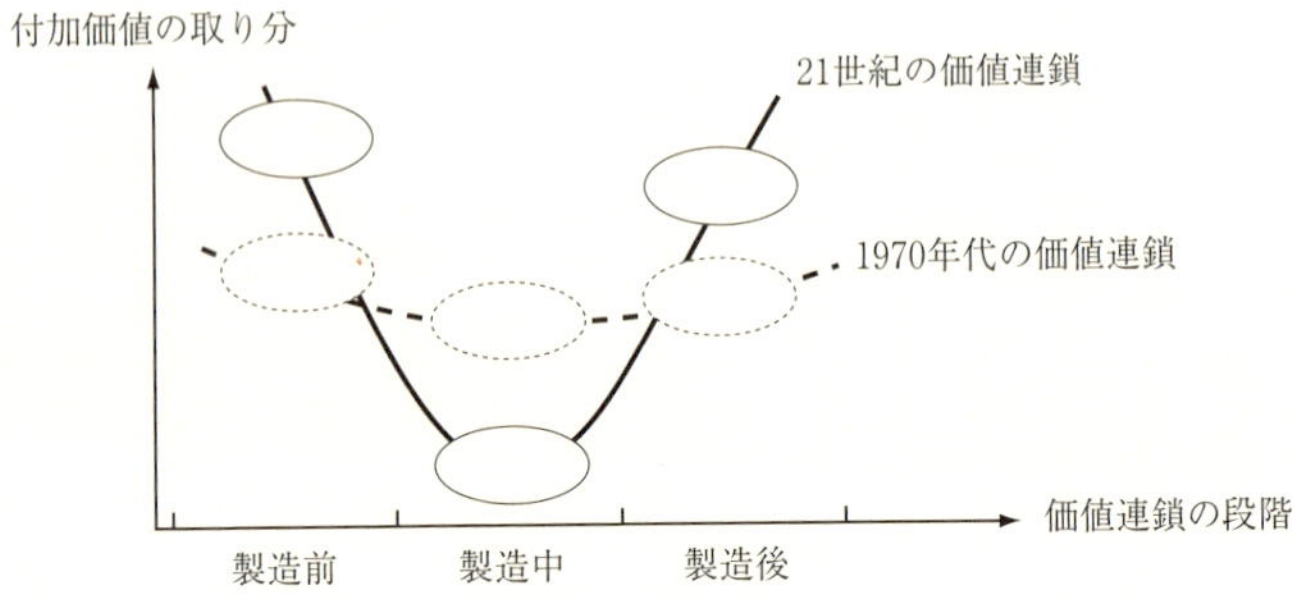

図1-1 スマイル・カーブ

と、クライアントが自分の好きな音楽をお金を払ってダウンロードできるサービス、こういう一連のプロセスの全体で価値を生むわけですが、このプロセスを構成する一つひとつのしごと（タスク）に付加価値がどう配分されているかをモデル的に示すと、これは図1-1に見るようなスマイル・カーブになります。これはリチャード・ボールドウィンのエッセイに掲載されたものをそのまま借りておりますが、その要点は二つあります（Baldwin 2013）。その一つは、歴史的に見ると、スマイル・カーブは一九七〇年代にはもっとフラットだったが、近年、谷がますます深くなっているということです。もう一つは、このスマイル・カーブで、付加価値の取り分の高いのはどういうしごとかを見ると、これは、製造に至るまで（Pre-fabrication）のプロセス、つまり、製品のアイデア、設計、デザインといったプロセスと製品を販売したあとのサービスで、その一方、さまざまの部品を集め、製品を組み立てる（assemble）プロセスでは大きな付加価値はとれないということですし、さらに言えば、アイデアと技術とデザインのいっぱい詰め込まれた高度な部品の生産は、製品そのもののアイデア、設計、デザイン、サービスほどではないにしても、それなりに大きな付加価値が取れる、ということでもあります。

これはｉＰｏｄのような一つの製品についてだけでなく、国際分業において一国の経済がどこに位置取りするかについても言えます。その一例として、アジア経済研究所の産業連関研究グループがＷＴＯ（世界貿易機構）と行った研究があります（WTO and IDE-JETRO 2012）。この研究によれば、かつて一九七〇年代には、日本のメーカー、たとえば、日本の自動車メーカーは、ある地域にその下請け企業をすべて集めて、そこで自動車を作っていました。つまり、生産に至るまでのプロセス（pre-fabrication）から組み立てまで、すべて一つの地域でやっており、付加価値も生産プロセス全体でかなり均等に配分されていました。しかし、一九九〇年代以降、特に二一世紀に入って、スマイル・カーブの谷はますます深くなっています。これは、別の言い方をすれば、生産プロセスの細分化にともない、大きな付加価値のとれるしごととそれほど付加価値をとれないしごとの違いがますますはっきりしてくるとともに、そういう違いが国境を超えて地域的に展開する国際価値連鎖の中で分布することになったということです。

その理由はきわめて直截です。生産プロセスが細分化され、それぞれのしごとが国境を超えて、地域的に、資源賦存から見てもっとも効率の良いところに配置されるようになったためです。たとえば、ｉＰｏｄについて言えば、アイデアはカリフォルニアで生まれ、設計、デザインもおそらくカリフォルニアで行われたと思いますが、製品の組み立ては、村田製作所などの部品を集めて、中国の工場で行われました。あるいは、スマート・フォンについて言えば、サムソンはアイデアをアップルからいただき、設計、デザインもかなりの程度、アップルに負っていると思いますが、部品は京都の部品メーカーなどから調達し、ベトナムで組み立てています。その結果、国で見れば、国境を超えて国際価値連鎖が展開する時代には、いまから産業化の途を歩もうという国は安い労働力を売り物にするしかないわけで、付加価値の取り分の小さい組み立てから入って行くしかありません。カンボジアはこれを精力的にやっておりますし、ベトナムも格別のインセンティブ・パッケージを提供して、サムソンのスマート・フォンの組み立て工場を誘致しました。しかし、経済が成長し、労賃が上昇し、国民の生活水準が向上してくると、いつまでも組み立てだけにとどまるわけにはいきません。産業人材を育成し、中小企業振興の名の下にサポーティング・インダストリーを育成し、産業高度化によって、スマイル・カーブの谷を少しずつ上がっていこうとします。また、国によっては、シンガポールのように、きわめて戦略的に人材育成、インフラ整備、企業誘致を実施して、気が付いてみると、金融、保険、物流などの分野で地域のハブとなり、きわめて大きな付加価値を取っているところもあります。つまり、まとめて言えば、金融がグローバル化し、貿易の自由化が進展し、企業が国境を超えて展開する時代には、一国の経済発展戦略についても、国際的な価値連鎖の中で一国の経済をどう位置付けるかを考えなければならないということです。

LCCで激変する世界

グローバル化の第三の効果は人の移動です。これは、たとえば、最近、日本でも少し議論のはじまった移民の問題、あるいはすでにその重要性が広く認識され、重要な政策課題となっている頭脳循環、観光などに大きく関わる問題です。たとえば、二〇一三年、日本を訪れた海外からの訪問者ははじめて一〇〇〇万人を超え、二〇一四年には一三〇〇万人を超えました。その一つの要因は円安ですが、もう一つはLCC、ロー・コスト・キャリアです。たとえば、マニラ・関空の往復はLCCで二万円、わたしも先日、復路だけLCCを利用しましたが、機内食、飲み物といったサービスを期待しなければきわめて快適で、しかも料金は東京・大阪の新幹線料金より安くなっています。また、インドネシア人の友人によると、ジャカルタ・セブの往復運賃は一四〇ドルで、ジャカルタ・バリの往復運賃よりも安いといいます。また、最近は、マレーシアの首都のクアラルンプールから西ジャワのバンドンに若い女性が直行便で到来するようになっています。バンドンは高原の町で、日中でも気温は二七〜二八度、しかも、近年、服飾産業が伸びており、マレーシアの若い女性はバンドンでおしゃれな服を買って、それを着て町を歩き、食事して、一泊して帰って行きます。それで往復の運賃は一〇〇ドル少ししかかからない、そういう世界がすでに広がっています。

これが地域的な人の移動にどのような意義をもつか、わたしはほとんど革命的ではないかと考えています。たとえば移民です。いま、日本で行われている移民の議論の中には、外国人労働者を受け入れると、そのうちかれらが家族を呼び寄せ、住みついてしまって、日本の中に日本人社会に同化しない異邦人のコミュニティができてしまう、その社会的コストはひじょうに大きい、そういう反対論があります。これはドイツにおけるトルコ人コミュニティなどを考えるとそれなりに根拠のある議論ですが、大阪・マニラの往復料金が二万円、大阪・バンコクの往復料金が三万円の時代に、それなりに教育を受け、手に職をもった人たちが、家族を呼び寄せ、ことばも違えば、こどもが将来、この社会でひじょうに成功する可能性も小さい、そういう異邦に移民として住みつくかと言えば、その可能性はひじょうに小さいと思います。国の政策として重要なことは、同じしごとには同じ報酬を支払い遇するということで、そうすれば、かれらは出稼ぎとして（中国、韓国、台湾、フィリピン、ベトナム、タイなど、周辺の国々と比較すれば）それなりに良い報酬をもらい、年に数回、ＬＣＣで里帰りする、そういった海外出稼ぎ労働が新しいパターンとして定着する可能性の方が大きいと思います。

同じことは頭脳循環についても言えます。いま、頭脳循環についての日本の議論では、金融、ＩＣＴ（情報通信技術）、科学技術、大学等、高度人材を要する分野で、そういう人たちに来てもらえるよう、病院、学校、住居等の生活環境もふくめ、トータルに整備していかなければならないという考え方が強くなっています。これはこれで結構なことです。世界中のだれもが、ここに住んでみたい、ここで働いてみたい、ここでこどもを育ててみたい、そういう環境をつくることができれば、そういう生活環境は日本人にとってもすばらしいものになります。しかし、同時に、最近の動向を見ていると、シンガポール、中国、韓国、そして近い将来はその他の国々も、いろいろなインセンティブをつけて優秀な人たちに来てもらおうとするようになることは確実です。その結果、国際的に競争力のある人たちはますます国境を超えて移動するようになります。観光客もこれからますます増えます。日本を訪れる海外からの観光客はこれから数年で三〇〇〇万人を超えるでしょう。現在の企業研修制度に代えて、もっとフェアな出稼ぎの制度ができれば、日本で働く技能労働者の数もまだいくらでも増える余地があります。その意味で、人の移動に関わる政策と制度は、現在、抜本的な見直しの時期に来ていると思います。

表１‐４　東アジアの都市化

国　名	都市人口（100万人）		成長率（%）	総人口（100万人）	都市人口比率（%）
	2000年	2030年		2030年	
中　国	456.5	877.6	90	1,438.6	61
インドネシア	88.9	188	111	276.3	68
フィリピン	44.3	86.6	96	113.9	76
ベトナム	19	46	142	106.9	43
韓　国	37.3	43.1	16	50.2	86
タ　イ	18.9	35.4	87	75.4	47
マレーシア	14.2	27.3	92	35	78
カンボジア	2.2	8.7	291	23.5	37
ラ　オ　ス	1	3.5	248	9.3	38
極　東	803.2	1,468.8	83	2,369	62

都市化が生み出す格差

もう一つ、東アジア／アジア太平洋の長期の趨勢として注目すべきは都市化です。これは、表１‐４に明らかです。国連によれば、二〇〇〇年に東アジアにはおよそ八億人の都市人口がいました。ただし、ここで言う東アジアは日本を除く東アジアで、この予測が発表されたとき、ミャンマーの人口調査は一九五〇年代以来、一度も実施されたことがなく、そのため、ミャンマーも除外されています。それはともかく、二〇三〇年には、東アジアの総人口は二三・七億人、そのうち都市人口はおよそ一四・七億人に達すると予測されています。つまり、人口の六二パーセントが都市に住むようになります。

また、国別で見ると、かなりはっきりと三つのタイプに分かれます。その一つは中国とインドネシアという人口大国で、ここでは、人口の三分の二が都市に住むようになります。もう一つは韓国、フィリピン、マレーシア、シンガポールで、これらの国では都市人口が圧倒的に多くなります。韓国では都市化率が八六パーセントに達すると予測され、少し誇張して言えば、韓国は大きなシンガポールになるとも言えます。さらにもう一つのタイプは大陸部東南アジアの国々、つまり、ベトナム、ラオス、カンボジア、タイで、ここには入っておりませんが、ミャンマーもここに入ります。これらの国々では、総人口に占める都市人口の割合は五〇パーセント以下にとどまりそうだということです。これが人口動態の予測です。

こうしてみれば、東アジアは、これから一五年くらいではっきりと都市のアジアになります。また、経済は、どのくらいの成長率かはともかく、これからも成長しますから、中間層、富裕層も、特に都市で拡大します。かりに富裕層を世帯年収三五〇〇〇ドル以上の人たちと定義すると、経済産業省の予測では、二〇二〇年に中国では一・八億人、インドでは六七〇〇万人、インドネシアで一二〇〇万人、ASEAN全体でおよそ五〇〇〇万人の富裕層がいるだろうと予測されています。ただし、富裕層といっても、世帯年収三五〇〇〇ドル以上ですから、日本人の感覚からすれば、特に金持ちというわけではありません。日本人の生活実感では、一ドル＝一〇〇円で、世帯年収三五〇〇〇ドルは三五〇万円になります。実際には、購買力平価で考えますので、それより少し多いと思いますが、これは言ってみれば、人並みの生活をしている人たちです。ちなみに日本で世帯年収三五〇〇〇ドル以上の人たちは人口の七五パーセント程度ということで、その意味でも、感覚としては、そのあたりだと思います。そういう人たちが、中国で日本の人口の一・五倍、インド、ＡＳＥＡＮで日本の人口の半分くらいに達する、それが富裕層・中間層の台頭といわれる現象の要点です。

このように東アジアの国々ではこれからも都市化が進み、経済が成長し、中間層・富裕層が拡大します。しかし、そうはいっても、それぞれの国で、発展するところもあれば、発展しないところもあります。その意味で国の均衡ある発展はまず期待できませんし、いくら経済が成長し、中間層・富裕層が拡大するといっても、かつて日本で実現されたような、みんな中間層、という社会が実現されるわけでもありません。

都市による発展度合の違い

経済成長の地域的な不均衡については、インドネシアの事例ですが、おもしろい予測があります。これは二〇一二年にマッキンゼー研究所が出したもので、表１‐５にその要点を示しております。少しまえのことになりますが、大泉啓一郎が『消費するアジア』（中公新書、二〇一一年）という本を出しています。東アジアの経済成長の地域的な特性をうまく捉まえたおもしろい本です。その本で、かれは、アジアの経済発展を地域的に見ると、中国、タイ、シンガポール、マレーシアといった国は、国全体が均等に発展しているのではなく、たとえば、中国についていえば、北京、天津の渤海湾地域、上海の地域、深圳、広州の地域、こういった地域が、経済規模でいうと、それぞれ韓国、台湾と同じくらいの規模をもつメガ・リージョンとして発展している、と指摘しています。これは全くその通り

表1-5　都市の時代（インドネシア）

	GDP成長率	GDPシェア	GDP成長率予測	GDPシェア予測
	2002～10年	2010年	2010～30年	2030年
ジャカルタ	5.8	19	5.1	19
500～1000万人都市*	6.7	6	9.1	11
200～500万人都市*	6.4	11	6.9	15
15～200万人都市**	5.9	31	6.3	37
15万人以下の都市	5.3	7	1.7	3
農　村	5.9	26	2	14
インドネシア	5.9	100	5.3	100

(注) *200～1000万人都市
　バンドン(6.7)，メダン(7)，スラバヤ(7)に加え，ブカシ，ボゴール，タンゲラン，デポッを含む
**15～200万人都市で急成長している都市
　プカンバルー(9.8%)，ポンティアナッ(9.5%)，バリックパパン(8.6%)，マカッサル(9.0%)
(出典) McKinsey Global Institute. (2012) The Archipelago Economy: Unleashing Indonesia's Potential.

で、同じことは、バンコクの地域、シンガポールからマレーシアのジョホールの地域などにも言えます。しかし、これから先の展望を考えると、これまでメガ・リージョンとして成長してきた地域では成長が減速し、その一方、他の地域が新しい成長センターとして登場してくるかもしれません。マッキンゼー研究所の予測はこれをインドネシアについて指摘したものです。

この予測のおもしろいところは二つあります。一つは、大ジャカルタ圏ですが、二一世紀に入って、ジャカルタの経済成長率はインドネシアの経済成長率よりもすでに低くなっています。これは二〇三〇年までを展望するとますます低くなります。つまり、ジャカルタはあまり成長しないだろうということです。その一方、ジャカルタの郊外都市、ブカシ、ボゴール、タンゲラン、デポッは七パーセント程度の成長になると見られています。

もう一つ、それ以上におもしろいのは地方で、平均的には人口二〇〇～一〇〇〇万の都市、特に北スマトラのメダン、西ジャワのバンドン、東ジャワのスラバヤなどがやはり七パーセント程度で成長し、さらに人口一五～二〇〇万人の都市、特にスマトラのプカンバルー、カリマンタンのポンティアナッ、バリックパパン、スラウェシのマカッサルなどの地方中核都市が八～一〇パーセントで成長すると予想されていることです。これは、別の言い方をすれば、経済成長が大ジャカルタ圏のメガ・リージョンから地方中核都市に広がっていくということです。これは結構なことですし、中国ではすでにおこっていることですが、それでも、その結果、国全体が均等に発展していくというわけにはいきません。これは中長期的にきわめて深刻な政治問題を生みます。たとえば、大泉は、上海の地域はメガ・リージョンとして大いに成長している、と指摘しています。これを逆に言えば、その周辺、たとえば安徽省のようなところから、教育があり、やる気のある若い人たちが大量に上海に引きつけられてきたということで、したがって、安徽省のようなところでは、少子高齢化は上海よりもはるかに早く現象化するだろうということになります。

「増大する期待の革命」

このように、東アジアの多くの国では、二〇三〇年になっても、みんなが中間層、という社会は実現されません。国によって違いはありますが、おそらく人口の三分の一から三分の二くらいの人たちは貧しいままにとどまるだろうと思います。しかし、この人たちもテレビなどで豊かな生活とはおよそどのようなものか、よく知っていますし、これからますますスマート・フォンが普及し、移動が容易になり、また都市化が進めば、ますますそうなります。また、一人当たり所得は、インフレの影響を勘案しても、この三〇年で、中国では一三倍、東南アジアの多くの国でも二〜四倍に上昇しました。その結果、これは英語からの直訳ですが、「増大する期待の革命」、原語で言えば、revolution of rising expectations、人並みの生活をしたい、豊かな生活をしたいという人々の期待はますます大きくなり、これにどう応えるかが大きな政治的課題になります。

では、どうすればよいのか。政治的には答えは二つしかありません。一つは再分配です。もっている人から取って、もってない人に配る、ということです。もう一つは経済成長です。経済を成長させ、雇用を創出し、国民の生活水準を上げていく、これがもう一つの選択肢です。しかし、ばらまきだけでは長期的にもちません。経済成長だけでは、格差がおそらく拡大します。したがって、政治の課題はなにかと言えば、結局のところ、このコンビネーションで、経済成長を達成するとともに、所得再配分を考える、つまり、経済のパイを拡大させながら、その一部を再分配に回し、格差に対する不満をうまく管理（manage）していくということになります。再配分を無視すると、政治は不安定化しますが、あまり再配分に資源を回しすぎると明日の成長の投資ができなくなります。その意味で、東アジアの国々の政治はどこでも「経済成長の政治」、つまり、経済成長を達成することが政治の目的であると広く国民的に受け入れられる政治がこれからも当分、続くだろうと思いますが、同時に、社会的セーフティ・ネットの整備、格差是正、所得再配分にもこれからますます資源を投入していかないと、特に民主制下ではどこかで反動がおこることになります。

では、経済成長を達成するために、なにをすればよいのか。なにに注意しておく必要があるのか。すでに述べたこともふくめ、あらためて整理しておきます。

その一つはマクロ経済の安定です。先に見た通り、たいへんな規模の資金が、毎日、国境を超えて、動き回っています。すでに一兆ドルを超える資金が新興国に投資されています。このように金融がグローバル化した世界で、一国のマクロ経済の安定をいかに維持するかは、まさに一国の存亡に関わる問題です。その一つのオプションは、中国のように、国境を超えた資本の移動をきびしく管理することですが、そうすると、多くの国では、資金も入ってきません。もう一つは、国境を超えた資本移動の自由を受け入れた上で、いかにして機関投資家、ヘッジ・ファンドなど、金融の世界のプロの人たちの信頼を得て、ある日突然、お金が逃げ出すことのないようマクロ経済を運用するかで、これは東アジアの国々では、一九九七～九八年の東アジア経済危機で多くの国が学習したことです。よく知られる通り、流動性危機に際して、基本的に二つしか対応策はありません。その一つは外貨準備です。外貨準備を大量に積んでおいて、替えてくれと言われれば、いくらでも替えられるようにしておく。それが対応策の一つです。もう一つはおたがいに資金を融通し合える仕組みを作っておく。日本、中国などは、巨額の外貨準備をもっていますから、危機のときに、日本、あるいは中国から借りることができるようにしておくということです。こうした仕組みは、東アジア経済危機のあと、一九九九年にチェンマイ・イニシアティブとしてできました。したがって、東アジアでは、一九九〇年代に比べれば、流動性危機に際してのセーフティ・ネットの仕組みはそれなりにできていると思います。

「中所得国の罠」をいかに乗り越えるか

もう一つは、最近、よく使われることばを使えば、「中所得国の罠」をどう回避するか、ということです。ここで中所得国の罠というのは、たとえばブラジルの場合、一九七九年にブラジルの一人当たりの国内所得は四六〇〇ドルでしたが、これが二〇〇五年になっても五〇〇〇ドルにしか伸びませんでした。つまり、二五年間で、一人当たり国民所得は四〇〇ドル伸びただけで、年平均〇・六パーセントの成長率でした。これが中所得国の罠と言われることです。では、そういう罠にはまらないで、一人当たり国民所得三〇〇〇ドルから一二〇〇〇ドルくらいの中所得国が順調に成長し、先進国となっていくには、どうすればよいのか。これが近年、広く議論されている問題です。これについては、一般的に、人材を育成し、インフラを整備し、包括的成長を達成する、つまり、良い雇用を生み、国民に経済成長の果実が均霑していく、そういった成長を達成する、それによって、政治的、社会的な安定を維持する、それが世界銀行でも、アジア開発銀行でも、ＯＥＣＤでも、処方箋として出されています。

東アジア諸国のテクノクラットはそんなことはもちろんよくわかっています。その上で、かれらが問うのは、東アジアではすでに国際価値連鎖が地域的に展開している、われわれの国はこのスマイル・カーブの中で、組み立てのところ、つまり、付加価値の取り分のひじょうに小さい谷底、あるいはその周辺にいる、そこから谷を上がっていくにはどうすればよいのか、ということです。これはなかなか難しい問題です。ある国に生産プロセスの中のあるしごとが配置されているのは、このしごとについて、その国に比較優位があるからだ、ということはわかります。しかし、それでは、もっと付加価値の高いしごとを誘致するためには、なにをすればよいのか。教育とインフラが重要だということはわかりますが、それでは具体的になにをすればよいのかということになると、そう簡単に答えは出ません。たとえば、フィリピンについて考えてみましょう。フィリピンの人たちは英語ができます。そのため、最近では、ウォールストリートの金融機関、法律事務所などのバック・オフィスのサポート業務がマニラで伸びています。このタイプのビジネスは、一〇～一五年まえ、コールセンター業務からはじまりましたが、それが付加価値の高い業務に広がっており、それに応じて、大学卒の優秀な人材がこの分野に入ってきているということです。ではどうしてこういうことになったのか。

表1-6　世界の留学生数

（単位：100万人）

1975年	0.8
1980年	1.1
1990年	1.3
2000年	2.1
2010年	3.7

留学先国のシェア（2009年）

アメリカ	18
イギリス	9.9
オーストラリア	7
ドイツ	7
フランス	6.8
カナダ	5.2
ロシア	3.7
日本	3.6
スペイン	2.3
ニュージーランド	1.9

（注）アングロサクソンの国が占める割合は42.0パーセント。

その一つの理由は、すでに指摘した通り、英語ができる、ということです。もう一つ、これはあまり言われませんが、実は、マルコス大統領の時代、特に一九八〇年代に入って、フィリピンが深刻な政治経済危機に陥り、共産党の勢力が拡大し、そのとき、マルコス大統領がフィリピン人の海外労働を奨励したということがあります。これは一九七〇年代の中東への出稼ぎからはじまり、いまでは、船員、看護師、エンジニア、また東南アジアでは多国籍企業の中堅ビジネスマンなど、フィリピンの労働人口の一五パーセントが海外で働き、GDPの一〇パーセント超が毎年、海外から送金されるところまできております。

では、海外からの送金はなにに使われるのか。一般的な意味での投資、つまり、債券とか株式への投資は一〇パーセント程度にとどまっています。しかし、教育にはかなりのお金が使われています。その結果、かつてはマニラのエリート、中産階級の子弟が行っていた私立の名門高校、大学に、フィリピンの通念で言えば、「貧しい」（はずの）人たちの子弟が入るようになっています。そういう人たちが大学で教育を受けることで、フィリピンは次第にバック・オフィス・サポート、さらにはグローバル人材供給などに比較優位をもつようになっています。では、ラオスでは、この問題をどう考えればよいか。ベトナムではどうか。二〇一五年のASEAN経済共同体の成立をみすえ、これが大きな課題となっています。

「経済成長の政治」の持続可能性

もう一つ、考えておくべきことは人の移動です。先にも述べた通り、経済成長はメガ・リージョンから地方中核都市へ広がっていくと思います。その結果、都市間競争が国家間競争とならんで重要となります。これは別の言い方をすれば、日本が中国、韓国、さらにはアメリカ、ドイツ、フランスなど競争するということではなく、東京がニューヨーク、ロンドン、シンガポール、ホンコン、上海と競争する、ジャカルタがバンコクと競争する、マニラがジョホールと競争するということです。そうした競争においては、国境を超えて、若く野心的で高い教育を受けた国際競争力のある人たちをどれほど引きつけることができるかが鍵となります。

さらに、もう一つ、そして政治的には、これがもっとも重要ですが、それは「経済成長の政治」の持続可能性です。先にも指摘した通り、二〇三〇年になっても、東アジアの多くの国で、みんな中間層、という社会はできません。その一方、増大する期待の革命によって、人々はみんな、人並みの生活をしたいという期待をいままで以上に持つようになります。その期待に応え、格差に対する不満を「管理」するには、経済成長しかありません。その意味で、客観的には、経済成長の政治がこれからも東アジアの政治の基調となることしかありません。

しかし、客観的にそうだということと、現実にそうなるかどうかは別の話です。すでに指摘したことですが、格差のあるとき、政治的には二つの対応策しかありません。明日の成長のために投資するのか、それとも今日の格差是正のためにばら撒くかで、この一〇年以上、タイでおこっているように、この問題で政治が行き詰まってしまうと、中長期的に「中所得国の罠」に陥いる可能性が大きくなります。これは、別の言い方をすれば、一国のもっている資源にはどこでも限りがあり、この資源をどこに投入するかということで、これは国の安全保障まで入れて考えれば、まさに国家戦略、あるいは大戦略に関わる問題です。通常、こういう意味での大戦略については、危機に際して大きな国民的合意ができ、そうした合意の許す範囲内で、そのときどきの政権が政権運営を行うわけですが、ときとともに大戦略そのものの見直しが行われなければならないのに、それが行われない、その結果、いつまでたっても、資源配分の優先順位が変わらず、そのうち危機に陥ってしまう、ということもよくあります。これは民主制下でも権威主義体制下でもおこることですが、体制の違いによって危機に際しての対応には大きな違いがあります。権威主義体制では、危機が深刻であればあるほど、大戦略レベルにおける危機は体制危機に繋がる可能性が大きくなります。一方、民主制では、経済成長の政治が、明日の成長か、ばら撒きかの対立の中でしだいに行き詰まり、中所得国の罠にはまってしまう、また、このグローバル化の時代、多くの国民はそこまで理解しているとは思いませんが、たとえば、ASEAN、中国の自由貿易協定が結ばれると、中国製品との競争で、フィリピンの製靴業、インドネシアの縫製業などの産業が壊滅的な打撃を受け、その結果、企業が破綻し、雇用が失われ、自由貿易協定の見直し要求というかたちで保護主義の圧力が高まっていく。そういうことは、いろいろなところでおこります。そういうときに、保護主義的措置をとるのは、自由化を進めるより、政治的にははるかにやりやすいことです。その意味で、経済成長の政治は、これからまだまだ、きわめて大きなテーマでありつづけますが、その課題にどう対応するかはまさに政治の問題で、必ずしも経済合理的に決まるわけではありません。これから一〇～一五年の経済成長のパフォーマンスは国によって違います。それはかなりの程度、政治のパフォーマンスによるわけですが、そういう経済成長のパフォーマンスの違いがまたひるがえって、力のバランスにもはねかえってくる、そういう構造になっていると思います。

註

（1）アイケンベリーの作品の翻訳としては、G・ジョン・アイケンベリー『リベラルな秩序か帝国か――アメリカと世界政治の行方』上・下（細谷雄一訳、勁草書房、二〇一二年）があります。*Liberal Leviathan* ほど体系的ではありませんが、アメリカ主導の世界秩序についてのかれの見方はこの本でも十分に理解できます。

（2）中国の発展途上国向け融資については、"China's lending hits new heights," *Financial Times*, January 17, 2011 (http://www.ft.com/intl/cms/s/0/488c60f4-2281-11e0-b6a2-00144feab49a.html#axzz1euurZLQp) 参照。

（3）クリントン大統領の時代に財務長官のロバート・ルービン、FRB議長のアラン・グリーンスパンとともに、一九九七～九八年のアジア経済危機への対応に財務副長官として、辣腕を振るったローレンス・サマーズは、最近、ワシントン・ポストとファイナンシャル・タイムズに発表したエッセイ、"A Global Wake-up Call for the U.S.?," Washington Post, April 5, 2015, "Time US leadership woke up to new economic era," Financial Times, April 5, 2015 において、アメリカがイギリスほかのヨーロッパの同盟国のAIIB（アジアインフラ投資銀行）参加を止められなかったことは、アメリカが世界経済システムのリーダーシップを失いつつあることを示すものだ、中国の経済規模がアメリカのそれと拮抗するようになり、途上国の経済が世界経済の半分を占めるようになった現在、世界経済の構造は大幅に調整されなければならない、と書いています。これもまた、イアン・ブレマーほど奇をてらった言い方ではありませんが、世界的な富と力の分布のラディカルな変化は結局のところ、グローバル・ガバナンスの大幅な変化をもたらすということで、議論としては、ブレマーの議論と同じタイプのものと言えます。

(4) ホワイト(2014:18)参照。なお、原題は *The China Choice: Why America Should Share Power* で、翻訳には、日本がアメリカに「捨てられる」のではないかという、日米同盟についての懸念が如実に示されています。

(5) 東アジアの事例ではありませんが、マクロ経済危機が地政学的危機になった事例としてウクライナ危機があります。ウクライナ危機は、現在では、ロシアのクリミア併合、さらにはウクライナがそもそも国民国家としてはたして持続できるのかということが大きな問題となっておりますが、それでは、今回の危機がいかにしてはじまったかといえば、これは明らかにマクロ経済危機からはじまっています。二〇一三年の春、FRBは、近い将来、量的緩和政策を転換する可能性のある旨の声明を出しました。これをきっかけに、それまで新興国に大量に流入していた資金がアメリカに還流しはじめます。その結果、ウクライナのドル建て国債の金利が、二〇一三年四月には七・八パーセント程度でしたが、七月には一一・六パーセントまではね上がります。これがウクライナのマクロ経済危機をひきおこし、アメリカ、欧州、日本の機関投資家はウクライナ国債を買いませんので、ロシアが、ウクライナはEUに参加しないという条件でウクライナを救済します。しかし、その直後、ウクライナ国民がユーチェンコ大統領に対する抗議運動をはじめ、政権が崩壊することで、政治危機が地政学的危機に繋がっていきます。第一次大戦は、力の均衡が崩壊して戦争がはじまりますが、二一世紀の危機では、マクロ経済危機から地政学的危機がはじまるかもしれない、ウクライナ危機にはそういう教訓もあります。

(6) これについては、Richard Baldwin, "Misthinking Globalization," Keynote Speech, International Symposium on Global Value Chains: Quo Vadis?, July 5, 2013, GRIPS がきわめて洞察に富み、ひじょうに参考になります。

第2章　地政学的枠組みを捉える

今回の講義では、二つ、述べたいことがあります。すでに見たとおり、東アジア／アジア太平洋には地域的な安全保障システムとしてアメリカを中心とするハブとスポークスのシステムがあります。経済的には、中国と中国以外の日本もふくめたアジアとアメリカの三角貿易システムとその上に展開する国境を超えたトランスナショナルな生産ネットワーク（国際価値連鎖）があります。また、二一世紀に入り、こうした生産ネットワークの国境を超えた拡大を踏まえ、バイ（二国間）、マルティ（多国間）の自由貿易協定、経済連携協定が締結され、経済協力の名の下、援助、投資、通商が拡大しています。しかし、この構造はきわめて微妙な均衡の上に成立しております。中国が台頭し、東アジア／アジア太平洋における力の均衡とその将来展望が不透明になる中、アメリカは力の均衡を維持しつつ、そのリーダーシップの下にこの地域の通商秩序を進化させようとします。一方、中国は、ときには力によって一方的に現状変更を試み、ときには経済協力で周辺諸国を慰撫し、影響圏を拡大しようとしています。それがこの地域の地政学的、国際政治経済学的構造の変化を促しています。それでは、オバマ政権下のアメリカは、どのような戦略的な考え方で、この地域でなにをしようとしているのか。習近平指導下の中国は、どのような戦略の下、なにをしようとしているのか。そして、その結果、東アジア／アジア太平洋の国際関係はどのように変容しつつあるのか。これが今回の講義のテーマです。

1　アメリカのアジア太平洋政策

軸足を太平洋に移す

まず、アメリカのアジア太平洋政策の基本にある考え方から見ていきます。それには、二〇一一年一一月、オバマ大統領がオーストラリア議会で行った演説が大いに参考になります。この演説（US President Barack Obama's speech to Australian parliament）は、オバマ大統領のアジア太平洋政策をもっとも簡潔に、かつ体系的に説明したもので、この政策は現在まで継続しております(1)。

この演説には大きく四つのポイントがあります。その第一は、アメリカは太平洋国家（Pacific Nation）だということです。では、それにどんな意味があるのか。アメリカは、東アジアから見ると、太平洋の向こう側にあります。そのため、日本でも、中国でも、あるいはそれ以外の東アジアの国々でも、中国が台頭すると、アメリカはいずれこの地域から撤退するのではないかという懸念、あるいは期待があります。アメリカは太平洋国家だというのは、そういう懸念、あるいは期待に対して、アメリカは撤退するもしないも、太平洋国家としてここにいる、ということです。オバマ大統領は二〇〇九年の訪日の際の演説でもこの点を強調しています。したがって、これは、オバマ大統領のアジア太平洋政策の出発点で、また、そのことで言えば、第二次大戦後のアメリカの歴代大統領のアジア太平洋政策の出発点でもあります。

では、アメリカは、ここにいて、なにをしようというのか。なにがアメリカの外交・安全保障政策の目的なのか。オバマ大統領は、われわれは平和と繁栄の基礎として安全保障を確保する、すべての国々とその国民の権利と責任を支持し、国際法と規範を遵守し、通商と航海の自由を守り、新興国がこの地域の安全保障に貢献し、対立が平和的に解決される、そういう国際秩序を維持すると言います。ここで、新興国（emerging powers）ということばは複数形で使用され、これは「新興列強」と訳すこともできますが、「航行の自由」と並列で使われていることからすると、まずは中国を念頭に置いており、対立（disagreements）を平和的に解決するというのは、最近、よく使われる表現を使えば、力による現状変更に反対するということです。

では、そのために、なにをしようというのか。これが第三のポイントです。オバマ大統領はここで「リバランシング」（rebalancing）、あるいは「ピヴォット」（pivot、軸足）の政策を提示します。この部分は意訳するとおよそ次のようになります。

アメリカは、この地域において、「太平洋国家」として中核的原則（core principles）を支持し、同盟国、友好国との緊密な連携の下、より大きな役割を長期的にはたすつもりである。アメリカは財政の健全化に取り組む。イラク、アフガニスタンにおける戦争の終結とともに、国防予算を削減することになる。しかし、アジア太平洋におけるわれわれのプレゼンスとミッションを最優先（a top priority）する。

われわれはこの地域における軍事的プレゼンス維持のために必要とされる資源を投入する。われわれは条約上の義務をふくめ、われわれのコミットメントを守る。そしてわれわれは二一世紀に必要とされる能力を強化する。われわれはこの地域に永続的な利益（enduring interests）をもっており、そのため永続的にプレゼンスを維持する。アメリカは太平洋国家である。われわれはここにとどまる。

われわれはアジア太平洋におけるアメリカの防衛態勢（defense posture）をより広く、より機動的で、より持続可能なものとする。われわれは日本と韓国におけるプレゼンスを維持するとともに、東南アジアにおけるプレゼンスを高める。「太平洋からインド洋まで」、われわれは同盟国、パートナー国と連携する。日本との同盟は地域的安全保障の礎である。タイ、フィリピンと連携する。韓国の安全保障へのわれわれのコミットメントに揺らぎはない。われわれは北朝鮮の核拡散活動には断乎反対する。

われわれは東南アジアにおけるプレゼンスを拡大する。インドネシア、マレーシアと連携し、シンガポールに艦艇を展開する。ベトナム、カンボジアとより緊密に協力する。われわれはインドが「東を向き」、アジアの大国（power）としてより大きな役割をはたすことを歓迎する。

われわれは地域機構に関与する。わたしはアメリカの大統領としてはじめて東アジア首脳会議に出席する。われわれは核拡散防止、南シナ海における協力もふくめた海洋安全保障など、共通の課題に取り組む。

中国とは協力関係構築のために努力する。すべての国々は平和で繁栄する中国の台頭に大きな利益をもっている。中国は朝鮮半島における緊張緩和から核拡散防止まで、パートナーとなりうる。われわれは相互理解を深め、誤解を避けるため、さらなる協力の機会を求める。同時に、われわれは、国際的規範遵守の重要性、中国人民の普遍的人権尊重について率直に述べる。

われわれは自由で、オープンで、透明度の高い経済、自由で公正な貿易、はっきりとしたルールに基づく国際経済システム構築のために経済的に連携する。TPP（環太平洋戦略的経済連携協定）はそのモデルになる。また、世界経済成長のため世界経済運営の中心としてG20を推進する。

これがオバマ大統領のオーストラリア議会における演説の趣旨です。国防省は、これを受けて、二〇一二年一月、新国防戦略指針（Sustaining U.S. Global Leadership: Priorities for 21st Century Defense）を発表し、アメリカの安全保障戦略の重点をアジア太平洋地域に置くことを明らかにしました（防衛省・自衛隊 2014:7）。また、レオン・パネッタ国防長官（当時）は、シンガポールのシャングリラ・ダイアローグでの演説で、これが具体的にどのような意義をもつものか、四つの原則を挙げて、説明しております。[2] 第一は、国際的なルールの適用です。第二は、アジア太平洋地域の国々とのパートナーシップの拡充です。第三は、アメリカの軍事的プレゼンスの維持・強化です。ここで、パネッタ長官は、オーストラリアのダーウィンへの海兵隊配備、タイとの合同軍事演習（コブラ・ゴールド）、フィリピンの能力構築支援とアメリカのコミットメント強化、シンガポールへの沿海域戦闘艦（littoral combat ship）配備、ベトナムとの安全保障協力の強化など、東南アジアからインド洋に至るアメリカの軍事的プレゼンスの強化を強調しています。そして第四は米軍海軍艦艇の世界配置の変更です。これまでアメリカは太平洋と大西洋に五〇対五〇で海軍艦艇を配備してきました。これを二〇二〇年までに太平洋六〇、大西洋四〇に変更する、また太平洋に配備する空母については六隻体制を維持し、さらに沿岸海域戦闘艦をこの地域に配備するというものです。

こうして見れば、オバマ大統領のアジア太平洋政策のポイントが「リバランシング」あるいは「ピヴォット」として理解されていることもよくわかります。オバマ大統領のオーストラリア議会における演説は、①アメリカは太平洋国家である、②アメリカはアジア太平洋における軍事的プレゼンスを維持する、③日本、オーストラリア、韓国、フィリピンなどの同盟国、さらにはインドネシア、シンガポール、インドなどのパートナー国との連携を強化し、地域協力に関与し、政治的連携を強化する、④その上に自由で公正でオープンで透明度の高い国際経済システムを構築する、TPPはそのモデルになる、こういう論理構成になっております。その最大のポイントは、アフガニスタン、イランの戦争が終わり、アメリカの国防予算の削減がはじまる中、アジア太平洋におけるアメリカの軍事的プレゼンスは維持する。そのための予算は減らさない。そのため太平洋と大西洋にこれまで均等に配備していた軍事的アセットを太平洋六〇、大西洋四〇に変更する。つまり、バランスを変え（リバランス）、軸足（ピヴォット）を太平洋に移す。これが「リバランシング」の趣旨です。

外交・安全保障政策から経済政策へ

「リバランシング」はオバマ政権下におけるひじょうに重要な戦略的決定ですが、この政策の長期的持続性についてはすでにいくつかの懸念が指摘されています。そのうちもっとも重要なことは、冷戦終焉とともに、アメリカの国家戦略が大きくシフトした、ということです。冷戦の時代には、いま、そこに、ひじょうに大きな脅威としてソ連がありました。したがって、アメリカの国家戦略の基本には、常に、いかにこの脅威を抑止し、アメリカとアメリカを中心とする「自由世界」の安全と繁栄を守るか、という課題がありました。しかし、冷戦の終焉とともに、クリントン大統領時代の中央情報局（CIA）長官、ジェームズ・ウールジーのことばを借用すれば、大きな龍は死んだ、しかし、ジャングルには多くの毒蛇がうごめいている、という時代になりました（Brands 2014：246）。その結果、アメリカでは、国家戦略の課題はなにかという問題、それ自体が国政の争点となり、クリントン大統領は、"It's economy, stupid"（「経済だよ、ばか」）ということばで見事に捉えたように、外交・安全保障以上に、財政再建とアメリカ経済の活性化、そしてグローバル化の推進を重視しました。これはアメリカが世界のヘゲモン（盟主）をやめるということではもちろんありません。しかし、クリントン大統領は、そのためのコスト負担、特に人的コスト負担をできるだけ避けようとしました。これは映画「ブラックホーク・ダウン」に描かれたソマリア危機への対応などに見る通りです。また、ジョージ・W・ブッシュ大統領は、九・一一の同時テロ以降、「テロとの戦争」を国家戦略の基本にすえましたが、アフガニスタン、イランにおける戦争は結局うまくいかず、テロとの戦争は二〇〇八年の世界金融危機とオバマ大統領の登場とともに国家戦略の最大の課題とは受けとめられなくなりました。また、オバマ大統領がウクライナ危機、中東危機などでコスト負担、特に人的なコスト負担への懸念から、介入にきわめて慎重なことはよく知られる通りです[3]。

こうして見れば、冷戦の時代と比較して、冷戦終焉以降のアメリカの国家戦略がともすれば内向きになり、漂流しがちであることは明らかです。しかし、それでも、アメリカは世界のヘゲモンで、大統領がいくら国内問題に集中したいと思っても、危機は向こうからやってきます。その結果、クリントン大統領の第一期には、その外交・安全保障政策はきわめて場当り的なものとなりました。冷戦時代、大統領は、通常、六〇パーセントの時間を外交問題に費やしたといいます。先代のブッシュ大統領は外交への関心が高く、冷戦の終わり、湾岸戦争など、世界の大きな転換期に大統領を務めたこともあって、その時間の七五パーセント以上を外交に割いたといいます。それに対し、クリントン大統領は外交にまったく関心をもたず、政権の初期には自分の時間の二五パーセント程度しか外交に使わなかったといいます（ハルバースタム 2003：435）。

また、ブッシュ大統領の「テロとの戦争」も、アフガニスタンのタリバン政権、イラクのサダム・フセイン政権を打倒したあと、これらの国を長期的にどうするのか、いかにこれらの国々の国内秩序を回復し、新しい体制を構築していくかといった問題について、ほとんどなにも考えていなかったという印象を拭えません。その結果、タリバンの勢力は現在ではアフガニスタン・パキスタン国境地域からアフガニスタン全土に再び拡大しておりますし、イラク・シリアの国境地帯ではイスラーム国（ISIS）の勢力拡大によってイラクの分裂はほぼ決定的となりました。したがって、冷戦終焉以降、アメリカの国家戦略の揺らぎがひじょうに大きくなっていることはまちがいありません。

オバマ大統領の対中政策——関与とヘッジ

もう一つ、オバマ大統領のアジア太平洋政策についてよく提起される問題は対中政策です。アメリカの対中政策が関与とヘッジ（engagement and hedging）だということはよくわかっているが、それにしても揺らぎがあまりに大きいではないかということです。なお、ここで「ヘッジ」というのは、なかなかうまい日本語がありませんが、「保険をかける」という程度の意味と考えていただいて結構です。

歴史的に見ると、アメリカの対中政策は、一九八九年の天安門事件と冷戦終焉を契機として大きく転換しました。冷戦の時代、中国との戦略的連携は、アメリカがソ連に対抗し、東アジアに安定をもたらす上で、きわめて有用でした。しかし、一九八九年五月にはソ連のミハイル・ゴルバチョフ総書記が中国を訪問し、中ソの外交関係の正常化が実現されました。また、その直後、天安門事件があって、人民解放軍の部隊が天安門広場で抗議運動を行っていた人たちを武力で弾圧し、七〇〇人とも二〇〇〇人ともいわれる人たちが殺され、その模様がテレビで世界的に実況中継されます。この事件で、一九七二年のニクソン大統領の訪中以来、中国はアメリカとの友好関係をしっかり深めてきた国であるというアメリカ人のイメージは一挙に崩壊します。かつてレーガン大統領は中国を「いわゆる共産主義国家」と呼びました。中国は共産党一党独裁の党国家といわれるが、実際はそうではないというニュアンスを込めた表現です。しかし、天安門事件で、中国は「いわゆる共産主義国家」ではなく、一九八九年、まもなく崩壊することになるソ連、東欧、さらには北朝鮮などと同様、正真正銘のマルクス・レーニン主義の党国家であることが明らかになりました（マン 1999：224, 290-291）。

アメリカの対中政策はこれ以降、紆余曲折の末に、「関与とヘッジング」に転換します。そこでの基本的考え方は、中国がアジアの現行秩序を受け入れ、ロバート・ゼーリックのいう「責任あるステークホールダー」（responsible stakeholder）として行動するよう、関与し、インセンティブを与える、しかし、同時に、中国がアメリカ主導の秩序に挑戦することのないよう、いろいろ保険を掛けておく、つまり、ヘッジするということです。したがって、あたりまえのことですが、関与とヘッジングといっても、どの程度、関与し、どの程度、ヘッジするか、その案配はときどきに変化します。

たとえば、オバマ大統領の時代だけを見ても、最初の一年は、オバマ大統領もヒラリー・クリントン国務長官も、かなり関与政策に傾いていたと思います。しかし、二〇一〇年一月には、胡錦濤国家主席のワシントン訪問の直前、クリントン国務長官が、G２などというものはない、米中で世界を運営するG２などありえないと公言し、その年の七月には、ハノイで開催されたＡＳＥＡＮ地域フォーラム（ARF）で、中国の南シナ海における行動を厳しく批判します。つまり、はっきりヘッジングに振れていきます。また、オバマ大統領も、先に見たオーストラリア議会における演説で、中国への関与を強調していますが、演説全体を見れば、アメリカはアジア太平洋における軍事的プレゼンスを維持し、政治的連携を強化していくというところに力点があり、やはりヘッジングに傾斜していると言えます。では、オバマ政権第二期になるとどうなったか。スーザン・ライス安全保障補佐官は中国の言う「新型大国関係」を受け入れるような発言をしました。また、ジョン・ケリー国務長官も中国に対してあまり厳しいことは言いません。アメリカ政府はまた関与に揺れているではないか。そう考える人も少なくないと思います。

対中政策の「くせ」

こういう見方は現状の観察としてはその通りでしょう。しかし、重要なことは、アメリカの対中政策には、なぜ、このような「くせ」があるのかということで、それを理解するには、エドワード・ルトワックの『自滅する中国――なぜ世界帝国になれないのか』（芙蓉書房出版、二〇一三年）が参考になります（なお、念のため、付言しておきますと、この本の原題は *The Rise of China vs. The Logic of Strategy*、つまり「中国の台頭 vs. 戦略の論理」で、「自滅する中国」というタイトルは少々、商業主義が過ぎるのではないかと思います）。

ルトワックはアメリカには三つの対中政策があると言います。その一つは財務省の政策です。中国には多くのアメリカ企業が投資し、経済活動を行っています。中国から輸入される安価な工業製品はアメリカの消費者の利益となっています。また、中国はその外貨準備でアメリカの財務省証券を購入し、資金を還流している。したがって、中国の経済成長はアメリカの利益である。これが財務省の政策だと言います（ルトワック 2013：279-280）。

もう一つは国防総省の対中政策です。国防総省は常にヘッジングに傾きます。これは、わたしの理解で、ルトワックが言っていることではありませんが、歴史的に見ると、一九七〇年代以来、二〇〇〇年代の半ばまで、アジアの秩序は、中国がアメリカをアジアの盟主として受け入れる、その代わりアメリカは中国の安全を保障する、そういう取引の上で維持されてきたと言えます（ホワイト 2014：41-42）。つまり、別の言い方をすれば、中国はこういう取引によって、長い間、アジアの盟主になるという意思をみずから封じ込めてきたわけです。これは、自分たちは大国だと考える中国人にとっては大きな譲歩ですが、その見返りとして、中国は安定的な戦略環境を手に入れ、軍事技術もふくめ、最先端の技術を手に入れ、アメリカ（世界銀行）と日本の支援を受けて経済的に台頭することができました。その意味で、これは決して悪くない取引でした。また、そのときには、アメリカにとって、対中政策は対ソ戦略連携の意味をもっていました。しかし、二一世紀、特に二〇〇八年の世界金融危機以降、中国の人たちが自信をもつようになるにつれて、また、中国の支配エリートの世代交代が進む中で、中国にとってアジアの盟主の地位を回復することが重要な外交課題となっています（ホワイト 2014：18-19）。中国の軍事力増強、南シナ海における一方的行動はそういう文脈でおこっています。

こうした動きに対応して、国防総省の政策も、近年、はっきりとヘッジングに傾斜するようになっています。

アメリカの対中政策決定プロセスでは、財務省、国防総省に加え、国務省と国家安全保障会議（NSC）も大きな役割をはたします。この二つは、国務長官、安全保障担当大統領補佐官、さらにはかれらを補佐する上級の政策スタッフがどういう考え方をするかによって、場合によっては、関与に振れ、また場合によっては、ヘッジングに振れます。アメリカ人、特にアメリカの外交・安全保障政策に関与するプロフェッショナルには一般にプラグマティックな人たちが多いので、単純化して言えば、国務長官、安全保障担当大統領補佐官は、利害を共有すれば合意できるだろうと考えて、まずは関与から入り、やってみて、どうも期待したようにいかないということで、ヘッジングに振れていくという傾向があります。

こういうダイナミックな政策策定プロセスを考えれば、関与とヘッジングといっても、一般に政権の初期には関与に重きを置き、しだいにヘッジングの比重が高まってくる、アメリカの対中政策におけるこういう振り子運動も理解できると思います。クリントン国務長官は最初の一年、関与に重きを置き、二年目からヘッジングに振れました。それに比較すると、ケリー国務長官、ライス補佐官は、アジアの専門家でないということもあるのでしょう、学習速度が少々遅いように思いますが、それでも最近、ヘッジングに振れつつあります。

また、さらに言えば、アメリカの外交・安全保障政策の動向を見るには、行政府だけでなく、議会、さらにはもっと広く、外交・安全保障政策コミュニティの動きにも注意しておく必要があります。そういう観点からすると、アメリカの対中政策はこれからますますヘッジングに振れるのではないかと思います。たとえば、二〇一五年三月、上院軍事委員会委員長（ジョン・マケイン、共和党）と筆頭委員（ジャック・リード、民主党）、上院外交委員長（ボブ・コーカー、共和党）と筆頭委員（ボブ・メネンデス、民主党）の四人が、超党派で、ケリー国務長官とアシュトン・カーター国防長官に書簡を送り、アメリカは東シナ海、南シナ海における中国の領土拡張行動に対処するため包括的な戦略を打ち出すべきだ、と言っております。そこでもっとも重視されているのは、中国が南シナ海のスプラトリー諸島で複数の岩礁を埋め立て、滑走路ほかの構造物を作っていることで、これが完成し、国家海洋局の公船、さらには海軍艦艇、空軍の哨戒機、戦闘機、その他の兵站に資するようになると、この地域における中国の指揮統制・監視・軍事能力が質的に向上する、これは国際社会全体に対する挑戦である、アメリカ政府はこれに政策的に対処すべきである、というものです。

軍事と政治のディレンマ

さらに、もう一つ、アメリカの「リバランシング」戦略を考える上で重要なことは、この戦略自体、軍事的合理性と政治的合理性のきわめて難しいディレンマに直面していることです。中国の国防予算は二〇一四年度で約八〇八二億元（一五・六兆円）、前年度比一二・二％増（約八八一億元＝一・七兆円）で、国防費（公表）は、名目上の規模でみると、過去二六年で四〇倍、過去一〇年で四倍になっております。また、よく指摘される通り、この国防費（公表）には、中国が実際には軍事目的に投入している資源、たとえば、装備購入費、研究開発費などのすべてがふくまれているわけではありません。一般的には、中国の国防予算は公表額の二倍に達すると推定されています。中国はこれだけの規模の予算を投入して、二〇二〇年までに人民解放軍の機械化と情報化を推進し、「情報化条件下における局地戦で勝利する能力を向上させ、新世紀における新段階での軍隊の歴史的使命を全面的に履行する」としています。これは具体的には、台湾独立阻止の軍事的能力を構築し、その一環として、周辺地域へのアメリカの軍事的接近・展開を阻止し、また、この地域におけるアメリカの軍事活動を阻害する非対称的な軍事能力、A２／AD、つまり、アクセス（接近）阻止・エリア（領域）拒否能力強化をめざすということです（防衛省・自衛隊 2014：33-35）。

さて、それでは、アメリカはこれにどう対応しているのか。これについては、エア・シー・バトル（Air-sea Battle）ということがよく言われます。これは二〇一〇年の国防見直しで国防総省が打ち出した概念で、有事の際にはミサイルによって中国のA２／AD能力を無力化することを基本とするものですが、これは台湾侵攻など人民解放軍が本格的な軍事行動を展開する場合の対応策です。そのとき、横須賀を拠点とするアメリカの空母機動部隊はどうするのか。沖縄にある海兵隊はどうするのか。中国のA２／AD能力が向上してくると、軍事的には、横須賀、沖縄などに海軍、空軍の重要なアセットを展開しておくこと自体が大きなリスクとなります。しかも、現在の情報通信技術、航空宇宙技術、ロボット技術、自動化技術、微小化技術などの技術進歩を考えれば、防衛装備において、サイバー化と無人化が急速に進展することはほぼ確実です。そういう軍事技術における革命を考えると、はたして横須賀の空母機動部隊、あるいは沖縄の海兵隊、空軍部隊にどれほどの軍事的意味があるのか。軍事の専門家はすでにこういう問いかけをしております。しかし、その一方で、政治的には、アメリカの空母機動部隊が横須賀からハワイに拠点を移すとか、海兵隊の部隊が沖縄からグアムに移動するということになると、これはこの地域の安定にとってきわめて大きな政治的インパクトをもちます。あるいは、もっとはっきり言って、アメリカが前方展開戦略の見直しをはじめたと受けとめられても仕方のない議論が広がると、それがただちに中国の期待と行動を変え、この地域の安定を揺るがせることになりかねません。その意味で、政治的には合理的ではないということになります。中国の軍事力増強と軍事技術の革命はこのようなディレンマをはらんでおり、これはこれからますます深刻となるということです。

ただし、念のため申し上げておけば、現在のところ、米軍の装備計画は、もちろん、前方展開戦略を踏まえたものとなっております。つまり、日米、米韓、米比、米豪といったバイの安全保障条約と基地協定の束として、アメリカを中心とする地域的な安全保障システムが構築され、米軍のアセットが配備される、こういうシステムは確固として維持されています。このシステムがしっかりと維持されるのであれば、防衛装備において、技術進歩に応じ、無人化、サイバー化、情報化、微小化が進展することは全く問題ではありません[4]。警戒しなければならないのはオフショア・バランシングの考え方であって、これは要するに、アメリカはこの地域から軍事的に引いた方がよい、この地域における力の均衡の維持のためには、中国と日本とロシアをバランスさせればよいのであって、アメリカとしては、力の均衡が崩れそうなときに、またその限りにおいて、バランサーとして、この地域に介入すればよいという考えです。しかし、それでアジア太平洋の安全保障秩序が確保されるかどうかは大いに疑問です。また、わたしとしては、アメリカの外交・安全保障政策の基本的な考え方からすると、オフショア・バランシングのような考え方がこれからアメリカの外交・安全保障コミュニティで広く受け入れられるようになるだろうとは考えておりません。

庭仕事――造園と庭いじり

アメリカの外交・安全保障政策を理解する上で、わたしは常々、レーガン大統領の時代に国務長官を務めたジョージ・シュルツの言う「庭仕事」（gardening）ということばがひじょうに参考になると考えています（Shultz 1993：128）。庭仕事には、庭をデザインし、造っていく、そういう造園のプロセスと、すでにできあがった庭を維持する「庭いじり」のプロセス、この二つがあります。アメリカの東アジア政策あるいは西太平洋政策を第二次世界大戦以降の大きな流れの中で振り返って見ると、庭造りは一九四〇年代末から一九五〇年代のはじめに行われ、そのあと一九七〇年代にもう一度、行われました。では、いま、この「お庭」はどうなっているのか。朝鮮半島は二つに分断されて、南半分には韓国というアメリカの同盟国があり、ここに米軍が駐留しています。日本もアメリカの同盟国で、ここにも米軍の基地がありますし、日米同盟は一九九〇年代の同盟再定義を受けて、西太平洋の安全保障システムの基軸となっています。フィリピンにもかつてはひじょうに重要な海軍基地、空軍基地がありました。しかし、これは一九八六年の革命のあと、フィリピン・ナショナリズムの昂揚する中、撤廃されました。その代わり、一九九〇年代に入って、シンガポールが東南アジアにおけるアメリカの軍事的プレゼンスの重要拠点となりました。インドシナは社会主義化し、かつて一九五〇～六〇年代にタイにあった基地は一九七〇年代に撤収されました。さらに、オーストラリアは、アメリカの同盟国として、一九九〇年代以降、西太平洋の安全保障にますます重要な役割をはたすようになっています。

「お庭」の造りはおよそこんなところで、これは一九八〇年代から二一世紀の現在に至るまで、それほど大きく変わっておりません。ヨーロッパの地政学的構造は東欧の社会主義体制の崩壊、ドイツ統一、ソ連邦の解体、NATOとEUの東方拡大で大きく変わりました。これと比較すると、東アジアの地政学的構造で変わったことは、中国の改革・開放と天安門事件、ベトナムのドイモイ、インドシナにおける冷戦の終わり、そして地域的な経済発展によって、この地域が世界の成長センターとなり、また、生産ネットワークの地域的展開によって、事実上の経済統合が進んだこと、そして、近年になって、中国が、その経済的台頭と軍事力増強を踏まえ、「お庭」の造りそのものを変えようとしているのではないかとみなされるような行動をとるようになったということです。

したがって、アメリカとしては、二一世紀の現在でも、別に「お庭」の造りを変えたいと思っているわけではありません。しかし、中国の行動をそのまま放置しておけば、「お庭」の造りが変わるかもしれない、そういう懸念がしだいに強くなっている、それが現在の状況です。では、どうするか。オバマ大統領のアジア太平洋政策はそれを簡潔に説明したもので、その基本は、アメリカを中心とする地域的な安全保障システムを進化させていく、そこで鍵となるのは、日米同盟の深化であり、地域的な安全保障システムのネットワーク化であり、それを踏まえた政治連携である、ということだろうと思います。

2　中国の台頭とその政策

今ある秩序を維持すること

では、中国はなにをしようとしているのか。アメリカの外交・安全保障政策とは結局のところ「庭仕事」だということは、別の言い方をすれば、アメリカが現状維持勢力で、現にすでにそこにある「お庭」、つまり、ある原則によって組み立てられ制度化された秩序を維持することがアメリカの外交・安全保障政策の目的だということです。しかし、中国にしてみれば、いま、現に、この地域にある秩序は自分たちがつくったものではありません。一九七〇年代から二〇〇〇年代半ばまでは、それでも、アメリカの優位を受け入れ、アメリカ主導の地域秩序の中で経済的に発展することを選択してきました。アメリカに挑戦する力は中国になかったし、アメリカのジュニア・パートナーとなることで、軍事的、経済的に大きな利益を得ることができたからです。これは、事実上、ソ連が崩壊し、冷戦が終焉するまで続きました。ソ連が崩壊したとき、中国の指導者たちのあいだでは、これからは中国が社会主義陣営の盟主となるべきだという議論もあったようです。しかし、鄧小平は、いまの中国にそんな力はない、中国は力を蓄えることに専念する、という戦略的選択をしました。それが「韜光養晦」です。しかし、これは、中国の指導者たちが、中国は大国である、中国はアジアの盟主であるべきだという考えを、とりあえず、戦略的に棚上げしたということで、それが習近平の言う「中国の夢」であり続けたこともまた事実だろうと思います。その意味で、いまわれわれが直面しているのは、中国の支配エリートが、自分たちの力に自信をもち、また中国の人たちの大国主義的ナショナリズムに背中を押され、「中国の夢」実現のために、次々と手を打つようになったことです。

こういう変化を促した直接の契機は二〇〇八年のリーマン・ショックにはじまる世界金融危機にあったと思いますが、その伏線として、一九七〇年代末以降、三五年以上にわたる経済発展がありま す。中国の経済規模は、GDP（国内総生産）で見ると、一九八〇年に二〇二〇億ドル、日本経済の一九パーセント、アメリカ経済の七・三パーセントにすぎませんでした。それが二〇一〇年には五兆八七九〇億ドル、三〇年間で三〇倍に拡大して、日本の経済規模を凌駕し、かりにこれから一〇〜一二年間、年平均五パーセント台の成長を維持すれば、二〇二〇年代の半ばにはアメリカの経済規模に拮抗するようになります。また、中国は、二〇〇九年にはドイツを抜いて世界最大の貿易国となり、外貨準備は二〇〇八年に一兆八〇九〇億ドルに達して、世界最大の外貨準備国ともなっています。

しかし、中国はこれまで三五年以上にわたって経済的に台頭し大国になった、したがって、中国はこれからもある水準の経済成長を維持し、いずれアメリカとならぶ世界の超大国となり、アジアの盟主になるだろう、そういうリニアな想定には大きな問題があります。アメリカは現状維持を旨として「庭仕事」をやっております。それに対し、中国は庭の造りそのものを変えたいと思っています。しかし、中国がそうしたいと思っても、現実にそうなるかどうかは別の話です。すでに述べた通り、世界経済に占める中国経済のシェアが二〇パーセントを超えてくれば、中国としても、他の国々の反応を無視して、自己利益を追求することはしだいに難しくなります。中国はドル本位制とＷＴＯを中心とする世界的な自由貿易体制にフリー・ライドしています。その一方、中国の党国家指導部は富国強軍を唱え、公式発表でもＧＤＰの二パーセントを超える予算を、毎年投入して軍事力を増強し、「核心的利益」の名の下に、領土・主権に関わる問題について、一方的に、力によって、みずからの意思を押し通そうとしています。さらに、また、サイバー空間、宇宙空間など、これからの安全保障にとって決定的に重要ではあっても、まだグローバル・ガバナンスのしくみがほとんどできていない領域で、遠慮会釈なく好き放題をしています。かりに中国がこれからもそういう行動をとり続ければ、秩序は世界的にも地域的にもますます不安定化していかざるをえませんし、中国に対する反発も高まります。ルトワックの言う通り、中国が「大国の自閉症」に陥ったままでは、反作用はこれからますます大きくなります（ルトワック 2013：32）。ということは、逆に言えば、中国の支配エリートとしても、いつのことかはわかりませんが、おそらくこれから一〇～一五年くらいのうちには、「大国の自閉症」から抜け出し、中国は世界においてどのような位置を占めたいのか、そのためになにをすべきか、そういった国家戦略上、きわめて重要な問題について、一連の決定をせざるをえない、また、それができる政策決定システムを作っていかなければならない、そうでないと、中国はいずれ四面楚歌の状況に陥っていくかもしれないということであります。

習近平のグランド・ストラテジーとは

習近平・共産党総書記・国家主席・軍事委員会主席以下の中国の党国家の指導者たちは、これまでのところ、こういう問題についてどのような戦略的決定をしようとしているのか、いろいろ兆候はあるように思いますが、正直なところ、よくわかりません。また、国家戦略というものは、あとになって見ると、なるほど、これが国家戦略だったのかとわかりますが、政策決定者にしてみると、一連の戦略的決定を、多くの場合、時間に追われながら、そのプラス、マイナスを十分に考え抜くことなくやっているというのが実情で、その意味で、グランド・ストラテジー（大きな戦略）とはグランド・ナラティヴ（grand narrative）、大きな物語だという考え方にも見る通り、そもそもこれが国家戦略的な決定だというかたちで決定がなされるものでは必ずしもないだろうと思います。印象としては、現在、中国の意思決定中枢を占めている人たちは、一九八〇年代以来の国家戦略の基本を維持しつつ、政治においても、経済においても、また外交・安全保障においても、「調整」を積み重ねているように思いますが、そうした積み重ねの結果、大きな戦略的決定がなされてしまったということも十分ありうることです。

では、習近平政権とはどのような政権で、なにをすると言い、現になにをしているのか。

習近平は、胡錦濤の後任として、二〇一二年、中国共産党中央委員会総書記・中国共産党中央軍事委員会主席に選出され、二〇一三年には中華人民共和国主席・中華人民共和国中央軍事委員会主席に就任します。二〇一二年、習近平が中国共産党総書記に選出されたときには、党内に利害を異にするさまざまなグループがいて、かれはそういったさまざまなグループの多くからともかく受け容れられる指導者ということで総書記に選出された、したがって、かれとしても、そういうさまざまのグループを敵に回すようなリスクはとらず、政権の安定を優先し、課題解決を先送りするだろう、と見られておりました。ところが、習近平は、二〇一三年一月に反腐敗闘争を開始し、前共産党中央政治局常務委員の周永康、前共産党中央軍事委員会副主席の徐才厚と郭伯雄、前共産党中央弁公庁主任の令計画をはじめ、中央官庁の副大臣、各省の共産党副書記クラスの高級幹部を次々と粛正しています（加茂 2015：64-66）。これにはいろいろなねらいがあると思いますが、一般に指摘される通り、習近平としては、これを手段としてみずからの権力基盤を強化し、同時に、国有企業の既得権益を打破し、人民解放軍の改革を推進し、人民の支持を調達しようとしているということだろうと思います。また、さらに言えば、習近平の反腐敗闘争について、習近平以外の指導者たちの間にも党国家体制の長期的持続性について深刻な危機意識があり、それがこれほどの反腐敗闘争を許しているということと思います（防衛省防衛研究所編 2015：93）。

その結果、習近平は、中国の意思決定中枢で、胡錦濤とは比較にならないほど、力を集中しています。これは共産党中央に設立された「委員会」「領導小組」などの政策調整機関、政策決定機関を見れば明らかで、国内の治安と外交・安全保障政策を総合的に検討し調整し決定する「中央国家安全委員会」、党国家の改革プログラムを牽引する「中央全面深化改革領導小組」、中央軍事委員会の下で国防と軍の改革を指導する「中央軍事委員会深化国防・軍隊改革領導小組」などの機関のトップにはすべて習近平が就任しております。また、これまでであれば国務院総理の下に置かれたはずの「中央財經領導小組」の組長にも習近平が就任しております（加茂 2015：68）。

苦闘する中国経済の実態

では、かれの指導下、なにがおこっているのか。経済については、課題ははっきりしています。中国は、二〇〇八年のリーマン・ショック以降、四兆元に達する大規模な経済刺激策をとりました。その三分の一は製造業、四分の一は不動産とインフラに投資され、たいへんな投資ブームを引き起こしました。その結果、たいへんな額の設備投資が行われ、収益性のあまり良くない資産が企業に積み上がりました。たとえば、素材産業では、過剰投資、過剰設備、過剰生産、市場の崩壊、減産と、事態は着実に悪化し、投資の回収はきわめて難しくなっています。また、資産価格も暴騰のあと不況に入り、これが素材から家具、家電まで大きな影響を与えています。さらに、地方では、収益性の低いインフラ投資が至るところで、大規模に実施されました。地方政府としては、経済が成長すれば、歳入が増え、負債も償還できるという計算だったのでしょうが、過剰投資・過剰負債のため、第三セクターの不動産投資が危機的状況に陥っているところも少なくありません。不良債権が積み上がっても、もうかっている事業があれば、その利益で借金を返済する、あるいは銀行に借り換えを依頼するといったかたちでデフォルトを避けることができます。しかし、投資の効率性はまちがいなく落ちます。ここ数年はＧＤＰの五〇パーセントを投資して経済成長率七パーセント程度、この七パーセントという数字も信用できないという人が少なくありませんが、それはともかく、かつての一〇パーセント超の経済成長の時代と比較して、投資効率が落ちていることはまちがいありません。生産性を上げるためには、イノベーションを推進し、新しい産業部門に戦略的に投資するしかありませんが、実際には、二〇〇八年のリーマン・ショック以来、中国経済では国有企業がますます大きなシェアを占めるようになっており、国有企業は寡占・独占には大いに関心があっても、イノベーションには通常、あまり関心がありませんから、大きな期待はできません。実際、二〇一二年の時点で、中国のシンクタンクのトップは、中国の経済成長率が七パーセントを切ってくると、国有企業の三分の一から半分くらいは利益を出せなくなるかもしれないと言っておりました[5]。明らかに、経済運営をかなり大きく見直す時期に来ているということです。

では、どうしようというのか。津上俊哉の『巨龍の苦闘』（角川書店、二〇一五年）のいう「金融収奪」という概念がこれを考える上で大いに参考になります。名目と実質のＧＤＰ成長率の差であるＧＤＰデフレータを物価上昇率の代理変数として実質金利を計算すると、つい最近まで、預金は五～八パーセントのマイナス金利、貸出は一～三パーセントのマイナス金利が続いたといいます。これは、別の言い方をすれば、預金者から富を取り上げて、資金の借り手（企業、特に国有企業）に補助金を供与してきたということで、中国の経済成長で消費の寄与分が他の国々と比べて格段に小さく、GDPの半分程度にとどまったのはこれが大きな理由で、一方、投資は、かりに名目GDP成長率をROI（投資収益率）の代理変数とすると、過去一〇年、一八～二一パーセントと高い水準を維持し、名目の貸出金利は七パーセント程度ですから、大いにもうかったということになります。あたりまえのことですが、資金調達コストと比較してはるかに高い事業収益が期待できれば、本来もうかるはずのない事業ももうかるようになり、どうしても過剰投資がおこります。それが中国でもおきたということです。しかし、この状況はこの一～二年で劇的に変化しました。名目成長率が八～九パーセントまで下がり、一方、名目金利は七・五パーセント程度、いままでのような収益はもう期待できません。つまり、「金融収奪」がついに解消され、家計所得の目減りが減少し、借り手も利益の出る事業を選別して投資しなければならなくなった。これが中長期的に中国経済を投資主導から消費主導へ転換させていくことはほぼ確実と思いますが、問題は、この転換がかりに中長期的に予想通りにおこったとして、そのプロセスではやはりきわめて厳しい調整を経由しなければなりません。それがはじまっている、それが現状だ、ということです（津上 2015c：111-112）。

小康社会への道のり

なお、中国経済の展望をもう少し長期の観点で見ると、中国社会の高齢化がきわめて重要になります。中国の生産人口（一五～六四歳人口）に対する六五歳以上人口の比率は二〇二〇年代はじめに二〇パーセントを超えると予測されています。また、労働投入もすでにピーク・アウトし、これから不足しはじめます。その結果、中国経済の中長期展望を見ると、ベスト・シナリオでも労働力の伸び率は二〇一六年以降、二〇一六～二五年にマイナス〇・二パーセント、二〇一六～三〇年にマイナス〇・四パーセントとマイナスになり、労働生産性の伸び率にもよりますが、GDP成長率も趨勢的に七パーセントから五パーセントの水準に下がっていくと予測されております。

習近平のいう「新常態」（ニュー・ノーマル）とは、中国経済がすでにそういう移行のプロセスにある、したがって、中国の多くの人たちに「もうかつてのような高成長は望めない」といってかれらの期待を「管理」し、同時に、中央・地方の党幹部に「これからは公共投資主導で経済成長を推進することはしない」と事実上、指示を出している、ということだと思います。政策的対応もはじまっています。たとえば、地方では、これまで、融資平台（融資プラットフォーム）と呼ばれる地方政府の子会社が大量の資金を銀行から借り入れ、債券を発行して、資金調達を行い、この資金を不動産開発に投資して、地方政府の資金調達を支えてきました。しかし、このシステムは、二〇一五年で終わりとなり、二〇一六年以降は、地方政府の資金調達は地方債の発行に限定されることになっています（津上 2015c：88）。こうした改革の結果、中国経済が成長率七パーセント程度を維持しつつ、投資主導から消費主導の経済に転換できれば、改革は成功ということになりますが、成長率が二～三パーセントまで急落すれば、ハード・ランディングになります（津上 2015c：2-5）。

しかし、外交・安全保障との関係で特に注目すべきは経済協力に関わる国有企業の動向です。これについてはいくつか、重要なことがおこっています。その一つは、習近平指導部が、これまでの国内競争重視政策を転換し、国有企業の独占・寡占を推進し、鉄道、電力、ＩＴ（情報技術）などの分野で、一社で八割超のシェアをもつ国有企業が出ているということです。たとえば、二大国有鉄道車両メーカーの中国南車集団と中国北車集団は国務院の主導で合併の最終調整が進んでおり、これが実現すると、国内の電車・地下鉄車両でほぼ一〇〇パーセントのシェア、売上高で四兆円近い巨大企業が誕生します。合併で経営資源を集約し、高速鉄道など、海外受注に弾みをつけるねらいだといいます。電力業界では、送電網運営で国内八割のシェアを占める国家電網が傘下の変電設備会社一五社を統合しました。原子力発電所の輸出強化をめざす原子力分野でも、国家核電技術と中国電力投資集団が統合に向けて交渉中といいます[6]。

インフラ輸出を中心とする経済協力のマクロ経済的条件も整いつつあります。日本経済新聞によれば、二〇一五年には中国の対外直接投資が対内直接投資を上回り、中国は「資本の純輸出国」になる公算が大きいといいます。中国商務部の統計では、二〇一四年一〜一一月の対内直接投資額は一〇六二億ドル、一方、同期間の対外直接投資額は前年比一一・九パーセント増の八九八億ドルと伸びているといいます。習近平政権は「走出去」（海外に打って出る）をスローガンに中国企業の対外進出を後押ししており、国務院は二〇一四年一二月、企業が海外投資に必要とする外貨を調達する際の規制を縮小・廃止しております（「資本純輸出国に転じる中国」『日本経済新聞』二〇一五年一月四日付）。

これが経済の現状と展望です。では、中国の外交・安全保障政策はどうか。ここで一つ、注意すべきことは、中国経済がこれからも長期にわたって高成長することはおそらくないということです。しかし、同時に、中国は、世界金融危機以降、アメリカはこれから衰退する、これからはわれわれの時代だ、われわれの方が経済運営をうまくやっている、中国の指導者たちがそう考えて「言ってはいけないことを多く言い、してはいけないことをたくさんした」ことも明らかで、そういう「憑きものが落ちる」にはおそらくまだしばらく時間がかかります[7]（津上 2015c：11）。それが中国の外交・安全保障においてひじょうに重要な意味をもっています。

しばしば指摘されることですが、胡錦濤国家主席は、二〇〇九年に開催された第一一回在外使節会議において、国際金融経済危機のさなか、中国は「経済の安定した比較的速い発展を維持する大事なとき」にあって「新たな重要なチャンスを迎え、厳しい挑戦を受けており」、外交活動も「国家の主権、安全、発展の利益を守るために奉仕しなければならない」、こう言って、鄧小平の「韜光養晦有所作為」（ときを待ち、できることをする）を修正して、「堅持韜光養晦、積極有所作為」（ときを待ち、積極的にできることをする）としました。また、二〇一二年一一月には、「国内外の情勢を全般的に見れば、わが国は今もなお大きく発展できるという重要な戦略的チャンスの時期にある」、われわれはこの戦略的好機に「冷静に挑戦的に立ち向か」い、「未来をかち取り、二〇二〇年までに全面的に小康社会を完成するという壮大な目標を確保しなければならない」と言っております[8]。

習近平主席の外交・安全保障政策ではこうした「積極有所作為」の姿勢がますます強くなっていま

す。これは習近平の談話について広く指摘されていることで、たとえば、二〇一三年一月開催の中国共産党政治局第三回集団学習会において、かれは、中国は「平和発展の道を歩む」、しかし「われわれの正当な権益を放棄することもなければ、国家の核心的利益を犠牲にすることもできない」と明言しました。

では、習近平政権は具体的に外交関係をどう「管理」しようとしているのか。まず、アメリカとの関係から見ると、習近平は、二〇一三年六月、中国共産党総書記・国家主席・中央軍事委員会主席に就任してはじめて訪米し、カリフォルニア州のサニーランズでオバマ大統領と首脳会談を行いました。このときの主要議題は、報道されたところでは、サイバー空間における行動規範の策定、北朝鮮の核問題などとされていますが、中国外務省関係者によれば、習近平としては、北朝鮮の六カ国協議復帰というカードを使って、サイバー・テロ、東シナ海、南シナ海の領土問題などについて、アメリカ政府から譲歩を得たいと考えていたといいます。しかし、オバマ大統領は、中国の提案する「新型大国関係」、これは①衝突と対抗を避ける、②ウィンウィン関係、③核心的利益の相互尊重、この三つを原則とする米中関係のことですが、これに同意しませんでした。中国が近隣諸国との主権・領土の問題について一方的行動をとって緊張を高めていること、米中関係においてもサイバー・スパイ問題、中国軍機の米軍機への異常接近問題など、摩擦が絶えないこと、そのためアメリカにおいて中国を「脅威」と見る人たちが多くなっているためだと思います。

中国のカウンター・リバランシング戦略

次に、周辺外交については、二〇一三年一〇月に開催された周辺外交座談会で重要な演説を行っています。これについては、『中国通信』（「周辺外交活動座談会開く、習首席、良好な環境目指すと強調」二〇一三年一〇月二六日付）で詳しく報道されており、その内容は次の通りです。

習近平は、会議の主要任務は「経験を総括し、情勢を判断し、意思統一をはかり、未来を開き、今後五～一〇年の周辺外交活動の戦略目標、基本方針、全体的配置を決め、周辺外交で直面している重大な問題を解決するための活動の道筋と実施プランを明確にすること」にあるとして、以下のように指摘した。

「わが国の周辺外交の戦略目標は『二つの百年』の奮闘目標の実現、中華民族の偉大な復興の実現に寄与し、周辺国との関係を全面的に発展させ、善隣友好を固め、互恵協力を深め、中国の発展の重要な戦略的チャンスのある時期を維持し、国の主権、安全、発展の利益を守り、周辺と中国との政治関係を一層友好的にし、経済的きずなを一層固め、安全保障協力を一層深め、人文（人と文化）の結びつきを一層緊密にすることである。」

「周辺外交の基本方針は、隣国に善意で接し、隣国をパートナーとし、隣国と仲良くし、隣国が安全と感じるようにし、隣国を豊かにし、親密、誠実、思いやり、寛容の理念を際立たせることである。周辺国との善隣友好関係を発展させることは中国の周辺外交の一貫した方針である。」

「周辺外交を全面的に推進しなければならない。周辺の平和・安定の大局の維持に力を入れなければならない。平和的発展の道を歩むことは時代発展の潮流とわが国の根本的利益に基づくわが党の戦略的選択で、周辺の平和と安定の維持は周辺外交の重要な目標である。」

「互恵ウィンウィンの構造を深めなければならない。経済、貿易、科学技術、金融などの面の資源を統一的に計画し、比較優位を生かし、周辺国との互恵協力を深める戦略的一致点を探り、地域経済協力に積極的に参加する。関係国と共に努力し、インフラの相互接続を急ぎ、シルクロード経済ベルト、二一世紀海上シルクロードを建設する。周辺を基盤とし、自由貿易圏戦略の実施を急ぎ、貿易・投資協力の余地を拡大し、地域経済統合の新たな枠組みを構築する。地域金融協力を深め、アジア・インフラ投資銀行の設立に向けた準備を積極的に進め、地域金融セキュリティ・ネットワークを整備する。」

「地域安全保障協力を推進する。周辺国との安全保障協力は共通のニーズである。相互信頼、互恵、平等、協力の新安全保障観を堅持し、全面的安全、共同の安全、協力の安全の理念を提唱し、周辺国との安全保障協力を推進し、地域およびサブ地域の安全保障協力に主体的に参加し、協力の仕組みを深め、戦略的相互信頼を増進する。」

ここには習近平の周辺外交の基本的考えがよく示されているといえます。その要点は、中国は「平和的発展」をめざしている、中国は経済協力によって善隣友好を推進する、したがって、周辺諸国は中国の台頭を心配しなくてよい、そう言って周辺諸国を「慰撫」することにあります。その意味で、まさにこれはオバマ大統領の「リバランシング」戦略に対抗する「カウンター・リバランシング」戦略だと言ってよいと思います。つまり、中国としては、周辺外交において「正当な権益を放棄する」つもりもなければ、「国家の核心的利益を犠牲にする」つもりもありませんが、「隣国に善意で接し、隣国をパートナーとし、隣国と仲良くし、隣国が安全と感じるように」することで「周辺を安定させ、周辺を経略し、周辺を形成する」（王家瑞中国共産党対外連絡部長）、「安定的で有利な外部環境を構築する」（王毅外交部長）、それがねらいであるということです（防衛省防衛研究所編 2015：104-107）。

中国の「一帯一路」構想、つまり、シルクロード経済ベルト（「一帯」）と二一世紀海上シルクロード（「一路」）の構想は、こうした周辺外交の中で戦略的に位置付けられています。その趣旨はきわめて明解です。中国の対外政策では、貿易、インフラ投資をはじめとする経済協力が重要な外交政策手段となっています。周辺諸国との関係をインフラ整備を中心とする経済協力でますます強化する、それがねらいです。

習近平はまた、二〇一四年五月に開催されたアジア信頼醸成措置会議――ここにはプーチン・ロシア大統領をはじめ、中央アジア諸国の首脳が参加しておりますが――その席上、「アジア新安全保障観」という概念を打ち出し、アメリカを排除した地域秩序構築の意思を明らかにしております。この会議には、上海協力機構（SCO）参加の六カ国（中国、ロシア、カザフスタン、キルギス、タジキスタン、ウズベキスタン）に加え、韓国、ベトナム、カンボジア、タイ、バングラデシュ、インド、パキスタン、イラン、アラブ首長国連邦、カタール、バーレーン、トルコ、イラク、ヨルダン、エジプト、パレスティナ、イスラエルなども参加しています。

なお、習近平は、二〇一四年一一月末に開催された中央外事工作会議でも、外交方針について演説しています。この演説で、かれは、「協力とウィンウィンを中国の新たな国際関係の核心にしていく」と述べて、日本など周辺国との摩擦の回避を指示しました。中央外事工作会議の開催は二〇〇六年八月以来、八年ぶりのことで、日本経済新聞によれば、習近平は、周辺国との外交において協調姿勢を堅持するとして、「(周辺の) 大国との関係をうまく進め、健全で安定した大国関係を構築していく」と強調したといいます。尖閣諸島、南シナ海の領有権問題などを念頭に置いて、「領土主権や海洋権益などを断乎守り、領土や島を巡る争いを適切に処理する」が、同時に、「国家間の相違や争いは対話と協議で平和的に解決する。武力や威嚇に訴えることには反対」し、「中国は世界の発展の潮流に順応しなければならない」と述べて、国際社会から孤立することのないよう、周辺国との摩擦を避け、中国の発展に有利な国際環境をつくらなければならない、と語ったとのことです。(9)

3　中国の台頭とその行動

南シナ海の領有権問題

これまで、中国の外交政策、あるいはもっと正確に言えば、習近平が外交政策の基本方針について語っていることを見てきました。では、中国は、なにをしているのか。近年の中国の行動はおよそ次のように整理できるのではないかと思います。

まず、南シナ海の領有権問題については、これは中国の核心的利益に関わるとして、一切、譲歩の姿勢を見せておりません。それどころか、二〇〇七～〇八年以降、ますます一方的に、力によって、みずからの立場を押し付けようとしているように見えます。たとえば、最近の事件を思いつくままに挙げても、二〇一四年五～七月には、中国の国有石油会社がベトナムとの係争地域であるパラセル諸島に石油掘削装置を設置し、これに抗議するベトナムの海上警察船、漁業監視船と中国の公船の間で衝突が起きました。また、中国は、南シナ海のスプラトリー諸島にあるファイアリー・クロス礁で三三〇〇メートルの滑走路を建設し、軍事化しようとしています。中国はすでにパラセル諸島のウディ島に三〇〇〇メートルの滑走路を建設しており、かりに二〇一二年にフィリピンの公船との睨み合いの末に実効支配下においたスカーボロー礁に滑走路を建設することになると、中国は南シナ海の実効支配の達成にひじょうに有利な位置を占めることになります(10)。

中国はまた、東シナ海でも公船による尖閣諸島周辺領海への侵入を繰り返し、二〇一三年一一月には「東シナ海防空識別権」設定を宣言しました。また、二〇一四年五～六月には、東シナ海上空で、中国軍戦闘機が自衛隊機に異常接近を繰り返し、偶発的衝突の懸念も高まりました。

中国軍の挑発は南シナ海における米軍の活動に対してもくりかえされています。たとえば、二〇一三年九月には、中国空母の監視に派遣されたアメリカ海軍艦艇（USS Cowpens）の活動を中国の公船が妨害しました。二〇一四年八月には中国海軍機がP‐8対潜哨戒機の活動を妨害しています。これを受けて、二〇一四年一一月に北京で開催されたAPEC首脳会議の際には、安倍首相と習近平主席が日中間の「海上連絡メカニズム」の運用開始に向けて努力することで合意しました。また、オバマ大統領と習近平主席も、米中両国の海軍艦艇、航空機の偶発的衝突を回避するための相互連絡メカニズム構築で合意しました。これは、逆に言えば、中国軍の活動がそれほど一方的で強引なものとなっているということでもあります(11)。

一帯一路――シルクロード経済ベルトと二一世紀海上シルクロード

では、「一帯一路」はどうか。習近平がシルクロード経済ベルト構想をはじめて提起したのは二〇一三年九月、二一世紀海上シルクロードとアジア・インフラ投資銀行(AIIB)の構想を提起したのは二〇一四年一〇月のことで、先にも見たように、シルクロード経済ベルトと二一世紀海上シルクロードについては、二〇一三年一一月の周辺外交談話でも言及しております。また、その間、二〇一四年一〇月には、北京で中国をふくむアジア・中東の二一カ国がAIIB設立に向けた覚書に調印し、二〇一四年一二月には、中国の政府系銀行などの共同出資でシルクロード基金が四〇〇億ドル規模で設立されております。

シルクロード経済ベルト、つまり「一帯」は、北京から中央アジア、ロシアを経由してヨーロッパに至るルートと新疆ウイグル自治区からパキスタンを経由してペルシャ湾に抜けるルートを想定しています。こうした広域のインフラ整備の政治的枠組みとして上海協力機構（ＳＣＯ）があり、「アジア相互協力信頼醸成措置会議」があります。「一帯」の経済協力はこうした政治的連携を基礎としつつ、これをさらに強化するものです。問題は、それが中国にとってどのような戦略的意義をもっているかです。

その一つはエネルギー動脈としての重要性です。中国の石油消費量は現在、一〇〇〇万バレル超ですが、輸入依存度はすでに六〇パーセント以上になり、一日、六五〇〜七〇〇〇万バレルの原油を輸入しております。しかも中国の石油消費量は一〇年後にはアメリカの現在の石油消費量である一九〇〇万バレル程度まで増加すると予想され、そのときには輸入依存度も七〇〜七五パーセントに上昇する可能性があります。また、その頃までには、天然ガスの消費が拡大し、天然ガスの輸入もかなり増加していると予想されます。これをすべて勘案すると、エネルギーをいかに安定的に調達するかは、中国にとって、きわめて重要な国家戦略上の課題となることは明らかです。エネルギー動脈構築の意義はここにあります。ロシア、そして旧ソ連領の中央アジアの国々は、こういう観点から見ると、きわめて戦略的な位置を占めます。トルクメニスタンは天然ガスの埋蔵量では世界第四位で、中国はここから大量の天然ガスを輸入しています。また、プーチン・ロシア大統領と習近平国家主席は、二〇一四年、天然ガスの長期供給契約に署名し、これはシベリアのバイカル湖から黒竜江省経由、北京、天津に至るパイプラインで供給されることになっています。また、中央アジアから新疆ウイグル自治区経由、上海、広東省、福建省などにもパイプラインが引かれています。

「一帯」の意義としては、中央アジアの市場としての重要性、中国から欧州に至る物流の重要性も指摘されています。これは「ユーラシア高速鉄道」「中央アジア高速鉄道」「汎アジア高速鉄道」などの鉄道建設構想に見る通りです。[12] しかし、中央アジアの国々の人口と経済の規模から判断して、中央アジアに市場として大きな価値があるとはなかなか考えられません。中央アジアにはカザフスタン、キルギス、タジキスタン、トルクメニスタン、ウズベキスタンの五カ国がありますが、その人口と経済規模（GDP）は、二〇一三年で、カザフスタン（一七六〇万人、二五二〇億ドル）、キルギス（五七〇万人、七九億ドル）、タジキスタン（八三〇万人、九二億ドル）、トルクメニスタン（五八〇万人、四七二億ドル）、ウズベキスタン（三〇二〇万人、五九一億ドル）、全部合わせて六七六〇万人、経済規模三七五四億ドル、人口、経済規模、いずれにおいても、タイ（六八二〇万人、四〇〇九億ドル）一国程度というのが実情です。

鉄道と海路の物流

また、物流については、沿海部の江蘇省からデュッセルドルフまで、鉄道でおよそ一五日かかるといいます。シベリア鉄道のように、一国内を行くのであれば、通関等の手間もありませんから、物流上の意義もあると思いますが、中国内陸部、新疆ウイグル自治区から中央アジアを経由して欧州まで行くとなると、ひじょうに多くの国を通過することになり、通関等の時間とコストを考えれば、ユーラシア・ランドブリッジに物流上、それほど大きなメリットがあるとは思えません。それに比べれば、たとえば広東省からギリシャのピレウス港まで、コンテナ船を使えば、大量の貨物を一五〜二〇日で運ぶことができます。ギリシャまで行けば、EU（欧州連合）に直接、アクセスできるわけで、物流としては、こちらの方にはるかに比較優位があるはずです。

高速鉄道構想に市場統合、物流上の意義がまったくないとは言いません。しかし、こういう構想が、いま、大いに語られているのは、エネルギー動脈の構築に加え、中国が現在、直面している国内課題への対応ということが重要だと思います。二〇〇一年の九・一一同時テロ以降、アメリカは「テロとの戦争」でアフガニスタンを事実上、占領下に置き、中央アジアに勢力を拡大しました。しかし、アメリカは二〇一〇年代にはアフガニスタンからの撤兵を開始し、それとちょうど軌を一にするかたちで、上海協力機構を枠組みとして、中国、ロシア、中央アジアの国々が共同軍事演習をはじめ、国防大臣会合を開催するようになりました。中国の北部国境は、かつての中ソ対立の時代には、中国の戦略正面となっていました。しかし、現在、ロシアとの関係は、おたがいに深い信頼関係にあるとはもちろん言いませんが、安定しています。中央アジアの旧ソ連領の国々に対する中国の影響力も、中国の経済的台頭にともない、拡大しています。一方、新疆ウイグル自治区では、ウイグル人の分離独立運動、テロ活動、さらにはイスラム主義の脅威があります。中国政府としては、国内治安の維持、内陸部の経済発展を考えれば、ウイグル人の分離主義、テロ活動を孤立させ、新疆ウイグル自治区を中央アジアから中東にかけての地域で台頭するイスラム主義の勢力から切り離すためにも、中央アジアの国々の経済発展を支援し、中国との相互依存を高めていくことはきわめて重要です。また、インフラ整備は事実上、国際的な公共事業として、中国のかかえる鉄鋼、セメントなどの過剰生産能力のはけ口を創出し、国有企業改革推進のための時間を稼ぐ上で、大きな意義があります。「走出去」を目的に国有企業の統合が進んでいることは先に見た通りですが、中国の経済成長がしだいに減速し、このままでは赤字化してしまう国有企業が増えている中で、インフラ整備を中心とする経済協力には明らかにこうした国内政策上のねらいも込められていると思います。

中国はまた、中東、特にサウジアラビア、イランからタンカーで、さらにナイジェリア、アンゴラからも喜望峰経由、タンカーで石油を調達しています。中国の原油輸入は現在、一日六五〇〜七〇〇万バレルに達していることは前述した通りですが、これは、かりに二〇万トンタンカーに二五〇万バレルの原油を積んで輸送するとして、中国は、毎日、大型タンカー三隻分の原油を必要としているということです。これは、別の言い方をすると、湾岸からインド洋、マラッカ海峡経由、南シナ海、東シナ海まで、八日かかるとして、常時、二四隻程度の中国の大型タンカーが運航しているということで、輸入量が一日、一〇〇〇万バレルになれば、四〇隻の中国の大型タンカーが常時、運航することになります。海のシルクロード、つまり「一路」には、こうした中東からインド洋、マラッカ海峡経由、南シナ海、東シナ海に至るシーレーンの確保が一つのねらいとしてあることはまちがいありません。また、このシーレーンにおいて、マラッカ海峡がチョーク・ポイントになる可能性が高いことからすれば、インド洋沿岸からパイプラインで中国内陸部に石油を運ぶというのが一つの考え方となります。中国はすでにミャンマーのチャオピューから雲南省の昆明まで原油とガスのパイプラインを付設し、操業しております。また、新疆ウイグル地区のカシュガルからイスラマバード、カラチ経由、グアダルに至る中国パキスタン回廊も同じねらいをもっていると言われます[13]。

4　中国の台頭と南シナ海・大陸部東南アジア

終わりのない囲碁

アメリカの外交を理解するには、ジョージ・シュルツの言う「庭仕事」の比喩が役に立つと先に申し上げました。では、中国外交を理解するには、どんな比喩がよいか。ヘンリー・キッシンジャーは「囲碁」だと言います（キッシンジャー 2013：24-25）[14]。これはなかなかの洞察で、わたしとしてあえてこれに付け加えることがあるとすれば、それは「終わりのない囲碁」で、しかも、囲碁の打ち手がひとりではなく、党国家の意思決定中枢のこともあれば、省政府、国有企業のこともあるということです。しかし、それでも、党国家中枢がどこまでリーダーシップを発揮し、戦略的に手を打っているかは別にして、結果的に、党国家総体として、およそどのような合意の下、どんな手を打って、どんな模様を張ろうとしているか、それを理解するにはこの比喩はなかなか有用だと思います。

では、どういう手で、どんな模様を張ろうとしているのか。おそらく次のように言って、大きくは外れていないのではと考えています。まず、アメリカとは、「新型大国関係」を提唱し、核心的利益の相互尊重を基礎に、この関係を「管理」し、衝突を回避する。一方、アメリカのリバランシングには、周辺外交のカウンター・リバランシングで対抗する。つまり、韓国は経済的に「由らしめ」、緩衝国化し、長期的にできるだけ中立化の方向にもっていく。日本は孤立させる。南シナ海では、力の行使によって実効支配の既成事実を積み上げ、長期的にこれを「中国の海」とする。さらに、東シナ海、南シナ海からマラッカ海峡を経由して、インド洋、中東に至る海域ではシーレーン防衛能力を構築する。東南アジア、特に大陸部東南アジアの国々では広域インフラ整備ほかの経済協力によってこれらの国々を「慰撫」し、「由らしめ」、緩衝地帯化していく。中央アジアから中東、欧州に至る地域でエネルギー動脈を構築し、中ロ関係を「管理」して、この地域における政治経済協力を推進する。つまり、一言でいえば、これまで世界秩序の骨格をなしてきたアメリカを中心とする大西洋同盟（NATOとそこに入れ子となっているEU）、アジア太平洋同盟（ハブとスポークスの地域的安全保障システムとTPP）に対抗するかたちでユーラシア連合を構築し、その一環として、東アジアでは、朝鮮半島、大陸部東南アジアの緩衝地帯化を推進し、できればみずからの勢力圏に組み込もうとしていると言えます。

南シナ海の領有権をめぐる対立

問題はこれをどう評価するかです。

南シナ海、東シナ海でおこっていることはよく知られております。中国は「九段線」で南シナ海のほぼ全域を領海と主張し、この海域の島嶼・岩礁の領有権を主張するベトナム、フィリピン、マレーシア、ブルネイと対立しています。また、ナトゥナ諸島周辺の排他的経済水域については、インドネシアとも対立しています。しかし、中国が「領海法」を制定した一九九二年以来の歴史を見ると、一九九八〜九九年頃までは南シナ海の領有権問題が中国とＡＳＥＡＮ諸国の一大係争点となっていましたが、そのあと二〇〇七年頃までは沈静化しました。中国とＡＳＥＡＮは二〇〇二年に南シナ海における行動規範に関する共同宣言に署名しました。また、二〇〇三年には、中国とフィリピンが石油探査の共同実施で合意し、中国とＡＳＥＡＮも「平和と繁栄のための戦略的パートナーシップに関する共同宣言」に調印しました。こうした合意が南シナ海の領有権をめぐる対立を沈静化させたということだ

図２－１　南シナ海図

と思います。

ところが、二〇〇七年以降、南シナ海の領有権問題をめぐって中国とＡＳＥＡＮ、特にベトナムとの関係が再び緊張します。その一つの理由は、この年、中国の海南省が、パラセル諸島、スプラトリー諸島、マックレスフィールド岩礁群を合わせて、新しい行政区域を設立し、三沙市と命名したためです。また、もう一つの理由は、この頃から、ベトナムと中国が領有権を主張し、中国が実効支配するパラセル諸島付近で、中国の漁業監視船によるベトナム漁船の拿捕が相次いだためです。このため、二〇一〇年、ハノイで開催されたＡＲＦ（ＡＳＥＡＮ地域フォーラム）では、南シナ海問題が大きな争点となり、二〇一一年にバリで開催されたＡＲＦに際して、中国も「南シナ海行動宣言」の実施へ向けた指針についてＡＳＥＡＮと合意します。また、ＡＳＥＡＮは、二〇一〇年にハノイで開催された東アジア首脳会議で、その枠組みを二〇一一年からＡＳＥＡＮ＋６（日本、中国、韓国、インド、オーストラリア、ニュージーランド）にアメリカ、ロシアを加え、ＡＳＥＡＮ＋８とすることを決定します。また、ＡＳＥＡＮ＋８を枠組みとする新しい防衛大臣会合も発足します。

しかし、中国の姿勢は二〇一二年にはますます高圧的となります。この年のＡＳＥＡＮ外相会議は、七月、カンボジアの首都のプノンペンで開催されました。会議はベトナム、フィリピンと中国の対立が先鋭化している南シナ海の領有権問題についての文言で紛糾し、一九六七年のＡＳＥＡＮ創設以来はじめて、ＡＳＥＡＮ外相会議は共同声明の採択を断念します。中国の介入のためです。中国は、ＡＳＥＡＮ外相会議に先立って、ここでの議論が中国に不利とならないよう、この年のＡＳＥＡＮ議長国のカンボジアに働き掛けました。二〇一二年四月には胡錦濤国家主席がカンボジアを訪問し、無償援助と低利融資、合計四億五〇〇〇万元の供与を表明します。五月のＡＳＥＡＮ国防相会議の際には梁光烈国防相がカンボジアを訪問し、一億二〇〇〇万元の無償援助供与等に調印します。六月には中国共産党序列八位の賀国強・党中央規律検査委員会書記がフン・セン首相と会談し、四・二億ドルの融資、航空機二機の供与に調印します。こうした援助攻勢が功を奏したということで、実際、ＡＳＥＡＮ外相会議直後、中国の楊潔篪外相は、フン・セン首相に対し、カンボジアが中国の「核心的利益」を尊重したことに謝意を表明しています。

こうして、いまから振り返って見ると、二〇一二年を転機として、ＡＳＥＡＮ諸国の南シナ海領有権問題についての対応は大きく変わります。ＡＳＥＡＮは、ＡＲＦ、ＡＳＥＡＮ＋８国防大臣会合等に見る通り、二〇一〇年以降、ベトナム、フィリピンなど、南シナ海の領有権問題について中国と対立する国にとっては、なかなか使い勝手の良い「てこ」となっていました。中国が二〇一二年のＡＳＥＡＮ外相会議に向けて、カンボジアに援助攻勢をかけ、外相会議が南シナ海の領有権問題で共同声明を出せなくさせたのはそのためでした。つまり、中国は、ベトナム、フィリピンなどがこの問題でＡＳＥＡＮを「てこ」として使えないようにしたわけです。

しかし、ＡＳＥＡＮが「てこ」として使えないからといって、ベトナム、フィリピンが南シナ海問題を国際的に問題にしなくなることはありませんし、中国に実力で押し切られて南シナ海の領土、排他的経済水域、大陸棚の問題について黙り込んでしまうこともありません。ＡＳＥＡＮを「てこ」として使えなければ、他のものを「てこ」として使うだけです。その役割をアメリカが提供します。二〇一〇年のARFにはクリントン国務長官が出席し、アメリカは南シナ海における航行の自由に大きな関心をもっていると明言します。二〇一一年にはアメリカはASEAN＋8の東アジア首脳会議（EAS）に参加します。先に見たオバマ大統領のオーストラリア議会での演説は、かれが東アジア首脳会議に出席する直前に行ったもので、その意味では、東アジア首脳会議出席に際してのオバマ大統領の所信表明のような趣もあります。さらに、アメリカは、二〇一二年以降、「リバランス」の一環として、アジア太平洋地域における軍事的プレゼンスの強化を新国防戦略の基本方針とします。日本も、フィリピン、マレーシア、ベトナムを対象に、巡視船の供与など、海上保安機能の強化を支援することを決定します。ASEANの国々の軍事協力もはじまります。フィリピンとベトナムの海軍は、南シナ海における合同演習など、軍事協力の深化で合意しました。インドネシアのナトゥナ諸島周辺海域では、インドネシア、フィリピン、ベトナム、ブルネイの海軍が密漁防止のための連携パトロールを検討しています。

近視眼的な中国

つまり、まとめて言えば、二〇一二年以降、中国はASEAN諸国、特に南シナ海の領有権問題で中国と対立するフィリピン、ベトナム、インドネシアなどをますますアメリカ、日本、オーストラリア、インドなどとの連携に追いやったということです。あたりまえのことですが、中国が脅威となればなるほど、そのリスク・ヘッジのためには東アジアよりアジア太平洋、あるいはもっと広く、インド・太平洋の方が地域協力の枠組みとして有用になります。その意味で、二〇一二年のＡＳＥＡＮ外相会議に向けた中国の工作はきわめて近視眼的なものだったと言えます。一九九九年以降、中国は、東アジア共同体構築の名の下、ＡＳＥＡＮ＋３（日本、中国、韓国）を地域協力の枠組みとして、アメリカを排除し、みずからの影響力を拡大しました。しかし、二〇〇七年以降、中国は、まさに自国をベトナム、フィリピン、インドネシアなどにとって最大のリスクとしてしまいました。

こうした事情は二〇一二年以降もまったく変わっておりません。中国は、南シナ海の領有権問題については、一貫して、力の行使による現状変更を試みています。これは、パラセル諸島付近における中国国有企業の海底資源探査、ファイアリー・クロス礁における滑走路建設、港湾整備に見る通りです。注目すべきは他国の反応です。

アメリカは力による現状の一方的変更を認めない姿勢をより明確にしました。二〇一四年五月、シンガポールで開催されたシャングリラ会合では、ヘーゲル国防長官は、アメリカの優先事項として、①紛争の平和的解決の促進、航行の自由原則の支持、強制・威嚇・侵略に対して断固とした態度をとること、②国際ルール・規範に基づいた協調的な地域的アーキテクチャの構築、③同盟国、パートナー国の能力強化、④アメリカの地域的防衛能力の強化を挙げました。また、領土紛争問題については、中立の立場をとると確認しつつ、「いかなる国家でも、領土紛争において自国の主張を押し付けるために威嚇・強制・軍事的圧力を使うことに強く反対する」と述べて、中国が「スカーボロー礁への接近を制限し、セカンド・トーマス礁におけるフィリピンの長期的なプレゼンスに対する圧力を強めていること」、「パラセル諸島の近海にまで石油掘削リグを移動させていること」に言及、その「一方的で」地域秩序を「不安定化する」行動を批判しています（防衛省防衛研究所編 2015：236-237）。

アメリカはまた、日本、オーストラリアほかの同盟国の能力向上、連携強化に取り組むとともに、米軍のプレゼンス維持のため、アジア太平洋地域へのアクセス確保の取り組みも強化しています。アメリカは、ASEAN国防相会議にあわせ、二〇一一年以降、ASEAN諸国と国防大臣会談を実施しており、二〇一四年にはヘーゲル国防長官がASEAN一〇カ国の国防相をハワイに招き、非公式会合を開催しました。フィリピンは二〇一四年四月、アメリカと防衛協力強化協定を締結し、これによって米軍部隊のフィリピンへのローテーション配備の法的枠組みができました。マレーシアとは二〇一四年四月、オバマ大統領のマレーシア訪問に際し、海洋の安全保障をふくむ包括的パートナーシップに関する共同声明が発表されました。ベトナムとは二〇一三年七月に包括的パートナーシップ、二〇一四年五月に原子力協定が締結されました。また、二〇一四年の統合参謀本部議長訪越に際しては、海洋安全保障、捜索・救難活動、教育訓練等の分野での協力推進が合意され、さらに、ファン・ビン・ミン外相訪米の際に、海洋の安全保障に資する装備について、アメリカ政府はベトナムに対する輸出禁止措置の一部解除を発表しました。また、アメリカとインドネシアは二〇一〇年に包括的パートナーシップ協定を締結しています（防衛省防衛研究所編 2015：9, 17, 27, 236-237, 241-242）。

ＡＳＥＡＮ諸国の対応

ＡＳＥＡＮも「てこ」としての重要性を全く失ったわけではありません。二〇一四年のＡＳＥＡＮ外相会議は、中国を名指しすることは避けましたが、中国の石油掘削作業をきっかけとする中越の対立に深刻な懸念を表明し、南シナ海における行動規範の早期締結を訴えました。また、八月のＡＳＥＡＮ外相会議、ＡＳＥＡＮプラスの外相会議、ＡＲＦでは、中国がどこまで本気か、大いに疑問ですが、早期の行動規範策定に向けて実質的な交渉を行うことが合意されました（防衛省防衛研究所編 2015：9, 135）。

ＡＳＥＡＮ諸国の自助努力も本格化しています。ベトナムはロシアから潜水艦六隻の調達を決定し、二〇一四年までに三隻が配備されました。ズン首相のインド訪問に際しては、インドからの海軍艦艇購入のため、一億ドルを限度とする借款供与の早期実現について合意を見ました。また、南シナ海の領有権問題を国連海洋法条約に基づく常設仲裁裁判所の仲裁手続きに付すことも検討しています（防衛省防衛研究所編 2015：31, 131, 144）。

フィリピンでは、二〇一二年、フィリピン国軍近代化法が改正され、一般予算とは別に五年間で約一八億ドルが軍の近代化に充てられることになりました。二〇一三年には、フィリピンは、南シナ海における領有権問題について、国連海洋法条約に基づく仲裁手続きを開始しました。また、フィリピン国軍は、スプラトリー諸島の中国が実効支配するミスチーフ礁に近いセカンド・トーマス礁に船を座礁させ、ここに兵員を駐留させていますが、二〇一四年三月には、ここで、フィリピン海兵隊の交代要員と補給物資を載せた民間船の補給活動を中国の公船が妨害し、現場から退去させるという事件もおこっています（防衛省防衛研究所編 2015：11，25-26，132）。

インドネシアは二〇一〇年に「最小必須戦力」（minimum defense force）の構築を発表し、防衛予算は増加傾向にあって、多くの主要装備の調達が行われています。海軍は二〇二四年までに「近海海軍」への発展をめざしています。ムルドコ国軍司令官（当時）は二〇一四年、ナトゥナ諸島への部隊増派も表明しました。また、二〇一四年一〇月に大統領に就任したジョコ・ウィドドは、その就任演説で「海洋国家」建設を主要政策の一つと宣言しました。そのねらいは、港湾整備、水産業振興、海運振興などとともに、領有権問題への対応、特に領海の実効的管理能力、海上防衛能力の向上があります。また、その一環として、新政権は外国漁船の違法操業取り締まりを強化し、二〇一四年一二月以降、拿捕したベトナム、タイ、中国などの漁船を破壊、沈没させております（防衛省防衛研究所編 2015：30，143，149）。

こうしてみれば、二〇〇七年以降の南シナ海における中国の行動が、二〇〇〇〜〇七年における中国のASEAN外交の成果をほぼご破算にしてしまったことは明らかです。しかし、それでも、中国が南シナ海における強硬姿勢を転換するかといえば、習近平主席が主権、領土の問題で譲歩することはないと言っている以上、その可能性はきわめて小さいと言わざるをえません。これは周辺外交の基本的な考え方を見れば明らかです。先にも見たように、習近平とかれを補佐する外交政策当局者は、中国は周辺外交において「正当な権益を放棄する」つもりもなければ、「国家の核心的利益を犠牲にする」つもりもない、しかし、その限度内では、「隣国に善意で接し、隣国をパートナーとし、隣国と仲良くし、隣国が安全と感じるように」する、そしてそれによって「周辺を安定させ、周辺を経略し、周辺を形成する」「安定的で有利な外部環境を構築する」と言っています。東シナ海で対立するのは日本だけですし、南シナ海で対立するのもベトナム、フィリピン、マレーシア、インドネシアの四カ国にすぎません（ブルネイも中国と南シナ海の領有権問題を抱えていますが、中国から見れば、ブルネイなど、「ごみ」みたいなものでしょう）。つまり、別の言い方をすれば、国家の核心的利益を守るためには、この程度のコスト負担は仕方がない、ということだろうと思います。

中国の経済協力――大メコン圏の開発

では、それ以外のところでは、中国は、「隣国に善意で接し、隣国をパートナーとし、隣国と仲良くし、隣国が安全と感じるよう」、なにをしているのか。もちろん、最近、「一帯一路」として知られるようになった経済協力の推進です。

中国は大陸部東南アジアで精力的に経済協力を進めています。それが大メコン圏（GMS, Greater Mekong Sub-region）の開発です。このプログラムは、タイ、カンボジア、ラオス、ミャンマー、ベトナム、中国（雲南省、広西チワン族自治区）を対象に、一九九二年、アジア開発銀行のイニシアティヴではじまりました。一九九二～二〇〇七年に約一〇〇億ドル、二〇〇八～一二年に二一八億ドルの投資が行われました。これらの投資計画では、運輸部門が七〇件（一五〇億ドル）、エネルギー部門が三

図２‐２　大メコン圏経済回廊地図

二件（五三億ドル）を占め、「南北経済回廊」「東西経済回廊」「南部経済回廊」等の輸送インフラの整備と送発電インフラの整備に集中的に投資されました。中国にとって、このプログラムは、中国国内（雲南省、広西チワン族自治区）の開発に関わる重要プログラムです。そのため、すでに二〇〇一年には、ＡＳＥＡＮ・中国首脳会談で、「メコン河流域開発」は経済・貿易関係強化の五つの優先協力分野の一つとされ、二〇〇三年の「中国・ＡＳＥＡＮ戦略パートナーシップ共同宣言行動計画」でも、「メコン河流域開発協力」の一環として、輸送インフラの整備（昆明―シンガポール鉄道建設、昆明―ヤンゴン・ミッチーナ鉄道・道路建設、雲南省とベトナムの鉄道補修）、ＧＭＳ地域電力貿易協定実施等が合意されました。大泉啓一郎によれば、中国は、メコン地域開発については、アジア開発銀行主導のGMSプログラム、ASEAN主導のASEAN・メコン流域開発協力、タイのメコン経済協力戦略（「エーヤーワディ・チャオプラヤー・メコン経済協力開発」）などの枠組みを使いながら、これを中国南部の経済発展に繋げようとしているといいます[15]。

では、中国の経済協力は、全体として、大陸部東南アジアにおいて、どのような効果をもっているのか。ごく簡単に言えば、中国は、高速道路、高速鉄道、総配電網等の広域インフラの整備によって、雲南省の省都昆明から広西省チワン族自治区の南寧を経由してハノイへ、昆明からラオス経由、タイを縦断してバンコクへ、昆明からミャンマーを縦断してヤンゴンへ、まさに昆明をハブとして、大陸部東南アジアを縦断し、南シナ海、インド洋に抜けるハブとスポークの広域インフラ・システムを構築しつつあると言えます。問題はその意義です。道路はだれがつくっても道路です。しかし、高速道路ができ、高速鉄道ができると、人も、モノも、カネも、また戦時には戦車もやって来ます。それが長期的にどれほどこの地域の地政学的、地経学的模様を変えていくか、これはきわめて重要な問題です。

ベトナムからミャンマーまで東西に繋ぐ

では、こういう手にどう対応すればよいのか。それほど難しいことではありません。中国が、昆明をハブに、南下するかたちで、ハブとスポークスの広域インフラ・システムを整備し、大陸部東南アジアを中国の影響圏に組み込もうとするのであれば、その対応としては、東西に、ベトナムのダナン、ホーチミンからラオス、カンボジア経由、バンコク、さらにはミャンマーのヤンゴン、ダウェイに繋いでやればよいだけです。こうした動きはすでにはじまっています。

日本は二〇〇七年にメコン地域を経済協力の重点地域と決め、二〇〇八年にはベトナム、ラオス、カンボジア、タイ、ミャンマーの外相を招いて、日本・メコン外相会議を開催しました。二〇一二年の日本・メコン地域諸国首脳会議では「東京戦略 2012」が合意され、このとき日本は合計六〇〇〇億円のODAの実施を約束し、実際、履行されました。さらに、二〇一五年七月には、第七回日本・メコン地域諸国首脳会議が東京で開催され、日本はメコン地域に対し二〇一六～一八年の三年間で七五〇〇億円規模の支援を行っていくと表明しています。まさに、大陸部東南アジアの国々をベトナムからミャンマーまで、東西に繋ぐことがねらいです。

5 「一帯一路」と「天下」の秩序

「一帯一路」の展望——ミャンマーとスリランカ

さて、それでは、もっと広く、「一帯一路」の将来展望はどうか。未来はもちろんわかりませんが、わたしとしては、中国がいま、大きく模様を張ろうと手を打っても、それがやがて「地」になるかというと、なかなかそうはいかないだろう、と思います。それには、かつて中国が経済協力を大いに推進したミャンマーとスリランカの事例が参考になります。

ミャンマーでは、二〇一〇年に新憲法が制定され、二〇一一年に民政移管が行われ、テイン・セイン大統領を首班とする新政権が成立しました。テイン・セイン大統領はこの年の八月、議会で、国民和解、経済成長による国民生活改善の決意を表明し、そのあと「改革開放」に大きく舵を切ります。九月にはアウン・サン・スー・チーと会談して、国民民主連盟（ＮＬＤ）との対話をはじめ、政治犯を釈放し、労働組合の組織とストライキの権利を承認し、政党登録法を改正します。また、これまで反政府武装闘争を行ってきた少数民族勢力との停戦、和平協定の交渉も本格化します。さらに、経済政策では、投資誘致に向けて「外国投資法」が二四年ぶりに改正され、二〇一二年四月には管理変動相場制が導入されます。

こうした政治経済の自由化に連動するかたちで外交政策も転換します。その最大の事件は、二〇一一年九月、中国の支援を受けて建設中の総工費三六億ドルのミッソン・ダム水力発電所計画の中止です。その一方、テイン・セイン大統領は二〇一一年一一月の東アジア首脳会議に際してオバマ大統領と会談し、一二月には、クリントン国務長官がミャンマーを訪問します。日本政府も二〇一一年一〇月にそれまで中断していた水力発電所補修工事への政府開発援助供与の再開を発表し、二〇一二年四月にはテイン・セイン大統領が来日、野田首相との会談で一九八七年以来凍結されていた円借款の再開が合意されます。また、テイン・セイン大統領は二〇一一年一〇月にはインドを訪問し、マンモハン・シン首相との会談で、ミャンマーを縦断するカラダン川を輸送路として整備し、インドとの交易路とする「カラダン輸送路事業」の推進加速で合意します。こうした動きはミャンマーがアメリカ、日本、あるいはインドに傾斜するようになったということではありません。しかし、ミャンマーがタン・シュエ時代の中国一辺倒をやめ、「等距離」外交を模索しはじめたことは明らかです。

スリランカでは二〇一五年一月、政権交代があり、ラジャパクサに代わり、シリセナが大統領に就任しました。新政権は三月、中国企業の手掛ける総投資額約一五億ドルの大型プロジェクトを「契約内容の不透明さ」を理由に停止しました。シリセナはこれを批判して大統領選挙に勝利し、これまでの路線を転換したわけです。また、新政権は、ラジャパクサ大統領時代にスリランカが認めていた中国軍潜水艦の寄港も認めない方針を示しています。中国はこれまで、ミャンマー、バングラデシュ、スリランカ、パキスタンなどで、港湾・物流拠点の整備を進め、これがときに「真珠の首飾り」戦略と呼ばれてきました。その中央に位置するスリランカで政権交代があり、この戦略自体、思い通りには進まない可能性が出ています（秋田浩之「中国が気をもむ島国の『反乱』」『日本経済新聞』二〇一五年三月二七日付）。

ミャンマー、スリランカの事例が示していることはきわめて明快です。中国の経済援助は、多くの国で、そのときには歓迎されます。しかし、そういう効果は、政権交代とともに失われてしまうことも少なくありません。では、中国がいま「一帯一路」構想を大いに推進しようとしているロシア、中央アジア、パキスタンなどで同じことがおこらないという保証はあるでしょうか。たとえば、中ロ関係です。中ロ関係は一九九〇年代に大いに緊密化しました。中ロ軍事協力協定締結（一九九三年）、建設的パートナーシップ、相互不可侵、中央アジア三カ国に関する「安定地帯」確立の合意（一九九四年）、こういうプロセスが二〇〇一年の中ロ善隣友好協力条約の締結で頂点に達します。さらに、中ロは、二〇〇五年と二〇〇八年、四三〇〇キロに及ぶ国境を正式に画定する二つの議定書に調印します。貿易関係も一九九〇年代の五〇億ドル程度から二〇〇九年には八三五億ドルに拡大し、中国は、この年、ドイツを抜いてロシア最大の貿易相手国となります。さらにエネルギー分野では、二〇〇九年に中ロを結ぶ一〇〇〇キロの石油パイプラインが完成します。これは、中国がロシアに二五〇億ドルの融資を供与する見返りに、ロシアは二〇一一〜三〇年、中国に石油三億トンを供給するという取引の一部です（シャンボー 2015：113-114）。さて、それでは、中ロ関係は安定した事実上の同盟関係となりつつあるでしょうか。おそらくそうではなく、デイビッド・シャンボーの指摘する通り、基本的には「互恵的」という相互認識の上に組み立てられた「限定的パートナーシップ」だろう、と思います。これは現下の状況を見てもよくわかることです。ロシアはクリミアを併合し、ロシアと国境を接するウクライナの東部地域に実力で「緩衝地域」をつくろうとして、米欧の制裁を受けています。ロシアの最大の輸出商品はエネルギー資源です。中国は中長期的にエネルギーの安定供給に大きな戦略的利益をもっています。したがって、両国の間には、現在、「互恵性」の原則に基づいて、協力する大きな理由があります。プーチン首相が中国を訪問し、習近平と会談して、ロシアは中国に安定的なエネルギーを供給すると約束する、その代わり、中国はロシアに貿易拡大、融資ほかの経済協力を約束する、そういうかたちで中国とロシアの事実上の同盟関係が強化されています。しかし、その基礎にあるのは、現下における相互利益であり、ポスト・プーチンの時代にもこうした事実上の同盟関係が安定的に維持される制度的基盤も相互信頼もあるようには見えません。同じことは、中国のパートナー国となっている北朝鮮、カンボジア、パキスタン、イランなどについても言えます。

二一世紀型の朝貢システムが復活するか

また、かりに模様のかなりの部分が「地」になるとして、中国中心の秩序がどのような原理によって編成されるのかという問題もあります。現在のアメリカ中心の国際秩序の基本には主権国家システムがあります。つまり、国際社会の基本的な構成単位は主権国家であり、主権国家間の合意によって条約が締結され、あるいは、その長期にわたる相互作用の中で、規範、慣行が生まれ、そういった条約、規範、慣行などを基盤に国際秩序が組み立てられています。では、中国はどのような原理の上に秩序を組み立てようというのか。中国の論者の中には、「天下」の秩序という人が少なくありません。では、「天下」の秩序とはなにか。かつて、南宋、元、明、清の時代にあった朝貢システムが復活し、二一世紀型の朝貢システムが「天下」の秩序の基盤になるとでもいうのでしょうか。

これについては、別の機会に、すでに論じています（白石・ハウ 2012：第四章）ので、ここでは、以下の点だけ、指摘しておきます。現代の国際秩序においては、主権国家の形式的平等とより一般的な自由・公平・透明性の原則が広く受け入れられています。こういう規範とその上に成立する制度は、近年のグローバル化とそれに先立つ一世紀以上にわたるアングロ・サクソン化（イギリス化、アメリカ化）によって、英語を「世界語」としつつ、地理的にますます広く、またますます多くの人たちに共有されるようになっています。そういう時代に、中国の台頭によって、世界的にはもちろん、東アジアにおいても、この秩序がラディカルに再編され、形式的不平等と序列（ヒエラルキー）を一般原則とする二一世紀型朝貢システムが復活するとはなかなか考えられません。

世界システム論の分野では、近年、朝貢システムの概念的拡張を試みる研究者もおります。しかし、そのとき暗黙の前提とされていることの一つに、言語の透明性と経済的利益の圧倒的優位性があります。あるいは、もう少し嚙み砕いて言えば、中国の政府がいかに「尊大」であっても、結局のところ、周辺の国々と人々はみずからの経済的利益を優先する、その結果、中国を中心とする事実上の序列ができる、という思い込みです。しかし、歴史を見れば、言語秩序そのものが崩壊するとき、まさに、そこで、中国中心の秩序がその限界を露呈したことも事実です。たとえば、明使のもたらした太祖（朱元璋）の「賜日本国王璽書」には次のような一文がありました。「詔書到れる日、臣たるが如くんば、表を奉じて来庭せよ。臣たらずんば、即ち兵を修めて自ら固めよ」（田中 2012：67, 259）。こういう言語を拒否することは中国を中心とする朝貢システムそのものを否定することと同義でした。こういう詔書を受けてパガン（上ビルマ）の王は一二七三年、元使を処刑しました。鎌倉幕府も一二七五年と一二七九年に元使を斬首に処しました。また、秀吉は日本国王の称号と金印をもって来朝した明の冊封使を追い返しました。このように「天下」の秩序の基本には、序列（ヒエラルキー）を言語のレベルで受け入れるということがありましたが、二一世紀の現在、こういう秩序が国際的に受け入れられるとはなかなか考えられません。

大国主義と札束外交では秩序は作れない

では、そのとき、なにがおこるのか。かりに中国が「自分たちは大国だ」と思っても、他の国々が「だから、なんだ」と考えているところでは、「天下」の秩序は、結局のところ、大国主義と札束外交に堕してしまいます。その事例はいくらでもあります。二〇一〇年、ハノイで開催されたARF会合で、中国の南シナ海における行動を批判された中国の楊潔篪外相は、小国がなにを言うか、中国はここにいるどの国よりも大きい、と言ったといいます。また、二〇一四年、李克強首相のイギリス訪問に際し、中国政府は李克強首相とエリザベス女王の会見をあくまで要求し、その実現のため、二・四兆円規模の商談をイギリス企業とまとめました。そこに見えるのは、われわれは大国だ、小国は黙っていろ、黙って、われわれの言うことを聞けば、所詮、金目だ、そこは面倒見てやる、ということでしょう。しかし、こういう大国主義と札束外交で中国中心の国際秩序は作れません。「所詮、金目でしょ」と思っていると、結局、金の切れ目が縁の切れ目になります。その意味で、中国の外交・安全保障戦略は、たしかにひじょうに大胆に模様を張っているけれども、その行動は、実のところ、きわめて狭い国益観念に根差した、近視眼的なものだといえます。問題は、そういう自己中心的で近視眼的な中国の行動が世界システムにいろいろなかたちで影響を及ぼしており、それが年とともに、ますます大きくなっていることです。

もう一つ、重要な問題は、中国の外交・安全保障戦略を中国政治のダイナミックスとの関連でどう評価するかという問題です。一般に、中国の政治が左派（保守派）と右派（改革派）の綱引きの中で動いてきたことはよく指摘されます。津上俊哉（『巨龍の苦闘』）の整理を借用すると、「左派・保守派」とは、①伝統的なマルクス・レーニン主義理論と共産党による権力掌握にこだわり、②半植民地化され侵略された歴史を踏まえて、強いルサンチマン（被害者感情）をもち、③それだけにきわめてナショナリストで、「西」とその普遍的価値（自由、民主主義、人権等）を強く警戒する人たちであり、これに対し、「右派・改革派」は、①市場経済重視、②改革志向で、③「西」とその普遍的価値観にも協調的な人たちです（津上 2015c：32）。先にも見た通り、中国は、二〇〇八年のリーマン・ショックのあと、政府主導で四兆元の景気対策を実施し、経済は劇的に回復しました。しかし、いまでは「祭り」も終わり、中国経済は「バブル」の終焉に直面しています。しかも、つい最近まで中国共産党政治局常務委員で司法・警察の最高責任者を務めた周永康が大規模な腐敗で逮捕され、かれが司法に介入し、違法行為を積み重ねていたことも明らかとなって、中国のガバナンス・システムが破綻していたことも暴露されました。したがって、習近平以下の中国の支配エリートが、党国家体制そのものの持続性に危機感をもつことはよくわかりますし、こうした体制の長期的持続性のために、「新常態」といって人々の期待を「管理」しつつ、市場志向の経済構造改革、地方財政改革、司法体制改革などに乗り出していることもよくわかります。津上俊哉は、こうした評価を踏まえ、習近平は「右派」（改革派）ではないか、「依法治国」は一般に「法による支配」（rule by law）であって「法の支配」（rule of law）ではないと言われているが、習近平は「国家ガバナンス体系と能力の現代化」を強調しており、「法による支配」から「法の支配」に踏み出そうとしているのではないかと言っております

（津上 2015c：157-158）。

しかし、中国経済を投資主導から消費主導に転換するには、「右派」だろうと「左派」だろうと、経済政策の大きな方向として市場経済志向の改革しかないはずです。また、周永康の逮捕で露呈した党国家体制の正統性危機を見れば、ガバナンス改革としては「依法治国」に徹底するしかない。しかし、「依法治国」を推進すれば、いつの日か、中国共産党も法の下に置かれることになるかといえば、これは「共産党の指導」が具体的になにを意味するかにかかっています。かりに「共産党の指導」が習近平総書記の指導と同義であれば、「依法治国」の徹底によって、習近平総書記以外の機関と国民／人民はすべて、党も、政府も、議会も、司法も、国民／人民も、法の下に置かれることになります。しかし、そういう論拠で習近平を右派と判断することに説得力はありません。習近平は、「右派」「左派」の枠組みを使えば、デイビッド・シャンボー、マイケル・ピルスベリーほかの指摘する通り[16]、「左派」だろう、と思います。しかし、それ以上に重要なことは、こういう改革の方向と連動するかたちで、中国とはだれのものか、中国共産党とはだれのものか、という中華人民共和国の根幹に関わる問題が問われるようになっているということです。

中国はだれのためにあるのか——政治の目的

胡錦濤政権から習近平政権への移行のプロセスで、薄熙来（第一七期中国共産党中央政治局委員・重慶市党委員会書記）が失脚し、かれと同盟していた周永康（政治局常務委員）、令計画（中央弁公庁主任）も粛正されました。このとき争点の一つとなったのが「負け組」の中国の政治的リスクでした。先にも述べたことですが、中国経済は一九八〇年代以来、大いに成長し、中国の一人当たり国民所得も一九八〇～二〇一〇年の三〇年間で一九倍に増加しました。中間層（世帯年収五〇〇〇～三五〇〇〇ドル）、富裕層（世帯年収三五〇〇〇ドル以上）も拡大し、二〇二〇年には上位中間層（世帯年収一五〇〇〇～三五〇〇〇ドル）は三・九億人、富裕層は一・八億人に達すると予測されています。しかし、それでも、中国の人口の半分以上は下位中間層（世帯年収五〇〇〇～一五〇〇〇ドル）、貧困層（世帯年収五〇〇〇ドル以下）にとどまります。しかも、貧しい人たちも、いまでは、豊かな生活とはどんなものか、よく知っています。また、反腐敗闘争で「トラ」がどれほど腐っているか、暴露されれば暴露されるほど、党がどれほど腐っているかも明らかになります。その結果、市場経済で「負け組」となった人たちの中には、みんな「平等に貧乏だった」かつての毛沢東の時代を懐しむ人も少なくありません。それが「赤いノスタルジー」（遠藤 2012）を生みます。薄熙来は、二〇〇七年末、重慶市党書記に就任すると、かつての文化大革命を彷彿とさせる「唱紅」運動、「革命歌を歌おう」という運動をはじめ、「赤いノスタルジー」を先導しようとしました。かれはまた「打黒」という暴力団・腐敗撲滅の運動を展開し、民間企業の経営者を冤罪で逮捕しては個人資産を没収し、それを「唱紅」運動、廉価な住宅建設に投入しました。さらに、自分に賛同しない重慶市の幹部を次々と逮捕処刑して、「西南独立王国」を築こうとしました。中国共産党は、文化大革命を総括するに際し、「個人崇拝」と「民衆を扇動して政治運動化する」ことを禁止しましたが、「毛沢東」そのものは否定しなかったし、できませんでした。

そのため、中国にはいまでも多くの「毛沢東万歳派」がおり、そういう人は特に「負け組」に多いといいます。薄熙来はそういう人たちを動員しようとしました。これを放置すれば、第二の文革になりかねない、そういった危機感が党中央の結束をもたらし、薄熙来の失脚に繋がったといいます。

ここで問われているのは、まさに、政治の目的（purpose of politics）とはなにか、中華人民共和国という国家はなんのためにあるのか、そもそも中国とはだれのものか、ということです。あるいは、別の言い方をすれば、習近平が「中国夢」というとき、「中国」とはなにを意味するのか、「富国強軍」というとき、「国」とはなにか、ということでもあります。「中国」は中華人民共和国建国の元老のこどもたち、「紅二代」、つまり貴族のものか、太子党のものか、党のものか、国民のものか。それが問われているといえます。習近平以下の支配エリートは、紅二代をその中核としつつ、「中国の夢」に訴え、「富国強軍」によって、党国家の正統性危機を克服しようとしています。しかし、はたして、これに、どれほどの国民的説得力があるのか、それが問われているとも言えます。

6 東アジア国際関係の変容

インド・太平洋という枠組み

さて、それでは、アメリカのリバランスと中国の台頭、大国主義化によって、東アジア／アジア太平洋／インド・太平洋の国際関係は、近年、どのように変化しているのか。くりかえし述べているように、東アジアの地域システムには安全保障システムと通商システムの間に構造的緊張があります。安全保障システムは、アメリカを中心として、日米同盟を基軸とする、ハブとスポークスのシステムとして編成されています。これは近年、日豪連携、日印連携、豪印連携、米日豪、米日印などの3＋3、さらには、日本、オーストラリアとＡＳＥＡＮの国々との安全保障協力の進展などによって、ネットワーク化されつつあります。一方、通商システムは、中国と中国以外の日本もふくめたアジアとアメリカの間の三角貿易システムを基盤に、ＡＳＥＡＮプラスの自由貿易協定が締結され、また、近々、ＴＰＰがまとまるといったかたちで進んでいます。つまり、別の言い方をすれば、中国の参加なしに通商システムはありえないのに対し、安全保障システムに中国は入っていません。また、中国は東アジアのほとんどすべての国にとって最大の貿易相手国となっていますが、安全保障では、アメリカを同盟国、パートナー国とする国の方が圧倒的に多いという現状があります。したがって、中国の台頭と大国主義化はただちに地域システムの緊張を高めます。中国周辺の国々はすべて、中国台頭の経済的利益を享受することを期待します。しかし、中国がわれわれは大国だといって、自国のルールを押し付けようとすれば、周辺の国々は抵抗します。かつて一九九七～九八年の東アジア経済危機の直後には、危機におけるアメリカの介入がこの地域の多くの国でリスクと受け止められ、そのとき「東アジア共同体」構築を大義名分として、アメリカ抜きの、東アジアを地域的な枠組みとした地域協力のメカニズムが作られました。しかし、近年、南シナ海、東シナ海における中国の行動によって、中国こそ大きなリスクである、と受け止められるようになっています。こうして二〇一一年、東アジア首脳会議（ＥＡＳ）がＡＳＥＡＮ＋６から＋８に拡大され、ＴＰＰがアジア・太平洋自由貿易地域形成の一つの経路として浮上し、東アジアに代わって、アメリカを入れたアジア太平洋、さらにはインド・太平洋が地域協力の枠組みとなりつつあります。

これは中国「封じ込め」ではありません。しかし、かつてジョージ・Ｗ・ブッシュ政権時代にゼーリック国務副長官が述べたように、「責任ある大国」として世界秩序、地域秩序の維持と発展のために行動するよう、中国を促していくというものでもありません。「リバランス」ということばに如実に示されるように、アメリカは、中国に「関与」と「ヘッジ」で対処するとともに、アジア太平洋、さらには太平洋からインド洋にかけての地域で「力の均衡」の維持に動いています。その結果、地域全体としては、一九九七〜九八年のアジア経済危機以降、二〇〇七年頃までの地域協力のゲームに代わって、「力の均衡」維持を目的とする力の政治、あるいはバランシングが重要となり、多くの国々が、中国の経済的台頭と経済協力から利益を得ようとすると同時に、安全保障においては、日米豪の動きを見ながら、バランスをとろうとするようになっています。しかし、その方向は、韓国と東南アジアではずいぶん違います。

「米韓関係はアジア太平洋の要」

まず、韓国から見たいと思います。二〇一四年七月、習近平国家主席が韓国を訪問し、朴槿恵大統領と中韓ＦＴＡ（自由貿易協定）で合意しました。中国はこれまで、ホンコン、マカオ、台湾、ＡＳ

ＥＡＮと自由貿易協定を締結しており、中韓ＦＴＡはその一応の仕上げになります。一方、オバマ大統領も米韓同盟をアジア太平洋の「リンチピン」（要）と言っています。その結果、韓国では「米中双方にとって韓国の価値が上がっている」（尹徳敏韓国国立外交院院長）ということになっているようで、ここに、典型的なかたちで、韓国の人たちの戦略的判断が表現されていると思います。

中韓首脳は二〇一四年七月の会談で中韓ＦＴＡの年内妥結、慰安婦問題についての共同研究の実施で合意しました。また、両首脳は、北朝鮮問題でも歩調を合わせ、北朝鮮の核開発に断固反対し、朝鮮半島の非核化実現へ向けて連携していく方針を確認しました。安全保障分野では、中国の外交担当国務委員（副首相級）と韓国国家安保室長の戦略対話を定例化することも決めました。さらに、両首脳は、共同記者会見で、「今回の会談は今後の中韓関係発展の重要な転換点となる」と会談の意義を強調しました。

韓国はアメリカの同盟国で、朴槿恵大統領以下の政府首脳は、韓国がアメリカとアメリカの同盟国、つまり、日本、フィリピン、オーストラリアなどと連携しつつ、中国に対してバランスをとるよう期待されていることはよくわかっているはずです。しかし、現実には、ここに見るように、「対中牽制」、つまり、バランシングは日米に任せ、みずからは安全保障、対外経済連携、いずれにおいても、実利に走り、日本との連携は、歴史認識問題があるので難しいと言いながら、中国との連携を進めているというのが現状です[17]。

その国家戦略的意味合いははっきりしています。ルトワックは、北朝鮮からの攻撃について、韓国

表2－1　韓国の貿易

（単位：100万 US ドル）

	1995年	2000年		2005年	2010年	2012年	
総輸出	131,360	172,692	比率（%）	285,484	471,071	551,806	比率（%）
1 中国	9,144	18,455	11	61,915	116,838	134,323	24
2 アメリカ	24,344	37,806	22	41,500	49,992	58,807	11
3 日本	17,048	20,466	12	24,027	28,176	38,796	7
4 ホンコン	10,682	10,708	6	15,531	25,294	32,606	6
5 シンガポール	6,689	5,648	3	7,407	15,244	22,888	4
6 インド	1,126	1,326	1	4,598	11,435	11,922	2
7 ドイツ	5,965	5,154	3	10,304	10,702	7,510	1
8 ベトナム	1,351	1,686	1	3,432	9,652	15,946	3
9 インドネシア	2,958	3,505	2	5,046	8,897	13,955	3
10 メキシコ	941	2,391	1	3,789	8,846	9,042	2
総輸入	135,110	160,482	比率（%）	261,238	425,265	519,711	比率（%）
1 中国	7,402	12,799	8	38,648	71,574	80,785	16
2 日本	32,606	31,828	20	48,403	64,296	64,363	12
3 アメリカ	30,420	29,286	18	30,788	40,589	43,654	8
4 サウジアラビア	5,432	9,641	6	16,106	26,820	39,707	8
5 オーストラリア	4,897	5,959	4	9,860	20,456	22,988	4
6 ドイツ	6,584	4,625	3	9,774	14,305	17,645	3
7 アラブ首長国連邦	1,558	4,703	3	10,018	12,170	15,115	3
8 カタール	232	2,292	1	5,599	11,916	25,505	5
9 インドネシア	3,325	5,287	3	8,184	13,986	15,676	3
10 クウェート	1,068	2,716	2	5,977	10,850	18,297	4

はアメリカには全面戦争に対する抑止力、中国には一時的な攻撃に対する抑止力に依存していると指摘しています（ルトワック 2013：229）。これはまさにその通りだと思います。経済については、中国がすでに韓国の最大の貿易相手国となっています。これは表2－1に見る通りですが、二〇〇〇年には、韓国の輸出先としては、アメリカが韓国の輸出の二二パーセントを占めて第一位、日本も一二パーセントで、中国（一一パーセント）より大きな輸

出市場でした。しかし、二〇一〇年には、中国が韓国の総輸出の二五パーセントを占め、二〇一二年にはこれが二四パーセントに落ちています。その一方、韓国の総輸出に占める日本のシェアは二〇一二年には七パーセントです。また、科学技術からみれば、アメリカが決定的に重要で、韓国からアメリカへの留学生が日本のそれを大きく上回ることもよく知られる通りです。日本は部品の輸入元としてはいまでも重要ですが、これはサムソンのような大企業の経営者はともかく、国民的にはおそらく理解されていないと思います。ということで、韓国としては、中国とアメリカ、この二国との関係をうまく「管理」すれば、北朝鮮の抑止も韓国の経済運営もうまくいく、そういう大きな戦略的判断が国民的に生まれているのではないかと思います。

これは別の言い方をすると、米中G2による北朝鮮の抑止と経済成長の戦略が韓国の国家戦略として事実上、国民的合意となりつつあるということです。二〇一四年七月の中韓共同声明はこれを見事に示しています。首脳会談では大きく三つの合意がありました。一つは経済協力で、これは韓日中FTAではなく、韓中FTAとなりました。もう一つは歴史共同研究の合意です。この地域で問題を引き起こしているのは日本だ、日本が歴史認識の問題で対応しないから日韓関係は改善しないということです。さらにもう一つは朝鮮半島の非核化です。この合意はなかなか意味深長で、かりに北朝鮮が崩壊して韓国に統合されるとき、朝鮮半島でおよそどういうことがおこりそうか、これを考える上でなかなか示唆に富んでおります。どういうことか。非核、そして、おそらくは中立の「大韓国」ということでしょう。しかし、そこに至るには、まだ一つ、大きなハードルがあります。在韓米軍の問題です。現政権か、次の政権か、それほど遠くない将来、かつて盧武鉉大統領が要求したように、アメリカ政府が在韓米軍を韓国の外で運用するときには韓国政府の了解をとってほしい、韓国政府はアメリカ政府にこういう要求をする可能性があります。そのときどうなるか。これはわかりません。しかし、韓国がそういう方向に動いていることは常に考えておく必要があると思います。

東南アジア大陸部と島嶼部の違い

では、東南アジアの国々はどうか。東南アジアは、この地域に位置する一〇カ国がすべてＡＳＥＡＮの加盟国ということもあって、ともすれば、一括りで語られる傾向があります。しかし、実際には、大陸部東南アジアと島嶼部東南アジアで、安全保障、経済発展、いずれにおいても、直面する課題は大きく異なります。東南アジア主要国の国家戦略についての個別の検討は次章に回すとして、ここでは、大きく、地域として、どのような趨勢が見られるか、いくつか、簡単に指摘しておきます。

一つは、大陸部東南アジアと島嶼部東南アジアの違いです。大陸部東南アジアには、ベトナム、ラオス、カンボジア、タイ、ミャンマーがあります。この地域は中国とバングラデシュ、インドの間に位置し、近年、中国の影響が大きくなり、その意味でまさに中国周辺の国々と捉える方がよくなっています。また、政治体制は、ベトナムとラオスは共産党一党独裁の党国家、カンボジアはフン・センの独裁、ミャンマーはメディアでは民主化と言われますが、実際には改革開放と自由化が進展しているのであって、民主化は進展しておりません。また、タイは軍事政権下にあり、プラユット首相は二

○一六年には民政移管すると言っておりますが、どうなるかわかりませんし、政治不安もまだまだ続くと思います。つまり、まとめて言えば、大陸部東南アジアの国々はすべて権威主義体制下にあり、中国にとって政治的にもなかなか居心地のよい地域となっています。

一方、島嶼部東南アジアは、フィリピン、インドネシア、シンガポール、マレーシア、ブルネイです。これらの国々は、太平洋からインド洋にわたる広大な地域において、日本、台湾、フィリピン、インドネシア、インドとユーラシア大陸を囲むように並んでおり、また、インドネシアからオーストラリアの島々は縦に繋がって、全体として、ちょうどT字のかたちで、インド・太平洋の「背骨」を構成しています。安倍首相はこの二年半、アメリカと連携しつつ、このT字型の「背骨」を構成するすべての国々を訪問し、安全保障協力を進めようとしています。この地域がインド・太平洋の安全保障で地政学的にまさに要の位置を占めているからです。その意味で、島嶼部東南アジアは、安全保障上、インド・太平洋の一部と捉えた方がよくなっています。また、政治体制を見ても、フィリピン、インドネシアは自由民主主義で、シンガポール、マレーシアが自由民主主義だというと、異議を唱える人も少なくないと思いますが、それでも、民主主義であることは疑いありません。

こういう大陸部東南アジアと島嶼部東南アジアの違いは、今後、中国の台頭とともに、ますます、地政学的、地経学的に重要となると思います。それには直截な理由があります。まず、東南アジア諸国の外交・安全保障政策を理解するには、三つの要因に注意を払う必要があります。その一つは、アメリカを中心とし、日米同盟、米豪同盟を基軸とするハブとスポークスの地域的な安全保障のシステム、これを予見として、自国の安全保障政策を組み立てられる国と組み立てられない国、さらにはこのアメリカを中心とする地域的安全保障システムを脅威と受けとめる国があり、これによって、一国の外交・安全保障政策にひじょうに大きな違いが出てくるということです。もう一つは中国と南シナ海において領土問題をもっているかどうかです。あたりまえのことですが、中国と南シナ海で領土問題を抱えてない国々、その代表がタイであり、カンボジアですが、これらの国々では中国は脅威とはなかなか受けとめられません。それからもう一つは、これらの国々がどの程度、グローバル経済に統合されているかです。この三つの要因で東南アジア諸国の外交・安全保障政策に大きな違いがでてきます。

一つだけ、例を挙げておきます。ベトナムとタイの外交・安全保障戦略の違いです。ベトナムは中国と領土問題を抱えております。国力では、人口で見ても、経済規模で見ても、たいへんな違いがあります。したがって、ベトナムの外交・安全保障政策においては、中国とのこうした国力の非対称性をどう「管理」し、ベトナムの安全保障と経済発展を確保するかが最大の課題となります。では、どうするか。ベトナムは一党独裁の党国家で、アメリカと外交・安全保障協力を推進することにやぶさかではありませんが、アメリカがベトナムの人権侵害を問題とし、政治体制の民主化を訴える限り、「和平演変」のリスクには注意を払わざるをえません。したがって、アメリカを中心とするハブとスポークスの地域的安全保障システムを与件として、自国の安全保障政策を組み立てるわけにはいきません。また、この一五年、ベトナムは世界経済に統合され、ベトナムの貿易依存度は二〇一三年には一七五パーセントに達しています。しかし、ベトナムの地理をみれば明らかな通り、ハノイ、ハイフォンの地域は、そのまま放置すれば、広州経済圏に組み込まれてしまうリスクがあります。こうしてみれば、ベトナム政府が中国との外交・安全保障関係に細心の注意を払って中国を刺激しないようにしつつ、ロシア、日本、インド、アメリカ等との安全保障協力を進め、ASEANを対中交渉の「てこ」に使い、TPP交渉に参加してベトナム経済の世界経済への統合をさらに推進しようとしているのもよく理解できると思います。これに対し、タイは、中国と国境を接しておらず、もちろん領土問題もありません。米軍基地は一九七〇年代に撤去されましたが、アメリカとはいまでも同盟関係にあります。また、グローバル経済に深く統合され（貿易依存度は二〇一三年で一一八パーセント）、バンコクとその周辺には自動車産業ほかの産業集積があり、東南アジアにおける生産ネットワークの大ハブとなっています。したがって、中国を脅威と受けとめることはまったくありません。国家戦略は国によってずいぶん違います。しかし、国家戦略を決める上で各国の地政学的・政治経済的条件はひじょうに重要で、大きく見ると、この条件が大陸部東南アジアと島嶼部東南アジア（ただし、ベトナムはその折衷タイプ）でかなり違うということです。

「てこ」としてのASEAN

もう一つは「てこ」としてのASEANです。東南アジアは、インドネシアを別にすると、中小国の集合体で、一国では国際政治で大きな発言力をもてないことをよくわかっています。そのため、ASEANを「てこ」としてみずからの発言力、影響力を拡大しようとします。これは、かつてリー・

クアンユー元シンガポール首相がプライベート・ディナーの際にひじょうにうまく説明していました。そのときのポイントは、シンガポールの外交とは、結局のところ、レヴァレージ（leverage）だ、「てこ」だ、ということでした。

シンガポールは人口三〇〇万以下の都市国家で、一人当たり国民所得はアジア第一位だが、経済規模はひじょうに小さい。政治的、軍事的な力もない。しかし、シンガポールがASEANの一員として発言すれば、つまり、シンガポールの主張がASEANの総意となれば、日本も中国もオーストラリアもそれに注意を払う。かりに、シンガポールの主張がASEAN＋３（日本、中国、韓国）の総意となれば、アメリカも欧州連合も注意を払う。あるいは、アメリカ政府要人がアジア政策を検討するとき、シンガポール要人のアドバイスに耳を傾けるようになれば、シンガポールはアメリカを「てこ」としてASEANの隣国に関与することもできる。

これがリー・クアンユー元首相の言っていたことです。こういう感覚は、どこまで意識しているかは別として、ASEAN諸国の多くの指導者に共有されていると思います。それが希薄なところがあるとすれば、それはおそらくインドネシアで、インドネシアには、ルトワックのいう「大国の自閉症」のようなところがありますが、それ以外の国々では、ASEANを「てこ」に使うという発想は共有されており、ASEANの将来を考える際、この「てこ」としてのASEANの使い勝手がどうなるかということは、常に頭のどこかに置いておく必要があるということです。

地域協力枠組みの変化とＡＳＥＡＮ

さて、それでは、ＡＳＥＡＮでなにがおこっているのか。すでにふれたことですが、地域協力のゲームとしては、一九九〇年代の「アジア太平洋」、一九九七〜九八年の東アジア経済危機以降、アメリカがリスクと受けとめられた時代の「東アジア」、そして二〇〇七〜〇八年以降、中国がリスクと受けとめられるようになった時代の「アジア太平洋」、さらに、日本語では新しいことばですが、インド・太平洋、こういうかたちで地域協力の枠組みは変化しております。そこで重要なことは、地域協力というのは、自由貿易協定にしても、ＡＳＥＡＮ＋３を枠組みとするチェンマイ・イニシアティヴのような金融協力にしても、通常、なんらかのプラス・サムの目的のために協力するというかたちをとるのですが、その際、協力の枠組みそのものをどう選択するかについては、どのようなリスクをどうヘッジするか、ということがきわめて重要だということです。よく知られる通り、ＡＳＥＡＮ経済共同体は二〇一五年末までにできることになっております。それを念頭において、いま、ＡＳＥＡＮ＋６（日本、中国、韓国、インド、オーストラリア、ニュージーランド）の自由貿易協定（RCEP, Regional Comprehensive Economic Partnership）の交渉も行われています。しかし、この交渉は、議長国のマレーシアもふくめ、ＡＳＥＡＮのいくつかの国が、中国への警戒心もあって、ＲＣＥＰのとりまとめに熱心ではなく、その展望はＴＰＰと比較して決して明るくありません。一方、安全保障では、ＡＲＦに加えて、二〇一〇年からはＡＤＭＭ＋（ASEAN Defense Ministers Meeting-Plus）が設立され、ＡＳＥＡＮ＋10の国防大臣会合が開催されることになり、これが地域的な安全保障問題の協議の場となりつつあります。

では、ASEAN共同体の展望はどうか。ASEAN共同体は欧州共同体とはずいぶん違うプロジェクトです。欧州共同体（欧州連合）は、「われわれはみんなヨーロッパ人だ」というヨーロッパ主義をイデオロギー的な基礎として、主権国家を超える政治体（polity）をつくるという政治的プロジェクトです。その基礎には、二〇世紀の二度の大戦の教訓があります。ASEAN共同体にそういう意思はありません。タイを別として、ASEANの他の国々はすべて、第二次大戦後、植民地支配から独立した国々で、一国の行動の自由を少しでも拡大すること、そういう意味でのナショナリズムがいまでも大きな政治の力となっています。したがって、ASEANに期待される最大の役割は中小国が一国ではなかなか達成できない目的を達成するための「てこ」の役割にあります。これは、別の言い方をすれば、ASEAN経済共同体、ASEAN安全保障共同体の結成において、各国がまず考えるのは、それが自国にどのような利益をもたらすかであって、ASEANのために自国の利益を犠牲にするということは基本的にありません。

こうしてみれば、ASEAN経済共同体がなぜ重要か、すでに明らかかと思います。日本企業もふくめ、多国籍企業はこの地域に国境を超えた生産ネットワークを形成しています。ASEANのすべての国々にとって、多国籍企業がこの地域に投資し、生産ネットワークを拡大、深化させていくことは、経済成長、雇用創出、国民の生活水準向上からいって大きな利益です。そしてそのためには、ASEANを単一の投資地域とし、また、生産ネットワークの運用がより効率的に行われるよう、部品にかかる関税をゼロとするなどして、この地域を一つの統合された生産地とすることが肝要です。ASEAN経済共同体の目的はそこにあります。つまり、国境を超えて展開する生産ネットワークを前提として、そのための投資とネットワークの運用に資するハードとソフトの仕組みを整備していくということです。その意味でASEAN経済共同体は途上国のFTAとしては質の高いものとなりつつあります。しかし、同時に、課題は山積しています。財の自由化と比較して、サービスの自由化は進んでおりません。非関税障壁と規制の調和（ハーモナイゼーション）はもっと進んでおりません。

もう一つ、ASEAN経済共同体で注目すべきは、国境を超えた広域のインフラ整備のための政治的調整メカニズムの形成です。これは大陸部東南アジア（大メコン圏）で顕著に見られることで、東西、南北の広域の高速道路、そして近い将来の高速鉄道の建設によって、地図に見る通り、中国雲南省の省都の昆明とバンコクが大ハブとなりつつあります。バンコクには日本企業を中心とする自動車産業等の産業集積があり、近年、「タイ＋1」ということで、バンコクから周辺の国々に生産ネットワークが広がっておりますが、これも広域のインフラ整備を前提とした動きです。これが中長期的には大陸部東南アジアの国々の経済発展戦略に大きな意義をもつことになります。

アメリカの軍事戦略とASEAN

しかし、ここで地政学的に重要なことは、アメリカの軍事戦略において、大陸部東南アジアと島嶼部東南アジアが違う位置付けを与えられていることです。アメリカは一九六〇年代から七〇年代、特にジョンソン大統領からニクソン大統領の時代に、軍事的に深くベトナムに関与しました。そのため、ベトナムからの「名誉ある撤退」の一環として、アメリカは一九七〇年までに対外的軍事関与の基本原則としてニクソン・ドクトリンをまとめました。その要点は、アメリカは安全保障条約上の関与と核抑止体制の維持は尊重するが、それ以外の紛争については軍事援助と海空軍の支援に止め、地上兵力の投入は紛争当事国に期待するということでした。これはベトナムの戦争についていえば、南ベトナム防衛の責任は南ベトナム軍にあるということで、このドクトリンの下、アメリカは地上兵力の撤退を進めました（若月 2006：15）。これはすでに四五年前のことです。しかし、それでも、このドクトリンはいまでもアメリカでは生きています。一方、島嶼部東南アジア、特に東シナ海から南シナ海、さらにマラッカ海峡、スンダ海峡、ロンボク海峡を経由してインド洋に至る航行の自由はアメリカの海洋戦略にとって決定的に重要です。島嶼部東南アジア、あるいは海洋アジアにおけるアメリカの軍事的コミットメントは全く揺らいでおりません。その意味で、大陸部東南アジアと島嶼部東南アジアでは、アメリカの軍事的コミットメントがひじょうに違います。

大陸部東南アジアと島嶼部東南アジアでは、ベトナムを部分的例外として、中国をどれほど脅威と受けとめるかについて、大きな違いが出ています。また、大陸部東南アジアと島嶼部東南アジアでは、国境を超えた広域インフラの整備とともに、経済発展戦略の前提も違うようになっています。その結果、ASEANが将来、重要性を失っていくとは思いません。ASEAN経済共同体は、二〇一五年を超えて、ますます進展すると思います。しかし、ASEAN安全保障共同体がいま以上に大きな役割を東アジア／アジア太平洋／インド・太平洋ではたすようになるかと問われれば、おそらくそういうことにはならないだろうと思います。

なお、大陸部東南アジアについて、もう一点、述べておきます。大陸部東南アジアでは、先にも見た通り、日本と中国が広域インフラの整備で競争しています。その結果、中国は南北に、日本は東西に広域インフラを整備しています。この競争の結果、この地域はますます世界に開かれた地域となっており、また、バンコクがこの地域の大ハブとなりつつあります。ここで、特に述べておきたいのは、その先です。バンコクからまっすぐ西に行くと、アンダマン海に出ます。その出口のところにダウェイという村があります。ここは深海港の適地で、かりにバンコクからダウェイまで、高速道路が建設され、工業団地が形成されれば、ダウェイは「タイ＋1」の適地になります。タイ政府、ミャンマー政府の要請を受けて、日本政府もダウェイ開発に参加する方向で動いています。安倍首相は二〇一五年七月、日本メコン首脳会議に際し、ミャンマーのテイン・セイン大統領、タイのプラユット首相とダウェイ経済特区の開発協力に向けた合意文書に署名しました。経済産業省の調査では特区の整備には八〇〇〇億円超が必要とのことですが、タイに一六〇〇社（二〇一五年四月現在）の日系企業が集積し、これらの企業が、バンコクからダウェイ経由、インド洋に直接、アクセスできるようになれば、インド、中東、アフリカへの販路拡大、物流コスト削減へ大きな効果が期待できます（「日本、ミャンマー特区参加」『日本経済新聞』二〇一五年六月二一日付）。ダウェイ開発にはおそらく一五〜二〇年の時間がかかります。しかし、このプロジェクトの進捗とともに、大陸部東南アジアと島嶼部東南アジアの経済発展戦略にますます大きな違いが生まれてくることもほぼ確実です。

註

(1) http://www.whitehouse.gov/the-press-office/2011/11/17/remarks-president-obama-australian-parliament.

(2) 新国防戦略指針については、http://www.defense.gov/news/Defense_Strategic_Guidance.pdf, http://www.iiss.org/conferences/the-shangri-la-dialogue/shangri-la-dialogue-2012/speeches/first-plenary-session/leon-panetta

(3) アメリカの国家戦略の比較史的分析としては、Hal Brands (2014) *What Good Is Grand Strategy? Power and Purpose in American Statecraft from Harry S. Truman to George W. Bush*, Ithaca : Cornell University Press. を参照。また、冷戦終焉以降のアメリカの国家戦略については、Zbigniew Brzezinski (2007) *Second Chance : Three Presidents and the Crisis of American Superpower*, New York : Basic Books. が参考になる。

(4) 米国防省の新防衛イノベーション・イニシアティヴについては、Reagan National Defense Forum Keynote, as Delivered by Secretary of Defense Chuck Hagel, Ronald Reagan Presidential Library, Simi Valley, California, Nov. 15, 2014, http://www.defense.gov/Speeches/Speech.aspx?SpeechID=1903 (accessed, July 19, 2015) を参照。ヘーゲル国防長官はここで、ロボット技術、自律システム、微細化技術、ビッグ・データ、３Ｄプリンティングほかの先端的製造技術を安全保障関連技術として重視すると述べている。

(5) 津上俊哉「二〇一五年の中国——習近平政権の行方」(科学技術振興機構中国総合研究交流センター、

第七九回研究会、二〇一五年一月一五日)。なお、参考までに、国有企業が中国経済においてどれほど重要な位置を占めているかを見るために、二〇一〇年の上位国有企業の産業別市場シェアを紹介しておきますと、通信では国有企業三社で九六・二パーセント、航空運輸では五社で七六・二パーセント、自動車では六社で七四・〇パーセント、電力では八社で七〇・六パーセント、船舶運輸では三社で六〇・七パーセント、銀行では四行で四八・五パーセント(国有銀行全社では七二・七パーセント)、石油化学では四社で四五・三パーセント(国有企業全社では七六・六パーセント)となっています。

(6)「中国独占企業、国内競争重視や め世界進出」『日本経済新聞』二〇一四年一二月九日付。なお、最近の報道によれば、中国政府は現在一一〇社ある中央直轄の国有企業を統合し、二〇二〇年までに四〇社程度に集約する計画だと言います。過剰設備、重複投資を減らし、世界で戦える巨大国有企業をつくることを目的としているとのことです。かつて一九九〇年代の国有企業改革では、国有企業の分割・民営化によって、中国経済に占める民間部門の比率を高めることに改革の主眼が置かれました。しかし、今回の改革では、党の「指導的役割」が明記され、国有企業に対する党と政府のコントロールを強化することが謳われており、中国経済に占める国有企業の比重はますます増加するのではないかと思われます。「中国、国有企業を巨大化、国家主導で統合加速、市場を占有、ひずみも」『日本経済新聞』二〇一五年九月一五日付。

(7)　リチャード・マグレガーは、『中国共産党——支配者たちの秘密の世界』(草思社、二〇一一年)において、次のようなエピソードを紹介しています。二〇〇八年、金融機関のトップが北京で金融担当副総理の王岐山と会談したときのことです。王岐山は、金融システムについて中国があなた方から学ぶものはほとんどない、「あなた方にはあなた方の、私たちには私たちのやり方がある。そして私たちのやり方が正しい!」と事実上、言ったといいます(マグレガー 2011:7-8)。王岐山という人ははっきりとしたもの言いをする人のようですが、それにしても、こういう尊大さが、近年、特に目立つようになっていることも疑いないと思います。なお、王岐山は二〇一二年に中国共産党政治局常務委員に任命され、現在、中国共産党中央規律検査委員会書記として反腐敗闘争を指揮する人物です。

(8) 国際情勢研究所「最近の中国情勢とわが国の対応」二〇一三年一二月三日。

(9) 「中国『協力を外交の核に』習主席中央外事工作会議で演説、日本との摩擦回避指示か」『日本経済新聞』二〇一四年一一月二九日付。また、Michael D. Swaine (2015) "Xi Jinping's Address to the Central Conference on Work Relating to Foreign Affairs: Assessing and Advancing Major-Power Diplomacy with Chinese Characteristics," http://carnegieendowment.org/files/Michael_Swaine_CLM_46.pdf 参照。

(10) 防衛省防衛研究所編 (2015：7-8) および、阿部純一氏のご教示による(二〇一五年五月二二日)。

(11) 防衛省防衛研究所編 (2015：16) 中国は、中印国境においても、強硬になっています。中印関係は、二〇〇四〜〇九年、インドの第一次マンモハン・シン政権の時代に経済関係を中心として関係の改善と強化が進みました。しかし、中国は、二〇〇八年頃から、インド北東地方のアルナーチャル・プラデーシュ州におけるインドの実効支配を非難するようになり、インドも中国が国境問題解決の姿勢を後退させたと見るようになりました。二〇一四年に成立したナレンドラ・モディ政権は、対中関係において、経済協力と領土・安全保障問題を使い分けており、二〇一四年九月、習近平主席のインド訪問の際には、二人は、モディ首相の出身地のグジャラートに中国の産業パークを設置で合意し、共同声明には中国からの対印投資二〇〇億ドルが盛り込まれました。しかし、その一方、インドはインド・チベット国境で警察の国境ポストを増設し、日米との安全保障協力、日米印、日豪印の安全保障対話も進んでおります。

(12) ユーラシア大陸における中国の広域インフラ整備構想を地政学的観点から分析した最近のエッセイとして Alfred W. McCoy (2015) "The Geopolitics of American Global Decline: Washington Versus China in the Twenty-First Century," in Tomgram: Alfred McCoy, Washington's Great Game and Why It's

Failing, June 30, 2015 があります。しかし、これはユーラシア大陸における同盟構築の難しさ、イスラム主義の挑戦を全く無視しており、ユーラシア大陸における「グレート・ゲーム」の分析としてはひじょうに弱いと言わざるをえません。

(13)　後藤康浩氏（日本経済新聞社）のご教示による（二〇一五年六月九日）。

(14)　なお、キッシンジャーはアメリカの外交をチェスにたとえます。チェスでは、チェックメートすると、それでゲームは終わります。それと同様、アメリカの外交においては、ある問題が片付くと、それでその問題は終わり、次の問題にとりかかる、しかし、中国外交は「囲碁」のようなもので、一つひとつの外交的イニシアティヴがたがいに関連している、とキッシンジャーは言います。それはその通りですが、同時に、アメリカの外交がチェスにたとえられるのは、「お庭」がすでにあって、その「お庭」を維持すること、つまり、現状維持がアメリカ外交の基本的目的となっているからだということでもあります。

(15)　大泉啓一郎「大メコン圏（GMS）開発プログラムとCLMVの発展」（二〇〇八年）http://www.jri.co.jp/MediaLibrary/file/report/rim/pdf/2716.pdf。なお、中国の周辺外交、経済協力、安全保障政策についてのシステマティックな分析としては、青山瑠妙『中国のアジア外交』（東京大学出版会、二〇一三年）を推薦します。たとえば、GMS開発についても、ここでは特に議論しておりませんが、雲南省政府と国有企業の役割についての青山の分析からは大いに学ぶところがあります。

(16)　デイビッド・シャンボー『中国、グローバル化の真相――「未完の大国」が世界を変える』（朝日新聞出版、二〇一五年）。Michael Pillsbury (2015) *The Hundred-year Marathon: China's Secret Strategy to Replace America as the Global Superpower*, New York: Henry Holt and Company.

(17)　「中韓FTA、年内妥結目指す、慰安婦問題で共同研究」『日本経済新聞』二〇一四年七月三日付、「中韓蜜月、危うさはらむ」『日本経済新聞』二〇一四年七月四日付。

第3章　東南アジアの戦略的動向

今回は東南アジアの主要な国々の動向を論じることにします。日本では、東南アジアは、ほとんどＡＳＥＡＮと同義と受けとめられていますが、第二章で指摘したことをくりかえして言えば、東南アジア一〇カ国がすべてＡＳＥＡＮに参加しているからといって、これらの国々の外交・安全保障政策、あるいは経済発展戦略がすべて同じということではもちろんありません。一国の運営についての基本的な考え方、ここでいう国家戦略は国によってずいぶん違います。ここでの目的は、ではどう違うのか、どうして違うのか、これを説明することにあります。

1　民族・宗教的多様性

仏教徒・イスラム教徒・キリスト教徒

まず、東南アジアという地域、あるいは、近年、東アジアがそれなりにまとまりのある一つの地域と受けとめられるようになっていることからすれば、東南アジアという「下位地域」（サブ・リージョン）が全体としてどういう特徴をもっているか、国別比較も考えながら、整理しておきます。
東南アジアの特徴の一つは、その民族的、宗教的多様性にあります。たとえば、ミャンマー、タイは上座派仏教の国ですが、ミャンマーのバングラデシュ国境に近い地域にはイスラーム教徒のロヒンヤ人がおり、近年、仏教徒のビルマ人との間に暴力的紛争が頻発しております。また、ビルマ独立以来、多くの少数民族の反乱が続き、二〇一一年の民政移管以降、ミャンマーの中央政府とカレン人、カチン人、その他の少数民族勢力との間で和平交渉が行われていることもよく知られる通りです。

また、タイ南部からマレーシア、インドネシア、フィリピンのミンダナオにかけて、マレー系の人たちの多くはイスラーム教徒ですが、タイ南部では、すでに長期にわたってマレー系住民の反乱が続いております。フィリピンの圧倒的多数はカトリック教徒ほかのキリスト教徒ですが、ミンダナオからスールーの地域では、二〇一四年の和平合意まで、長い間、モロ・イスラーム解放戦線の分離独立運動が続き、現在、フィリピン共和国の枠内でバンサモロ自治政府設立の試みがなされております。また、インドネシアでは、二〇〇〇年代半ばまで、北スマトラのアチェで分離独立運動があり、中部スラウェシのポソ、かつて「香料諸島」と呼ばれたマルクでは、イスラーム教徒とキリスト教徒の凄惨な宗教対立がありました。インドネシア領のパプアでも、小規模ですが、分離独立運動が続いています。

このように、東南アジアでは、民族的、宗教的多様性のために、いまに至るも国民統合は大きな課題ですが、同時に、かつて欧米の支配下にあった国々も独立してすでに半世紀以上たち、「アイデンティティの政治」は、分離独立運動、宗教紛争といった以外のかたちでもさまざまに表出し、これをいかに管理し封じ込めるかが重要な課題となっています。

東南アジアの社会変動

それを理解する上で、『アジ研ワールド・トレンド』(二〇一五年八月号)の「特集人口センサスからみる東アジアの社会大変動」は大いに参考になります。

タイの人口は二〇一〇年の人口センサスによれば六六〇〇万人、その圧倒的多数は仏教徒のタイ人ですが、同時に、およそ一五〇万人のマレー人がおり、その大半は南タイの四県(ソンクラー県南部、パッタニー県、ヤラー県、ナラティワート県)に集中し、言語、宗教、生活習慣も多数派のタイ人とは違います。これが南タイにおける反乱の社会的基盤を提供しています。また、タイには合法的外国人労働者だけで二〇〇万人近くに達し、その内訳は、二〇一〇年の人口センサスによれば、ミャンマー人(一二九万人)、カンボジア人(二八万人)、ラオ人(二二万人)、中国人(一四万人)などとなっており、非合法にタイに在住する外国人も考慮すれば、タイには二五〇万人以上のミャンマー、カンボジア、ラオ人がいると推定されます。タイでは人身売買がひじょうに深刻な問題として、近年、国際的に注目されていますが、その背景にはこうした外国人労働者、特に非合法の外国人労働者の問題があります(1)。

マレーシアは人口二八三〇万人、「マレー人、華人、インド人」の「多民族国家」を標榜していますが、長期的傾向としては、宗教人口で見ると、イスラーム人口が相対的に増加し、二〇一五年人口センサスでは六一・三パーセントに達しました。一方、華人人口は一九九一年人口センサスではじめて三〇パーセントを割り、二〇一五年センサスでは人口の二四・六パーセントとなっています。また、教育水準は着実に上昇し、中等教育以上の学歴を有する人口はマレーシア全体で六七・八パーセント、二〇〇五年と比較して八パーセントの上昇、ブミプトラ（「土地の子」、その多数派はマレー人）では六一パーセントから七〇・五パーセントに上昇し、教育では、ブミプトラ優先政策は着実に成果を挙げているといえます。さらに、マレーシアは一人当たり国民所得がシンガポール、ブルネイに次いでASEANで第三位、二〇一四年には一万ドルを超えていますが、これも一つの理由となって、周辺諸国からの合法、非合法の外国人労働者が流入しています。二〇一〇年センサスによれば、インドネシア人、バングラデシュ人、ミャンマー人など、合法的にマレーシアに居住する外国人だけでも二三二万人に達し、すでにマレーシア国籍のインド系住民人口（一八九万人）を超えています。(2)

フィリピンの人口は二〇一〇年で九二〇〇万人、二〇一四年には一億人を超えました。フィリピンの人口センサスには一〇〇以上の民族分類が設けられていますが、大きい民族集団としては、マニラ首都圏とその周辺地域に住むタガログ人が人口の四分の一を占め、次いで、セブとその周辺からミンダナオ地域に住むビサヤ人とセブアノ人、ルソン島北部のイロカノ人などがおります。また、宗教的には、全人口の八割がカトリック教徒で、これにプロテスタント、フィリピン独立協会の信徒を合わせると、人口の九割はキリスト教徒、イスラーム教徒は五・六パーセントにすぎません。ミンダナオのモロ民族解放戦線、モロ・イスラーム解放戦線、アブ・サヤーフなどの反乱勢力の社会的支持基盤となっているのはイスラーム教徒ですが、かれらは民族的にはきわめて多様です。また、フィリピンにきわめて特徴的なこととして、二〇一五年センサスによれば、海外就労者が一五〇万人、人口の一・六パーセントに達することがあります。この数字は、一般に、フィリピンの人口の一割が海外に住むと言われることからすると、ずいぶん小さいとの印象をもちますが、鈴木有理佳によれば、人口センサス実施の方法上、海外就労者数が実態より小さく報告される傾向があることに加え、人口の一割といわれる海外就労者の半分弱は海外常住者、もう半分弱はいずれ帰国予定の海外就労者で、かれらはそもそも人口センサスでは数えられてないといいます。また、海外就労者の最終学歴を見ると、大学卒以上の割合が四三パーセントとひじょうに高く、二〇一〇年現在、最終学齢が大学卒以上の人口（二〇歳以上）に占める海外就労者の比率は七・三パーセントに達しています。(3)

インドネシアの人口は二億八四〇〇万人、宗教的にはイスラーム教徒が八七・二パーセント、プロテスタンが七・〇パーセント、カトリック教徒が二・九パーセント、ヒンドゥー教徒が一・七パーセント、仏教徒が〇・七パーセントなどとなっています。また、インドネシアで日常的に使用されている地方語の数は二五〇〇に達しますが、同時に、五歳以上の人たちが日常的に使用する言語がインドネシア語の人たちは、一九八〇〜二〇一〇年の三〇年間で八パーセント上昇して二〇パーセントに達し、一方、中東部ジャワを中心にジャワ語を日常的に使用する人たちの比率は九パーセント低下して三二パーセントとなっています。これはインドネシアにおける国民統合の着実な進展を示すものといえます。(4)

2　経済格差

国ごとに大きなばらつき

東南アジアのもう一つの特徴は経済的多様性です。表3－1は二〇一四年と二〇二〇年の東南アジア各国の国内総生産（GDP、名目ドル・ベース）と二〇一四年の一人当たり国内総生産（per capita GDP、名目ドル・ベース）を示したものです。ここに見るように、東南アジアの国々は、経済規模（GDP）においても、一人当たり国内所得（per capita GDP）においても、きわめて多様で、もっとはっきり言えば、大きな格差があります。また、国によっては、国民の生活水準を考える上で、一人当たり国内所得よりも、海外からの送金もふくめた一人当たり国民所得（per capita Gross National Income）の方が適切なところもあります。東南アジア最大の経済規模をもつインドネシアの国内総生産は二〇一四年で八八九〇億ドル、ASEAN経済全体の三六パーセント、日本経済のおよそ五分の一の規模ですが、その一方、ブルネイ、カンボジア、ラオスの経済規模はそれぞれ一五〇億ドル、一七〇億ドル、一二〇億ドルにすぎません。また、この両者の間に、中規模の経済として、ベトナム、フィリピン、シンガポール、マレーシア、タイがあります。ミャンマーも一〇～二〇年内にこの仲間入りをしてくる可能性が大きいはずです。

一人当たり国内所得にもひじょうなばらつきがあります。シンガポールの一人当たり国民所得は二〇一四年で五万六三一九ドル、すでに日本、アメリカ以上に豊かな国となっていますが、一方、カンボジア、ラオス、ミャンマーの一人当たり国内所得は二〇〇〇ドル以下、シンガポールとカンボジアの一人当たり国内所得には五〇対一の差があります。また、中所得国を一人当たり国内所得が四〇〇〇～一二〇〇〇ドルの国と定義すれば、マレーシア、タイはすでに中所得国となっており、インドネシア、フィリピン、ベトナムもこれから中所得国の仲間入りをします。これらの国々で近年、「中所得国の罠」が大きな課題となっているのはこれが理由です。

　一人当たり国内所得に見る東南アジア諸国の多様性／格差には、プラスとマイナス、両方の効果があります。一人当たり国内所得にこれだけ大きな格差があると、あたりまえのことですが、域内でも域外からも、大規模な労働者の移動がおこります。タイ、マレーシアにおける多数の合法、非合法の外国人労働者の存在、多くのフィリピン人海外就労者の存

表3-1　東南アジア諸国の経済規模と1人当たりGDP（2014年）

	GDP（10億USドル）		1人当たりGDP（USドル）
	2014年	2020年	2014年
中国	10,380	16,157	7,589
インド	2,050	3,640	1,627
ブルネイ	15	18	36,609
カンボジア	17	27	1,081
インドネシア	889	1,307	3,534
ラオス	12	19	1,693
マレーシア	327	538	10,804
ミャンマー	63	128	1,221
フィリピン	285	510	2,865
タイ	374	503	5,445
ベトナム	186	311	2,052
シンガポール	308	390	56,319
ASEAN	2,476	3,751	
アメリカ	17,419	22,489	54,597
日本	4,616	4,933	36,332

在はこれを示すものです。同時に、域内格差はASEANの経済統合にプラスの効果ももちます。一九八〇年代半ば以来、日本企業もふくめ、多くの企業が、情報通信革命と貿易自由化を踏まえ、生産ネットワークを地域的に展開するようになりました。その際、企業としては、生産工程を細分化し、労賃の安いところではそれに適した「しごと」、たとえば組み立てをする、製品開発は優秀な技術者を集めやすいところで行う、そういうかたちで、生産工程を細分化し、各国・地域の比較優位に応じて「しごと」に特化した拠点を作ってきました。その結果、生産ネットワークが国境を超えて展開し、ASEAN経済共同体の基礎となる事実上の経済統合が進んでおりますが、その基本には域内の経済格差があります。

また、マクロ経済安定はいかなる国の経済運営においても決定的にきわめて重要ですが、東南アジアの国々を見ると、これをいかに維持するかについて、いまでも一九九七~九八年の東アジア経済危機の経験が大きく影を落としています。インドネシア、マレーシア、フィリピン、タイでは、一九九六年、つまり、東アジア経済危機のまえには、外貨準備は輸入の四~六カ月分でした。それが経済危機以降、しだいに増加し、二〇一〇年にはそれぞれ輸入の八・五、七・八、一二・四、一一・二カ月分となっています。ベトナム、ミャンマーとの違いは歴然としています。

すべての国で生活水準は向上

もう一つ、注意すべきことは、インドネシア、マレーシア、フィリピン、タイの経済的パフォーマ

表3-2　ASEAN-4の経済成長率（平均）　（単位：%）

	東アジア危機前	東アジア危機後	世界金融危機後
	1987～96年	2000～06年	2010～12年
インドネシア	7.04	4.76	6.16
マレーシア	9.09	5.48	5.66
フィリピン	3.71	4.66	6.34
タイ	9.52	5.06	4.31

ンスの長期的趨勢です。一九八七～九六年、つまり、プラザ合意（一九八五年）以降、一九九七～九八年の東アジア経済危機のまえまで、円ドル・レートの大幅な調整を受けて、日本企業が大規模な直接投資によって生産拠点を東南アジアに移した時代、タイとマレーシアは直接投資の受け手となり、タイは年平均九・五パーセント、マレーシアは年平均九・一パーセントで成長しました。これに比較して、インドネシアの経済成長率は年平均七パーセント、フィリピンに至っては、マルコス時代の経済危機の後遺症、一九八六年革命後の混乱もあって、経済成長率は年平均三・七パーセントにすぎませんでした。ところが、二〇一〇年以降、つまり、世界金融危機後には、これが逆転しています。表3-2に見るように、フィリピンの年平均経済成長率は六・三パーセントでもっとも良く、インドネシアは六・二パーセント、マレーシアは五・七パーセントですが、二〇一四～一五年には五パーセント台からそれぞれ四パーセント、三パーセント台に落ちてきています。また、タイの経済成長率は、二〇一〇～一二年は年平均四・三パーセントですが、これも二〇一四～一五年には一パーセント台に落ちています。マレーシア、タイが「中所得国の罠」に嵌まりつつあるのではないかという議論はここから来ています。では、なぜ、東アジア経済危機以前と世界金融危機以降でこれほどまでにタイ、マレー

表3－3　1人当たり国内所得

（単位：現地通貨建・実質）

	1980年	2010年	増加率（%） 1980～2010年
中国	806	10,542	1,308
韓国	4,277,252	25,608,146	599
インドネシア	10,890,044	28,884,425	265
フィリピン	47,278	61,571	130
シンガポール	18,146	63,497	350
タイ	19,649	68,251	347
ベトナム	5,609,483	24,821,884	442
日本	2,311,803	4,001,356	173
アメリカ	28,338	47,926	169

シア、インドネシア、フィリピンの経済的パフォーマンスが逆転したのか。一言でいえば、インドネシア、マレーシア、タイでは一九九七～九八年の東アジア経済危機、フィリピンの場合には一九八〇年代のマルコス体制下の経済危機に直面して、危機克服のためにどのような政治経済改革を行ったか、行わなかったか、これがひじょうに重要な説明要因だと思います。これについては、またあらためて論じます。

　また、経済成長の結果、これも国によってそのパフォーマンスにはかなりの違いがありますが、すべての国で人々の生活水準は向上しています。これは表3－3に見る通りです。一九八〇～二〇一〇年の三〇年間に、一人当たり国内所得（現地通貨建て、実質）は、ベトナムで四四二パーセント、タイは三四七パーセント、インドネシアは二六五パーセント、フィリピンは一三〇パーセントの上昇となっています。ただし、フィリピンについては、海外就労者の送金が重要で、フィリピンの生活水準の向上を見るには、一人当たり国内所得（per capita GDP）ではなく、一人当たり国民所得（per capita GNI）を見る必要があります。これについては、あらためて述べます。ここでとりあえず確認しておきたいことは、三〇年間、つまり一世代の間に、所得水準が大いに向上したことで、そのため、人々は、自分たちの生活はこれからも良くなる、自分たちのこどもの生活は自分たちの生活より良くなると期待していることで、こうした「増大する期待の革命」に応えるとともに、同時に、所得格差、地域格差、都市と農村の格差などの問題に対処する、そしてこうした格差の問題がアイデンティティの政治と結びつかないよう注意する、それが経済成長の政治の大きな課題となります。そのためには、グローバル化の趨勢を考えれば、いかにマクロ経済安定を維持し、国境を超えて展開する国際価値連鎖の中で少しでも高い付加価値をもたらす「しごと」を誘致するか、いかにして明日の生産性向上に投資しつつ、格差「管理」するために所得再配分を行うか、これが政治経済運営の課題となります。

3　中小国の集合地域

スモール・アンド・ミドル・パワー

さらにもう一つ、東南アジアの特徴として、この地域が中小国の集合地域だということがあります。表３‐４は東南アジア各国の人口と経済規模を中国のそれと比較したもので、中国の人口、経済規模が、比較対象国の人口、経済規模の何倍になっているかを示しています。たとえば、二〇一五年、中国の経済規模は日本の三倍、二〇一四年、人口は一〇倍でした。これを見ると東南アジアの国々と中

表3-4　アジア太平洋国家の非対称性

	GDP (10億USドル)	1人当たりGDP (USドル)	人口 (100万人)	比較対象国／中国	
				GDP	人口
	2015年	2014年	2014年	2015年	2014年
中国	11,385	7,572	1,367	100	100
インド	2,183	1,608	1,260	19.2	92.2
ブルネイ	11	41,460	0.4	0.1	0
カンボジア	18	1,081	16	0.2	1.2
インドネシア	873	3,524	255	7.7	18.7
ラオス	12	1,693	7	0.1	0.5
マレーシア	313	11,049	31	2.7	2.3
ミャンマー	66	1,228	52	0.6	3.8
フィリピン	299	2,862	101	2.6	7.4
シンガポール	294	56,287	5	2.6	0.4
タイ	374	5,896	69	3.3	5
ベトナム	199	2,051	92	1.7	6.7
ASEAN	2,459		628.4	21.6	46
アメリカ	17,968	54,370	319	157.8	23.3
日本	4,116	36,222	127	36.2	9.3

国の人口、経済規模の非対称性がよくわかります。中国は、東南アジア最大の人口と経済規模をもつインドネシアと比べても、人口で五倍、経済規模で一三倍あります。南シナ海の領有権問題で中国と対立しているフィリピンとベトナムと比較すれば、中国は、人口でフィリピン、ベトナムの一三・五、一五倍、経済規模で三八、五九倍です。また、ASEAN全体と比較しても、中国は人口で二倍、経済規模で四倍です。

このように東南アジアの国々は、インドネシアをある程度の例外として、他はすべて中小規模の国、英語で言えばsmall and middle powersですが、同時に、これらの国々も経済的には急速に成長しており、中国、インド、ブラジルなど同様、新興国です。しかし、中国、インド、ブラジルなどと違って、東南アジアの国々は大国ではなく、その行動パターンも、大国主義的というより、ASEANを「てこ」に、政治的、経済的に、みずからの立場を強めようとします。

貿易相手国が中国に

また、一九九〇年代末まで、ミャンマーを別として、東南アジア諸国の貿易相手国としては日本とアメリカがきわめて重要でしたが、二一世紀に入り、中国が急速にその比重を増しております。タイ、マレーシアでは、表3-5、3-10に見る通り、輸出市場として、中国がすでに日本、アメリカを凌駕しています。タイの場合、二〇〇〇年には、輸出の二一パーセントはアメリカ、次いで日本が一五パーセント、中国は四パーセントで、輸出市場としてはマレーシアと同じ規模でした。しかし、二〇一〇年には中国は一一パーセントのシェアを占めて輸出先第一位となり、二〇一三年には一二パーセントに伸びています。マレーシアの場合、輸出先第一位はシンガポールですが、一九九六年、二〇〇〇年には輸出先第二位はアメリカ、第三位は日本でした。しかし、二〇一〇年以降は、中国がシンガポールと並ぶ輸出市場となっています。

フィリピン（表3-11）では、一九九六年、二〇〇〇年には、アメリカが圧倒的に重要な輸出市場でしたが、二〇一〇年以降、日本が第一位となり、中国もそのシェアを急速に伸ばしています。また、ベトナム（表3-7）では、一九九六年、二〇〇〇年には日本が最大の輸出市場でしたが、二〇一〇年以降はアメリカが最大の輸出市場となり、ここでも近年、中国がそのシェアを伸ばしています。さらに、インドネシア（表3-8）では、二〇〇〇年までは日本とシンガポールが第一、第二の輸出先ですが、ここでも中国が近年、急速にそのシェアを伸ばしています。

最後に、ミャンマー（表3-6）は、長い間、欧米の経済制裁下にあったこともあり、また、その輸出における天然ガスの圧倒的重要性もあって、輸出の七〇パーセント超がタイ、中国、インド向けという特異な構造になっています。しかし、これは、ミャンマー経済が世界経済に統合されるにつれて変化すると予想され、それがあとで見る通り、民政移管以降の改革・開放のねらいでもあります。

次に輸入元を見ると、タイを別として、他のすべての国で、中国が輸入元第一位となっており、特に、ベトナムとミャンマーの輸入における中国のプレゼンスには圧倒的なものがあります。タイでは二〇一三年現在、なお日本が輸入元第一位ですが、これはバンコクとその周辺に展開する日本企業の産業集積向け部材の日本からの輸出によるものです。同じことは、ベトナムの中国からの部材の輸入について言われていることで、これは、ハノイ、ハイフォン地域が広州経済圏に統合されるにつれて、ますます顕著になると予想されていますが、あとでも述べるように、これは中国との力の非対称性をいかに「管理」するかという、ベトナムの安全保障政策にとってきわめて重要な問題との関連で、なかなか頭の痛い問題です。

このように東南アジアのほとんどの国で、輸出、輸入、いずれにおいても、中国の比重が急速に拡大し、その一方、中国からすれば、東南アジア諸国との貿易の比重はそれほど大きくなく、その意味で経済的相互依存における中国と東南アジア諸国の非対称性が高まっています。それに加え、近年、インフラ整備を中心として中国の経済協力も重要となっています。先に見た通り、東南アジアの島嶼部の国々とベトナムは南シナ海の領有権問題で中国と対立して、また、一般に、東南アジア諸国と中国で、その力に圧倒的な差がある中で、これからも中国との貿易が拡大し、インフラ整備を中心として中国の経済協力がますます重要になると、これにどう対処するか、中国の経済的台頭からできるだけ利益を得るとともに、中国台頭の安全保障上のリスクをどうヘッジするか、これが東南アジアの多くの国にとってますます重要な国策の課題となります。

これが一般的な特徴です。では、東南アジアの主要国は、自国の安全保障と経済発展、そして国内の政治社会的安定のために、どのような戦略をとっているのか。ここで戦略というのは、国家戦略あるいは大戦略のことで、これは、経済成長戦略、安全保障戦略などと違って、多くの場合、一つの文書にまとまったかたちで定式化されているものではなく、先にも少し述べたように、一連の政策決定をあとになって振り返ってみると、どうもそこに一連の政策決定を貫く大きな考え方があり、そうした考え方にしたがって、政策が決定され、資源が配分されていたというものです。その意味で、大戦略はかなりの程度、グランド・ナラティヴ、大きな物語でもありますが、それが「常識」として、多くの国で、支配エリートはもちろん、国民の多くが、政治の目的とはなにか、この国家はだれのもので、なんのためにあるのか、国策の課題とはなにか、そういう問題について、ほとんど「常識」となっている考え方がありますし、それが失われているときには、いかにその国が安定しているように見えても、政治は漂流していると思います。さて、それでは、東南アジアの主要国は、どのような国家戦略／大戦略によって運営されているのか。その基礎にある政治のシステムはどれほど安定しているのか。これをまずは大陸部東南アジアのタイ、ベトナム、ミャンマー、ついで島嶼部東南アジアのインドネシア、マレーシア、フィリピンについて、比較の視点も合わせつつ、検討したいと思います。

4　タイ

黄シャツと赤シャツの対立の末の軍事政権

タイからはじめます。

タイは二〇〇六年のクーデター以来、すでに一〇年近くに亘って政治の不安定、あるいはもう少し正確に言うと、体制と政権、いずれにおいてもひじょうに不安定な状態が続いております。

タイは一九九七〜九八年に東アジア経済危機で大きな打撃を受けました。これを受けて、憲法が改正され、新憲法下、二〇〇一年にタクシン・シナワットを首班とする政権が成立しました。タクシンは二〇〇一年と二〇〇四年の選挙に大勝利し、特に二〇〇四年選挙では、議会の三分の二を掌握します。旧勢力、特に王室、軍人、官僚エリートはこれを危険視し、二〇〇六年、クーデターで政権を掌握します。軍事政権はタクシンの与党（タイラックタイ党）を解党し、与党幹部一一〇名の政治活動を禁止し、タクシンの資産を凍結し、新憲法を制定して、二〇〇七年一二月に総選挙を実施します。し

表3-5　タイの貿易

	1996年		2000年		2010年		2013年	
貿　易　額（100万USドル）								
総　輸　出	56,451	比率（%）	68,963	比率（%）	193,366	比率（%）	224,888	比率（%）
1 中　国	1,868	3.31	2,806	4.07	21,479	11.1	26,811	11.9
2 日　本	9,373	16.6	10,164	14.7	20,317	10.5	21,879	9.73
3 アメリカ	10,026	17.8	14,706	21.3	20,243	10.5	22,650	10.1
4 ホンコン	3,240	5.74	3,474	5.04	11,257	5.82	12,982	5.77
5 マレーシア	2,014	3.57	2,813	4.08	10,569	5.47	12,803	5.69
6 シンガポール	6,749	12	5,997	8.7	9,003	4.66	11,056	4.92
7 オーストラリア	840	1.49	1,615	2.34	9,372	4.85	10,179	4.53
8 インドネシア	846	1.5	1,338	1.94	7,347	3.8	10,702	4.76
9 ベトナム	478	0.85	838	1.21	5,846	3.02	7,065	3.14
10 インド	242	0.43	566	0.82	4,395	2.27	5,102	2.27
総　輸　入	74,939	比率（%）	61,923	比率（%）	185,121	比率（%）	249,971	比率（%）
1 日　本	20,449	27	15,315	25	38,320	21	40,978	16.4
2 中　国	1,953	3	3,377	5	24,526	13	37,595	15
3 アラブ首長国連邦	779	1	1,766	3	8,886	5	17,225	6.89
4 アメリカ	9,240	12	7,291	12	10,885	6	14,660	5.86
5 マレーシア	3,606	5	3,344	5	10,857	6	13,204	5.28
6 韓　国	2,684	4	2,165	3	8,167	4	9,037	3.62
7 シンガポール	4,004	5	3,416	6	6,368	3	8,179	3.27
8 台　湾	2,950	4	2,895	5	6,898	4	7,571	3.03
9 スイス	842	1	692	1	5,231	3	9,205	3.68
10 サウジアラビア	619	1	1,159	2	5,892	3	8,361	3.34

かし、この選挙でもタクシン派勢力が勝利します。このため、二〇〇八年には、二〇〇六年のクーデターで反タクシン派の尖兵となった「黄シャツ」（民主主義のための国民連合、ＰＡＤ）が首相府、国際空港などを占拠し、一方、同年九月には、憲法裁判所が利益相反を理由に首相を失職と判決し、さらに一二月には与党に解党を命令します。こうした中、与党は、陸軍の圧力下、野党の民主党に政権を委譲します。事実

上の「合法クーデター」です。しかし、今度は、タクシン派の勢力が反発します。「赤シャツ」（反独裁民主戦線、UDD）が街頭に現われ、二〇〇九～一〇年、総選挙実施を要求してデモをします。結局、二〇一一年、下院議員の任期満了を受けて、選挙制度改革の上、選挙が実施されますが、この選挙でもまたタクシン派が勝利します。すると今度は、反タクシン派が街頭行動を活発化し、混乱を醸成して、軍にクーデターで介入させようとします。これはうまくいきません。しかし、二〇一三年に入ると、タクシンの妹のインラックを首相とする政権の準備した上院民選化の憲法改革案と政治犯の包括的恩赦の法案に対する反対運動がふたたび活発化します。その結果、二〇一三年一一月には、二法案は廃案となりますが、「黄シャツ」は政権退陣に目的を変更し、政権が一二月に国会を解散しても、あくまで首相の辞任を要求し、民主党も選挙をボイコットします（玉田 2014：240）。その結果、政治は再び行き詰まり、二〇一四年五月、プラユット陸軍司令官の指揮下、軍が再びクーデターによって国権を掌握し、二〇一五年八月現在、タイはなお、事実上の軍事政権下に置かれています。

これがこの一〇年近くの動向です。問題は、なぜ、こういうことになっているのかにあります。これについてはタイ政治の研究者の間にかなり広い合意があります。玉田芳史は一九七三年以来のタイの政治体制、これはときに応じて国王が政治に介入する限定的な代議制民主主義ですが、この「国王を元首とする民主主義体制」が二つの要因で行き詰まってしまったためだ、と言います。その一つは、民主制の定着する中で、しだいに政治的な力を失いつつあった旧支配層、特に王室、軍人、官僚エリート、かれらと同盟する資本家集団と、選挙で政権を掌握した新興勢力、そしてかれらと同盟する新興資本家集団の対立です。もう一つは、バンコクの中間層と、地方の「新中間層」、バンコクの「下位中間層」からなる「大衆」の対立です（玉田 2014：242-243, 247-248）。

ここで、バンコクの軍人・官僚エリート、かれらと同盟する資本家勢力と、地方出身の「成り上がり」の新興資本家勢力の対立というのは、経済が成長し、教育が普及し、社会が変化すれば、ごく当然のこととして予想され、実際、世界史的に見れば、多くの国でおこったことです。また、タイでも、一九七三年一〇月の学生革命以来、「国王を元首とする民主主義体制」の下、旧勢力による新興勢力の統合は順調に進展していると見られておりました。一九八〇年代末のチャーチャイ政権の成立にともなう政治エリートの世代交代、一九九七～九八年の東アジア経済危機後の憲法改正と政治エリートの世代交代の意義はそこにあったと思います。しかし、二〇〇六年クーデター以降のタイ政治の動向は、そうした政治参加の拡大と政治勢力の統合がうまくいかなくなっていることを示しています。問題は、なぜ、こういうことになっているのかです。

バンコク首都圏と東北・北部の格差

一言でいえば、タイ史上はじめて、「大衆」が政治に動員され、バンコクの中間層がこれに反発して、政治参加と統合の方式そのものが問題となっているからです。先にも見たことですが、タイ経済は一九八〇年代以降、大いに成長しました。その結果、一九八〇～二〇一〇年の三〇年で、タイの一人当たり国内所得は三・五倍近く増加しました。一世代で所得がこれだけ伸びれば、人々はごく当然のこととして、自分たちの生活は今年よりも来年は良くなるし、自分のこどもたちの生活は自分たちの生活よりずっと良くなると期待します。また、この三〇年、所得の拡大とともに、地方でも新しい生活スタイルが定着し、消費のパターンが変わり、サテライト・テレビ、インターネット、スマート・フォンが普及し、中等教育はあたりまえとなり、高等教育も拡大しています。しかし、その一方、バンコク、あるいはバンコクを中心とする拡大「首都圏」と東北部、北部の所得格差にはなお大きなものがあります。こうした事情については、末廣昭「タイ　拡大バンコク首都圏の形成」（『アジ研ワールド・トレンド』二〇一五年八月号）が大いに参考になります。ここでは、大きく二点、紹介しておきます。

その一つは、伝統的にタイではバンコクと近隣五県を加えた「バンコク首都圏」がタイの経済、教育、文化活動等の首都圏への集中を示す際の地域の捉え方となってきましたが、二〇一〇年の人口センサスでは、東部の一人当たり国内所得（四四万バーツ）がバンコク首都圏のそれ（四一万バーツ）を上回りました。バンコク首都圏の北に広がる六県に自動車・同部品の産業集積が形成されて、地域別国民総生産では、バンコク首都圏にこの東部六県を加えた一二県の総生産が二〇一〇年にはタイの国内総生産の六六パーセントを占め、この「拡大バンコク首都圏」が現在ではタイの「メガ・リージョン」となったということです。

もう一つはこれに伴う地域格差です。二〇一〇年の人口センサスによれば、バンコクの地域総生産は、三兆一四二〇億バーツ、拡大バンコク首都圏で七兆一五七三億バーツ、全国では一〇兆八〇七五億バーツ、タイの国内総生産に占める拡大バンコク首都圏の地域総生産の比率は六六・二パーセントとなっています。一方、人口は、全国で六五九八万人、バンコクで八三一万人、拡大バンコク首都圏で一九八五万人（登録人口は一五九三万人）、総人口に占める拡大首都圏の比率は三〇・一パーセントになります。さらに、一人当たり国内所得は、バンコクで四五・七万バーツ、拡大バンコク首都圏四四・九万、全国平均一六・一万バーツ、東北部は四・五万バーツ、北部は六・八万バーツとなっています。ちなみに、一九九五年の人口センサスによれば、バンコクの一人当たり国内所得は二五万一一四バーツ、拡大バンコク首都圏のそれは二〇万八八〇二バーツ、全国平均は七万八八四バーツ、東北部では一万八八六六バーツ、北部では二万七四三九バーツでした。これをすべてまとめていえば、バンコクは、人口で全体の一二・六パーセント、国内総生産で全体の二九・一パーセントを占める一方、一人当たり国内所得では、バンコクは東北タイの一〇倍、一九九五年の一三倍に比較すれば、縮小したといえるものの、バンコクと東北タイ、あるいは北部タイの地域格差にはなおひじょうに大きなものがあるということです。[5]

タクシンはここに目をつけたわけです。一九九七年憲法では、中選挙区制度に代えて、小選挙区（四〇〇人）と比例区（一〇〇名）を組み合わせた選挙制度が導入されました。タクシンは、この選挙制度では公約が重要になると考え、他党に先駆けてマニフェストを提示し、国民皆保険（ユニヴァーサル・ヘルス・ケア）、小額融資（マイクロ・クレディット）、農業補助などの改革を実施し、北部タイ、東北タイの「新中間層」、バンコクの「下位中間層」の支持を固めました（Pasuk and Baker 2009 : 2 ;

玉田 2013：20)。玉田芳史は「タイ政治における黄シャツと赤シャツ――誰、なぜ、どこへ」(玉田 2011：143-159)において、タイの研究者グループの調査にもとづいて、赤シャツは「中の下の階層(新中間層)」に属する人たち、都市でも農村でも「貧民ではなく、市場メカニズムと密接に結びついた経済生活を送っている」「生活の不安定」な人たち(玉田 2011：148)を主体とし、二〇〇五～一〇年の五年間、「赤シャツ」で、デモ、集会に参加したことのある人たちの比率は三一パーセント(黄シャツは八パーセント)、選挙運動の手伝いをしたことのある人たちの比率は一九パーセント(黄シャツは八パーセント)、国政レベルの選挙にいつも投票する人の比率は九七パーセント(黄シャツは八八パーセント)、地方政治レベルでいつも投票する人の比率は八八パーセント(黄シャツは七三パーセント)に達すると報告しています。タイ政治でこれほど高い政治動員がおこったことは史上はじめてですが、これがタクシンの支持基盤を形成していることは明らかです(玉田 2011：149)。

こうした「大衆」の政治動員に危機感をもち、これに反発して「黄シャツ」の王党派勢力として街頭に出て来たのがバンコクの中間層です。かれらは選挙の政治における「大衆」の台頭、特に地方における「新中間層」の台頭に危機感をもちます。また、そうした懸念は、バンコクの中間層を支持基盤とする民主党が、この二〇年、選挙で勝てないことで裏書きされています。さらに、バンコク中間層の「大衆」に対する反発には「納税者の反乱」の性格もあります。かつて一九六〇年代には、政府予算の九割以上がバンコクに分配されました。しかし、「大衆」の支持を受けたタクシンの登場とその「ばらまき」政策によって、いまでは政府予算の二五パーセント以上がバンコク外に分配されています。日本の所得再分配政策を知っていると、総人口の一二・六パーセント、国内総生産の二九・一パーセントを占めるにすぎないバンコクに政府予算の七割以上が配分されるというのは、いかにもバンコク偏重と思いますが、バンコクの中間層は、それでも、地方の無学無知の怠け者の「大衆」に「自分たちの税金」が配分されることにがまんならないわけです。また、ここには、アイデンティティの政治の要素もあります。バンコクの中間層の多くは二、三世代まえにバンコクに到来した中国からの移民の末裔で、一九八〇年代半ば以来のタイの経済発展の中で中間層となった人たちです。かれらは、祖父母、両親の時代から、努力に努力を重ねて、いまの自分たちがある、「大衆」が貧しいのは努力しなかったからだ、と偏見を持っており、それはかれらが「大衆」を「水牛」と呼ぶことに象徴的に表現されていると思いますが、同時に、かれらの中には、ホンコン、シンガポール、上海、ボストン、LAなどを訪問した人は多くいても、タイの地方に行ったことのある人はそれほどいません。その意味で、かれらは、一九九〇年代以降、東アジアに登場し、国境を超えて生活スタイルを共有する新しい都市中間層の一部をなしています。タクシンが登場したとき、バンコクの中間層は、かれを大いに支持しました。二〇〇一年と二〇〇四年の選挙でタクシンの政党が大勝利したのは、一つには、かれらの支持によるものでした。しかし、タクシンは二〇〇五年以降、王室、軍、官僚機構を基盤とする伝統的な支配エリートと対立する中で、しだいに「大衆」の指導者となっていきます。その意味で、バンコクの中間層にとっては、タクシンは、まさに「裏切り者」「変節者」「究極の悪者」でもあります（Pasuk and Baker 2009：5-6）。

大陸部東南アジアのハブ

では、これからどうなりそうか。未来のことはもちろんわかりません。しかし、タイの国家戦略の動向について、次のことはある程度、言えるのではないかと思います。

第一にタイの戦略環境はひじょうに安定しています。第2章でも述べたことですが、タイはアメリカの同盟国で、アメリカを中心とするハブとスポークスの地域的な安全保障システムを与件として安全保障政策を組み立ててきました。中国とは国境を接しておらず、領土問題もありません。タイ経済は、ゴム生産、観光、その他、中国の経済成長から大きな利益を得ておりますが、同時に、バンコクとその周辺には日本企業をはじめとする多国籍企業の産業集積があり、東アジアの生産ネットワークの一大ハブとなっています。また、日本、中国の経済協力で大メコン圏における広域インフラ整備が整備され、バンコクはタイ政府がなにもしないでも大陸部東南アジアのハブとなりつつあります。少々、辛辣な言い方をすれば、これほど恵まれた地政学的、地経学的環境にあるが故に、タイのエリートは安心して権力闘争に専念し、その結果、タイ政治はこれほどにも長く漂流しているとも言えます。

これは政治的不安定のコストがないということではありません。タクシン首相が二〇〇一～〇六年に試みたタイのハブ化戦略は政治的混乱の中で失われました。しかし、それでも、外交、安全保障、対外経済政策は、ある範囲内での揺らぎを伴いつつ、大きな方向としては、タイの恵まれた戦略環境を維持することの重要性については、まだ合意があるように思います。その一つの例は、高速鉄道整備計画で、タイにどれほど高速鉄道の需要があるかは別にして、プロジェクトそのものは中国と日本に委ねられることになりそうです。しかし、同時に、リスクも高まっています。その好例が最近の潜水艦購入のどたばたです。二〇一五年七月、タイ海軍は中国製潜水艦を三隻、一隻三億五五〇〇万ドル（約四四〇億円）で購入すると発表しました。その二週間後にはタイ政府はこれを白紙撤回しました。タイ海軍が購入を検討した中国の「元級」潜水艦は輸出実績がなく、中国は赤字覚悟の破格値で提案したと言われます。タイ海軍がどうして潜水艦を必要とするのか、理解に苦しみますが、それはともかく、中国製の潜水艦の購入を決定した理由には、価格以外に、アメリカが二〇一四年クーデターを承認せず、一方、中国が軍事政権を支持し、軍事支援もふくめ、さまざまの協力案件をタイに提案していることがあるといいます。今回は、結局、アメリカがこの決定に強い不快感を示し、タイ政府もこれを白紙撤回して一件落着となりました。しかし、政治の漂流が外交・安全保障政策の迷走をもたらすリスクは明らかです。

第二に、政治の目的は経済成長にあるという意味での経済成長の政治にも変化はありません。問題はそのための中長期的な戦略を策定できるかどうかにあります。軍事政権は、クーデター直後、国有銀行に対し、政府にお米を売却した農民に総額九〇〇億バーツ（二八億ドル）の購入代金を支払うよう指示しました。投資調整庁に積上っていた二一〇億ドルに達する直接投資案件も認可しました。インフラ投資案件二兆バーツのうち、一・三兆バーツ（四〇〇億ドル）分の案件の実施も計画しています。その結果、政治の混乱でインフラ整備が遅れ、これが将来、経済成長のボトルネックになるという懸念はかなり解消されました。また、政府としては、公共事業の実施、米の買い上げ代金の農民への支払いなどによりタイ経済を浮揚させようと考えていることも明らかです。つまり、軍事政権下においても、経済成長の政治はごくあたりまえのことと受けとめられているのです。

「グランド・バーゲン」はあるのか――民主政への道

問題は、成長の果実をどう分配するか、成長のための投資と格差是正のための所得再分配政策をどう組み合わせるかに関わります。上に見た通り、バンコクと北部タイ、東北タイではひじょうに大きな所得格差があります。一方、政府の資源配分はきわめてバンコク偏重となっています。これがバンコクの中間層と「大衆」の対立の基本にあります。では、この対立はいつまでも続くのか。あるタイミングで、たとえば、政権の編成において、格差是正と選挙結果の尊重を約束する、その代わり、タクシンとそのファミリーの政治的復活は排除する、こういった「グランド・バーゲン」がありうるかどうかということです。自由民主主義が規範として世界的に受け入れられている中、「大衆」を政治のプロセスから排除し、権威主義的体制を長期にわたって維持することは、タイのように、開放的経済とそれなりの民主主義の経験をもつところでは、なかなか難しいと思います。と同時に、「グランド・バーゲン」の可能性は、少し逆説的に聞こえるかもしれませんが、タイ経済が順調に成長すればするほど、小さくなり、経済が停滞すればするほど、大きくなると思います。これはごく直截的な理由によります。経済が順調に成長しているときには、バンコクの中間層はこれまで通り、繁栄を享受できます。「大衆」の生活水準もそれなりに向上します。いずれも大きな政治的譲歩をともなう「グランド・バーゲン」を受け入れる特段の理由はありません。しかし、経済が停滞し、タイが「中所得国の罠」に陥りつつあるのではないかという危機感が生まれれば、タイ経済を成長軌道に戻すための政治的条件を整える、そういう意味で「グランド・バーゲン」の可能性が生まれてきます。二〇一四年五月のクーデター直後、ロンドンのエコノミスト・インテリジェンス・ユニットは、二〇一四年にはタイの経済成長率は二パーセント程度にとどまるものの、二〇一五〜一八年には五・二パーセントに達すると予想しておりました。バンコクの中間層がクーデターを歓迎したひとつの理由はここにあったはずです。しかし、実際には、タイの経済成長率は、二〇一五年八月現在、二パーセント以下を低迷し、将来展望も決して明るくありません。その意味では、「グランド・バーゲン」、つまり、対立する両勢力の大きな政治的取引と合意の経済的条件ができつつあると言えるかもしれません。

しかし、それでも、「グランド・バーゲン」の政治的条件はまだ熟しておりません。玉田芳史の指摘する通り、タイの政治的不安定は、結局のところ、「国王を元首とする民主主義体制」の行き詰りにあります。これは、別の言い方をすれば、一九五〇年以来のプーミポン・アドゥンラヤデート国王の時代がいよいよたそがれを迎え、一つの時代が終わり、新しい国王の時代のはじまる、そしてそれとともに、この体制も大きく変わらざるをえないということです。王制という政治制度はひじょうに奇妙な制度で、国王の人物と王制という制度が分かち難く結びつき、国王は、交代のたびに、新しく王制をつくらなければなりません。プーミポン国王は六五年に渉る治世の中で、タイが深刻な政治危機に陥る度に政治に介入し、名君としてタイ国民／臣民の尊敬と信頼を深めてきました。しかし、国王は一九二七年生まれ、すでに八八歳で、決して健康でないこともよく知られています。その意味でタイは一つの時代の終わりを迎えつつあり、現王が逝去し、新王が即位するとともに、タイ政治に新しい動きが出てくることは確実です。プラユット首相を首班とする軍事政権は、タクシン派政党の力を削ぎ、また、政党政治家一般を抑え込み、軍と王室の共生関係を基盤とする「旧秩序」回復のために政治の「大掃除」をやろうとしているように見えます。(6) しかし、いくら「大掃除」をしようと、それで二〇〇一年以来すべての選挙でタクシン派勢力に勝利をもたらした「大衆」を黙らせることができるわけはありません。その意味で、現政権の旧秩序再建の試みは、長期的な政治的プロジェクトというより、一つの時代の終わりを大きな混乱なく迎えるための措置と受けとめた方がよいように思います。(7)

タイでは、一九八〇年代末と一九九〇年代末に政治エリートの世代交代がありました。それを考えれば、政治エリートの世代交代はいつあっても不思議でありませんが、すなおに考えれば、この世代交代は一つの時代の終わりとともにおこる可能性が大きいと思います。そのとき、どのような「グランド・バーゲン」の上に政治エリートが交代するか、それによって、タイの民主制と政治経済の将来、さらには大陸部東南アジアの大きな戦略的動向がかなり左右されることになります。

5　ミャンマー

「ビルマ式社会主義」から改革・開放へ

次はミャンマーです。

ミャンマーは、二〇一一年一月の民政移管、三月のテイン・セイン大統領を首班とする新政権の発足とともに、国家戦略の大転換を行いました。その要点は「民主化」ではなく、アメリカ、日本をはじめとする先進国との関係改善と改革・開放によってミャンマーを世界経済に統合し、経済成長軌道に乗せ、貧困削減、雇用創出、国民生活の向上によって、経済成長の政治の実績を挙げ、政治体制の安定と正統化をはかるということです。では、なぜ、民政移管とテイン・セイン政権の発足によって、こうした国家戦略の大転換が行われたのか。いくつかの理由が考えられます[8]。

その一つは、国軍が、一九八八年以来、二三年にわたる軍政の時代に、「国軍をバックボーンとする国家体制」（工藤 2014a）を構築し、この体制の安定性に大きな自信をもつようになったということです。この政治体制の根幹には二〇〇八年憲法があります。この憲法には国軍が制度的に国政に関与できるしくみが規定され、連邦議会の議席の四分の一は国軍司令官任命の軍人に配分され、国防、内務、国境の三大臣は国軍司令官の指名により、さらに国家非常事態時には国軍司令官が全権を掌握することとなっております。また、二〇〇〇年以降、ガス田の開発と資源輸出によって、中国、タイ、

表3-6　ミャンマーの貿易

	1996年	2000年		2010年		2013年	
貿易額（100万USドル）							
総輸出	1,183.0	1,980.3	比率（%）	6,454.8	比率（%）	10,443.3	比率（%）
1 タイ	n/a	233.0	11.8	2590.3	40.1	3655.4	35
2 中国	125.0	113.5	5.7	873.6	13.5	2554.2	24.5
3 インド	134.9	162.9	8.2	1019.1	15.8	1246.7	11.9
4 日本	93.9	108.4	5.5	353.4	5.5	688.0	6.59
5 韓国	16.4	20.6	1.0	145.4	2.3	443.4	4.25
6 マレーシア	36.3	63.2	3.2	207.3	3.2	180.6	1.73
7 シンガポール	190.7	99.8	5.0	74.8	1.2	162.6	1.56
8 バングラデシュ	3.2	20.0	1.0	90.6	1.4	78.2	0.75
9 ベトナム	0.5	3.3	0.2	93.5	1.4	104.8	1
10 台湾	28.2	32.5	1.6	57.7	0.9	92.5	0.89
総輸入	2,677.8	3,039.9	比率（%）	9,945.2	比率（%）	20,302.8	比率（%）
1 中国	573.2	546.0	18.0	3828.8	38.5	8084.0	39.8
2 タイ	n/a	554.7	18.3	2280.2	22.9	4103.7	20.2
3 シンガポール	794.1	479.7	15.8	1271.9	12.8	2472.6	12.2
4 韓国	143.9	318.2	10.5	526.7	5.3	775.6	3.82
5 日本	279.4	215.6	7.1	290.5	2.9	1161.5	5.72
6 マレーシア	242.8	254.1	8.4	402.1	4.0	784.7	3.87
7 インド	50.5	52.9	1.7	300.6	3.0	737.0	3.63
8 インドネシア	85.8	71.2	2.3	312.6	3.1	612.0	3.01
9 台湾	41.5	219.5	7.2	118.0	1.2	197.8	0.97
10 ドイツ	50.8	44.7	1.5	33.4	0.3	179.1	0.88

インドなど、周辺諸国との関係が強化され、ミャンマー国家はそれなりに潤沢な外貨を獲得するようになりました。さらに、国軍の指導下、翼賛政党、連邦団結発展党（USDP）が結成され、二〇一〇年の総選挙ではUSDPが「圧勝」しました。

しかし、そのコストにもひじょうに大きいものがありました。一九八八年のクーデターは多くの犠牲者を出しましたし、一九九〇年の選挙では、NLD（国民民主連盟）

の圧倒的勝利を無視して、国軍が権力の座に居座り、アウン・サン・スー・チーをくりかえし自宅軟禁に置き、ＮＬＤを弾圧して、国際的にも国内的にも、政権の正統性に大きな疑義がありました。また、欧米の経済制裁の対象となり、国連では毎年、ミャンマーに対する非難決議が行われました。その結果、軍事政権下のミャンマーは、資源輸出によって、タイ、中国、インドなど、周辺諸国との経済関係は強化したものの、アメリカ、日本、その他、先進国から孤立し、近隣諸国との経済格差も拡大し、中国への経済的依存が懸念されるようになりました（工藤 2014a：4）。

　軍事政権下、ミャンマー経済が停滞したというわけではありません。軍事政権はネ・ウィン時代の「ビルマ式社会主義」を放棄し、貿易自由化、外国からの直接投資受け入れに踏み切りました。その結果、外国貿易は一九九〇年代から二〇〇〇年代にかけて拡大しました。しかし、それでも、ミャンマーは、ちょうど同じ時期に貿易自由化、外国からの直接投資受け入れに踏み切ったベトナムと比較すると、まったくといってよいほど、輸出志向型の経済成長戦略には成功しませんでした。一九九〇年には、ベトナムの輸出総額はミャンマーの二・五倍でした。しかし、二〇一二年には、これが一七倍に拡大しました。工藤年博と熊谷聡は、こうした違いは、ミャンマーとベトナムの輸出品目の多様化の度合いによると指摘しています。ミャンマーは二〇〇〇年からタイに天然ガスの輸出をはじめ、二〇一三年には中国へのガス輸出もはじまりました。その結果、ガス輸出額は二〇〇〇年の一・八六億ドルから二〇一二年には三四・二七億ドルに拡大し、輸出総額の四一パーセントを占め、これに木材（一四パーセント）、衣料（一二パーセント）、野菜・果実（一一パーセント）を加えると、この四品目で実に輸出総額の八割を占めています。一方、ベトナムの輸出品目ははるかに多様で、二〇一二年には携帯電話など通信機器が最大の輸出品目でそのシェアは一九パーセント、これに衣料（一二パーセント）、靴（九パーセント）、電気機器・部品（七パーセント）、原油（六パーセント）などの品目が続きます。その一方、ミャンマーの輸出に占める原油のシェアは二〇〇〇年の三三・四パーセントから二〇一二年の六・二パーセントに落ちています。理由ははっきりしています。ベトナムは二〇〇一年、アメリカと通商協定を締結し、アメリカ市場へのアクセスを手に入れました。一方、ミャンマーは、二〇〇三年以降、アメリカの経済制裁を受けて、衣料品輸出最大の市場を失いました（工藤・熊谷 2014：14-15）。

「グランド・バーゲン」

一方、アウン・サン・スー・チーとNLDにも現状がそのままに推移することへの深刻な懸念がありました。アウン・サン・スー・チーとNLDは一九九〇年以降、選挙結果にもとづき、軍事政権に権力の委譲を要求しますが、軍事政権は政権に居座り、アウン・サン・スー・チーを自宅軟禁に置き、NLDを弾圧します。アウン・サン・スー・チーが最後に自宅軟禁から解放されたのは二〇一〇年一一月のことで、そのときには彼女も六五歳、NLDも弱体化し、彼女にとってミャンマー民主化の時間は明らかになくなりつつありました（工藤 2014a：4-5）。

こうして二〇一一年の民政移管の頃までには、テイン・セインとしてもアウン・サン・スー・チーとしても、「グランド・バーゲン」の準備ができつつありました。また、二〇〇〇年代後半以降、民政移管の頃までに、支配エリートの世代交代が進展したことも重要です。テイン・セインは二〇〇七年に首相に就任し、二〇〇八年には二〇一〇年の総選挙実施を発表します。それ以降、工藤年博の表現を借りれば、ミャンマーの政治のスケジュールに「日付」が入ります。また、テイン・セインの世代の次の世代が国軍枢要の地位を占めるようになります。この人たちは一九七〇年代後半に士官学校を卒業した人たちで、かれらの中には青年将校の時代、中国・ビルマ国境で中国の支援するビルマ共産党のゲリラと戦った人も少なくありません。そういう人たちに、中国にあまりに依存することへの警戒心があっても不思議ではありません。また、歴史的に見れば、ミャンマーの敵はタイですが、一九九〇〜二〇〇〇年代、中堅将校、高級将校としてタイを訪れ、経済格差に危機感をもった将校も少なくないと思います。そういう意味で、国際社会との関係を改善し、米欧の経済制裁を解除して、ミャンマー経済を世界経済に統合する、そのためにはアウン・サン・スー・チーとの「グランド・バーゲン」も仕方ない、そういう合意がかなり広く支配エリートの中で受け入れられるようになっていたのではないかと思います。たとえば、二〇〇〇年代半ばには、私立のインターナショナル・スクールの開設が許され、高級将校、政商のこどもたちが通学するようになっています。

テイン・セイン大統領は二〇一一年三月の政権掌握後、ただちに「グランド・バーゲン」に向けた手を打ちはじめます。ミャンマー政府は二〇一一年四月、二〇一四年のＡＳＥＡＮ議長国に手を挙げます。かつてミャンマーは、米欧の批判を怖れたＡＳＥＡＮの他のメンバーの圧力のため、ＡＳＥＡＮ議長国を断念したことがあります。その意味で、ミャンマーが二〇一四年のＡＳＥＡＮ議長国に手を挙げたということは、新政権がそれまでに人権侵害その他の国際的懸案になんらかのかたちで対応し、アメリカ、EU、日本との関係を改善するとの意思を示すものでした。次いで八月、テイン・セイン大統領はアウン・サン・スー・チーと会談し、その直後の議会演説で、国民和解と経済成長による国民生活の改善に取り組む決意を表明し、また、国際社会との関係改善に意欲を示します。それ以降、政治改革が急速に進みます。政治犯が釈放され、労働組合の組織とストライキの権利が承認され、政党登録法が改正され、二〇一二年四月一日には上院六、下院三七、地方議会二の合計四五議席の補欠選挙が実施されてNLDが大勝し、アウン・サン・スー・チーも議員に選出されます。また、この頃までに、政府は、それまで反政府武装闘争を行ってきた少数民族勢力一一のうち六勢力と停戦で合意します。経済政策の分野でも、「外国投資法」が二四年ぶりに改正され、二〇一二年四月には多重為替制に代えて通貨チャットの管理変動相場制が導入されます。

新政権は外交政策においても新しい手を打ちはじめます。中国は、軍事政権の時代以来、ミャンマーのもっとも重要なパートナーとなっていました。したがって、新政権発足直後、中国共産党政治局常務委員・中国全国政治協商会議議長の賈慶林がミャンマーを訪問したときには、テイン・セイン大統領は、対中政策に変更はない、中国との友好関係を維持し、両国の経済貿易協力プロジェクトを着実に推進し、国際舞台で中国と協力する、と述べています。次いで五月下旬には、テイン・セイン大統領はASEAN外の最初の外遊先として中国を訪問し、胡錦濤国家主席と会談、エネルギー、電力、交通インフラ分野などでの協力拡大で一致するとともに、両国関係を全面的な戦略的パートナーシップに格上げすることでも合意します。しかし、このあと、ひじょうに衝撃的なことがおこります。それが二〇一一年九月、中国の支援を受けて建設中の総工費三六億ドルのミッソン・ダム建設計画中止の決定です。このダムは北部カチン州のイラワジ川流域で建設中のもので、計画中止の決定はカチン人との「国民和解」を中国との経済協力に優先することを明らかにするものでした（白石・ハウ 2012：79-81）。

テイン・セイン新政権とアメリカ・日本・EUそして中国

ミャンマーは、この頃までには、アメリカ、日本ほか、先進国との関係改善にも動きはじめます。アメリカ政府は二〇一一年八月にミャンマー担当特別代表を任命し、九月にはクリントン米国務長官がミャンマー政府とアウン・サン・スー・チーの対話を歓迎し、「真の改革と国民和解、人権尊重につながる具体的行動」を求めると述べます。ついで九月末、ミッソン・ダム建設計画中止決定の一日前にはワナ・マウン・ルウィン外相がワシントンを訪問し、カート・キャンベル国務次官補（東アジア・太平洋担当）、デレク・ミッチェル米政府ミャンマー担当特別代表・政策調整官らと会談、一一月には、マイケル・ポズナー米国務次官補（民主主義・人権・労働担当）が「変革ははじまっている」と述べて、ミャンマーの政治経済改革を評価します。さらに一一月には、東アジア首脳会議出席のためインドネシアを訪問中のオバマ大統領がテイン・セイン大統領と会談し、ミャンマー政府による政治犯釈放、アウン・サン・スー・チーとの対話開始、議会における政治改革の取り組みなどを評価し、

「さらなる民主化の取り組みが続けば、アメリカとの新たな関係を築くことができる」と制裁解除の可能性を示唆します。これを受けて、一二月には、クリントン国務長官がミャンマーを訪問、テイン・セイン大統領が「さらに幅広く改革に取り組むと約束した」ことに満足を表明しました。これ以降、アメリカ政府はミャンマーに対する制裁措置と次々と解除し、両国関係はしだいに正常な関係に戻りつつあります。また、防衛協力においても、ミャンマーは二〇一三年のアメリカ主導の多国間軍事演習「コブラゴールド」にオブザーバー参加しました（白石・ハウ 2012：81-82；津守 2014：28）。

日本政府も新政権の動きに迅速に対応します。日本政府は二〇一一年一〇月にはワナ・マウン・ルイン外相を招待し、玄葉光一郎外務大臣はそれまで中断していた水力発電所の補修工事への政府開発援助の供与を再開する旨を伝達します。次いで一二月には玄葉外相がミャンマーを訪問してテイン・セイン大統領と会談、経済協力を通じた民主化支援の方針を明らかにするとともに、ワナ・マウン・ルウィン外相と投資協定締結に向けた交渉に入ることで合意します。これを受けて、二〇一二年四月にはテイン・セイン大統領が来日して野田佳彦首相と会談、その際、野田首相はテイン・セイン大統領に対し、総額五〇二四億円にのぼる債務救済とティラワ・マスタープラン策定参加の意向を表明します。日本政府はまた、パリクラブ（主要債権国会議）でも需要な役割をはたし、二〇一三年一月、アジア開発銀行と世界銀行は日本の援助を活用してミャンマーの延滞債務を繰り延べ、新規融資を決定します（梅崎 2014：18）。それ以降、日本企業が次々とミャンマーに進出する中、二〇一三年一月には麻生副首相がミャンマーを訪問し、三月には総額五一〇億円の新規円借款供与が約束されました。

さらに五月には安倍首相がミャンマーを訪問し、四〇〇億円の無償資金協力・技術協力の供与が表明されています（津守 2014：29）。

ミャンマーはまた、二〇一一年一一月のＡＳＥＡＮ外相会議で、二〇一四年のＡＳＥＡＮ議長国就任を全会一致で承認されます。このときには、テイン・セイン大統領がＡＳＥＡＮ首脳会議、東アジア首脳会議ほか、ＡＳＥＡＮプラスの一連の首脳会議に出席し、ミャンマーの国際社会への復帰が象徴的に演出されました。

しかし、こうした一連の動きは、ミャンマーがアメリカ、日本、ＥＵ、インドなどに傾斜しつつあるということではありません。ミャンマー政府は、一一月末、東アジア首脳会議の直後に、ミン・アウン・フライン国軍司令官を中国に派遣しています。その際、ミン・アウン・フライン国軍司令官は習近平国家副主席（党中央軍事委員会副主席）と会談し、両国軍の交流強化が両国の戦略的協力関係の進展につながるとの認識で一致するとともに、習近平は「中国は今後もミャンマー人民の生活改善を支持する」と経済協力の強化を示唆しました。また、経済協力案件を見ても、中国企業が関与するレパダウンの銅鉱山の事業は、住民の反対運動にもかかわらず、継続されていますし、チャオピューから昆明に至る石油・ガス・パイプラインの操業、ラカイン沖のガス田の開発も変わりありません。また、中国のミャンマー投資は二〇一二年八月現在で累積額一四〇億ドルに達し、タイを抜いて、第一位となっています（津守 2014：27）。こうしてみれば、テイン・セイン政権の外交政策の特徴は次のように整理してよいだろうと思います。つまり、テイン・セイン大統領は中国一辺倒の外交を修正し、全方位外交、あるいはこのことばが一九七〇年代の日本の外交をあまりに連想させるというのであれば、すべての国と「普通の関係」「正常な関係」（津守 2014：26）をもつという方向に転換したということです。

こうして二〇一一～一二年、ミャンマーは、テイン・セイン大統領の指導下、国家戦略を転換しました。その基礎には「国民和解と経済成長による国民生活の改善」についてのアウン・サン・スー・チーとの合意（あるいはグランド・バーゲン）があり、それに基づいた「国際社会との関係改善」があります。

国軍、NLD、USDPの権力共有か

では、これからどうなりそうか。三点、指摘しておきたいと思います。

その一つは政治的展望です。二〇一五年一一月には選挙が予定されます。はたしてこれが自由で公正な選挙として実施されるかどうか、選挙結果がどうなるか。一般には、アウン・サン・スー・チーを党首とするNLDが勝利すると予想されていますが、はたして勝利するのか。勝利するとして、どれほど大勝するのか。すでに連邦議会が憲法改正をしないと決定しているため、いくらNLDが大勝しても、アウン・サン・スー・チーは憲法の規定で大統領にはなれませんが、それでは、だれが大統領になり、アウン・サン・スー・チーはどう処遇されるのか。また、連邦団結発展党（USDP）が選挙でどれほどの議席を得るかにもよりますが、国軍とNLDとUSDPの間で、どう「権力共有」

（パワー・シェアリング）がなされるのか。こういう一連の問題にどんな答えが出されるかということです。

これはわかりません。可能性はきわめて小さいと思いますが、かりに今回の選挙が二〇一〇年選挙と同様、自由でも公正でもないかたちで実施され、ＵＳＤＰが大勝すれば、また、ＮＬＤがそれに抗議して街頭行動をくりひろげ、国軍が実力でこれを弾圧する事態となれば、アメリカの議会で再びミャンマー制裁の動きが出て来ないとも限りません。そのときには二〇一一年以来のミャンマーの国家戦略の前提が崩れてしまいます。しかし、こうした危険性はテイン・セイン政権としてもよく承知しているはずで、選挙結果がどうなるかは別として、国際的な監視の下、それなりに自由で公正な選挙が行われる可能性の方が大きいと思います。

また、これは希望的観測ですが、どんな方式で「権力共有」を実現するか、その準備もはじまっているのかもしれません。現行のシステムでは、国政は大統領と国軍司令官と連邦議会議長の集団指導下に行われることになっています（中西 2014：8）。ところが、二〇一五年八月、二〇一一年以来、ＵＳＤＰ党首で国会議長の職にあったシュエ・マンがＵＳＤＰ党首を解任されました。一一月選挙の候補者選定をめぐって、テイン・セイン大統領とシュエ・マンが対立したためで、これからだれがＵＳＤＰ党首になるか不明ですが、大統領側近が幹事長に任命され、また、八月一二日現在、治安部隊が首都ネピドーの与党本部を包囲していると言います[9]。明らかに、国軍の支持の下、テイン・セイン大統領がＵＳＤＰを掌握して一一月選挙に臨むということで、だれが大統領、国軍司令官、連邦議会議長として次期集団指導体制を担うかについて、テイン・セイン大統領と国軍司令官の意向がきわめて重要となっていると言えます。

貿易自由化と少数民族勢力との和解

もう一つは経済の展望です。先にも述べた通り、二〇一五年末にはASEAN経済共同体が成立します。ASEANの国々はこれまですでにかなりの水準で貿易自由化を推進しており、先進ASEAN諸国では二〇一三年までに平均関税率はゼロ、一九九〇年代半ば以降、ASEANに参加したCLMV（カンボジア、ラオス、ミャンマー、ベトナム）でも一・四パーセントになっております。しかし、ミャンマーでは、軍政時代、欧米の経済制裁ときわめて閉鎖的な対外経済政策の下、輸出競争力のある産業はほとんど育っておりませんでした。これが二〇一一年の「改革・開放」以来、米欧の経済制裁の緩和・解除、先進国・国際機関の援助供与、外国企業の直接投資、貿易拡大などによって、ミャンマーとしてもようやく、ASEAN経済共同体に実質的に参加し、貿易自由化の利益を享受できるようになりつつあります。しかし、ミャンマーにとって、ASEAN経済共同体の要求する措置を実施することは決して容易ではありません。たとえば、ASEAN経済共同体は、ASEAN・シングル・ウィンドウの構築を貿易円滑化措置の中核と位置付けていますが、これは加盟国が構築するシングル・ウィンドウをオンラインで接続するもので、そのためには国内の貿易手続きが電子化、オンライン化されている必要があります。しかし、ミャンマーではこの整備はまだ進んでいません。また、

ＡＳＥＡＮ共同体ができれば、中長期的には、比較優位にもとづく生産分業が進展し、産業構造の変化がおこると予想されますが、ミャンマーには自動車関連の国営工場など、国際競争力のないきわめて非効率的な国有企業、民間企業も少なくなく、そうした企業の多くはおそらく淘汰されていくことになります。つまり、ＡＳＥＡＮ経済共同体成立にともなうミャンマーの産業構造調整コストはかなり大きいと予想され、政府としてこれにどう対応するか、中長期的にきわめて大きな政治的課題になります（梅崎 2014：19-20）。

さらに、もう一つは、少数民族武装勢力との国民和解です。ミャンマーには、政府発表で、人口のおよそ七割を占めるビルマ人をふくめ、一三五の民族があると言われ、独立以来、すでに六〇年以上にわたって、カレン民族同盟、カレンニー民族進歩党、新モン州党、カチン独立機構などの武装闘争が続いています。テイン・セイン大統領は二〇一一年八月、三段階の和平プランを発表し、二〇一三年一一月には一三の勢力と停戦を実現しましたが、カチン独立機構ほか三グループとの交渉は進展しておりません。テイン・セイン大統領としては、全土で停戦を実現したあと、少数民族勢力との政治対話を通して、国民和解に至るということでしょうが、おそらく、そのプロセスのどこかで憲法改正、少数民族勢力にも受け入れることのできる連邦制に踏み出さざるをえないと思います（五十嵐 2014：18-21）。

6　ベトナム

平和の維持と経済の発展を期する「ドイモイ」

タイが政治的に漂流し、ミャンマーで二〇一一年以降、国家戦略の転換が行われたのに対し、ベトナムでは党国家の護持を旨として、一九八〇年代半ばから一九九〇年代半ばの時期に国家戦略の転換が行われました。ベトナムは一九四五年以来の民族解放戦争の末、一九七五年に統一されました。その翌年、ベトナム労働党は第四回大会で共産党と改称し、「貧しさを分かちあう社会主義」（古田 2009）をモデルとして、南の「社会主義的改造」を実施することを決定します。これがベトナム在住華僑の大量脱出をもたらし、一九七二年の米中接近以来、すでに悪化しつつあった中越関係を決定的に悪化させます。一方、カンボジアでは、一九七五年、ポル・ポトの指導するクメール・ルージュが権力を掌握します。ポル・ポト政権は反ベトナム・ナショナリズムに訴えて国内支持基盤の強化をはかり、一九七七年末以降、ベトナム・カンボジア国境で紛争が激化、結局、ベトナムは一九七八年末に反ポル・ポト派勢力を支援してカンボジアに侵攻し、ポル・ポト政権を打倒します。中国は、これを見て、一九七九年二月、ベトナム「懲罰」のために軍を中越国境に派遣します。こうしてベトナムはカンボジア「侵略」のために国際社会から孤立し、「貧しさを分かちあう社会主義」は「豊かな南」で反発を受け、「北」の人々の支持も失って、深刻な経済危機に陥ります。

表３-７　ベトナムの貿易

	1996年		2000年		2010年		2013年	
貿　易　額（100万 US ドル）								
総　輸　出	7,462	比率（%）	14,483	比率（%）	69,820	比率（%）	130,066	比率（%）
1　アメリカ	204	2.74	733	5.06	14,238	20.4	22,930	17.6
2　中国	340	4.56	1,536	10.6	7,309	10.5	15,351	11.8
3　日本	1,546	20.7	2,575	17.8	7,728	11.1	12,917	9.93
4　韓国	558	7.48	353	2.43	3,092	4.43	6,523	5.02
5　ドイツ	228	3.06	730	5.04	2,373	3.4	5,683	4.37
6　マレーシア	78	1.04	414	2.86	2,093	3	5,482	4.22
7　オーストラリア	65	0.87	1,272	8.79	2,704	3.87	3,660	2.81
8　ホンコン	311	4.17	316	2.18	1,464	2.1	4,615	3.55
9　イギリス	125	1.68	479	3.31	1,682	2.41	3,643	2.8
10　シンガポール	1,290	17.3	886	6.12	2,121	3.04	2,780	2.14
総　輸　入	11,285	比率（%）	15,637	比率（%）	83,365	比率（%）	167,440	比率（%）
1　中国	329	3	1,401	9	20,019	24	53,458	31.9
2　韓国	1,781	16	1,754	11	9,761	12	23,196	13.9
3　日本	1,260	11	2,301	15	9,016	11	11,575	6.91
4　台湾	1,263	11	1,880	12	6,977	8	9,819	5.86
5　シンガポール	2,033	18	2,694	17	4,101	5	11,978	7.15
6　タイ	495	4	811	5	5,602	7	7,771	4.64
7　アメリカ	246	2	364	2	3,767	5	5,514	3.29
8　マレーシア	200	2	389	2	3,413	4	4,650	2.78
9　インド	88	1	178	1	1,762	2	5,833	3.48
10　ホンコン	759	7	598	4	860	1	8,315	4.97

「ドイモイ」はこの危機への対応として生まれます。ベトナムは、危機を克服し、党国家体制を維持するため、「平和の維持と経済の発展」を最大の戦略目標とし、「強大な経済力」「適度な国防力」「国際的協力関係の拡大」を国策の基本とすることを決定します。これが「ドイモイ」です。ドイモイとはベトナム語で「刷新」を意味し、この方針は一九八六年一二月開催のベトナム共産党第六回大会で提起され、

一九八八年以降、本格的に実施されます。

その要点は、ベトナムの経済建設のためには、市場経済原理を導入し、混合経済体制をとるのが「合法則的」である、自力更生路線には問題があり、国際分業への積極的参加なくして経済発展はないというものでした。これ以降、経済の発展と成長は、党国家体制の安定と正統性のもっとも重要な指標とされ、その論理的系として、貿易の促進と直接投資の誘致が重視されます。また、外交においては、ベトナムの経済発展に資する平和で安定的な外部環境の維持が課題となり、そのためにベトナム経済の開放と世界経済への統合、外交関係の多様化と多角化、地域協力・国際協力への参加等が重視されるようになります。さらに、カンボジア内戦をめぐるASEAN諸国との対立、中国との領土紛争等については平和的解決が方針となります。これを踏まえ、一九八八年にはグエン・コ・タク外相がベトナムにASEAN加盟の意思のあることを表明し、一九八九年九月にはカンボジアから撤兵します。一九九一年のベトナム共産党第七回大会では、ソ連・東欧の社会主義体制の崩壊を受けて、「社会主義国際関係」優先から「全方位外交」に転換します。また、一九九一年一〇月にはカンボジアに関するパリ和平協定が成立し、ベトナムは外交的孤立脱却の条件を整えます。こうして一九九一年一一月には、それまで敵対関係にあった中国との関係を正常化し、日本は一九九二年に経済援助を再開します。ベトナムはまた、一九九二年にASEANの正式オブザーバーとなり、一九九五年にはASEANに加盟します。

いま振り返って見ると、一九八六年にドイモイが提起されて以来、一九九五年に至るまでの時期は、ベトナムの経済発展にとっても大きな転機でした。ベトナムは一九八〇年代後半、悪性インフレ、生産の停滞、膨大な財政赤字、通貨価値の下落など、きわめて深刻な危機に陥ります。これに対する政策的対応として、ベトナムは、一九八八年、農業集団化政策を放棄します。これはすぐに効果を発揮し、一九八九年にはベトナムは長年の食糧輸入国の地位を脱して、タイ、アメリカに次ぐ世界第三の米輸出国となります。また一九八九年には、配給制度と国家統制価格を廃止し、包括的な価格自由化に踏み切ります。国有企業に対する経営自主権の付与、私企業の法的地位の確立、外国貿易国家独占の廃止、為替レートの市場実勢に応じた変動制への移行などもこの時期に決められます。

ベトナム経済はこのあと順調に成長します。二〇〇〇〜〇九年、ベトナムの経済成長率は年平均七・二五パーセントを達成し、一人当たり国内所得も二〇〇〇年の四〇二ドルから二〇一〇年には一一七四ドルに上昇します。また、ベトナムの貿易依存度は二〇〇一年に一〇〇パーセントを超え、二〇〇五年には一三〇パーセントに達します。さらに、国別で見ると、二〇〇九年のベトナムの貿易に占めるASEAN三カ国（輸出ではシンガポール、マレーシア、フィリピン、輸入ではシンガポール、マレーシア、タイ）の比率が、輸出で一〇パーセント、輸入で一八・八パーセントとなり、ベトナムは東アジアの地域的な生産ネットワークに統合され、貿易の多様化・多角化にも、ある程度、成功します。

全方位外交の展開

一方、ベトナムは外交政策においては細心の注意を払って「全方位外交」を展開します。これは党国家指導者の行動を見ればよくわかります。たとえば、二〇〇六年の党大会では、ノン・ドゥック・マインがベトナム共産党中央執行委員会書記長に選出され、グエン・タン・ズンが首相に選出されました。その直後、マイン書記長は中国を訪問、胡錦濤主席と会談して、経済技術協力協定に調印しました。一方、ズン首相は、日本を訪問し、アジアにおける平和と繁栄のための戦略的パートナーシップの構築に向けてという共同声明を出しました。これは、それ以降のベトナムの党・政府要人の外遊先を見ても、繰り返し観察されます。二〇〇八〜〇九年、マイン書記長は日本と中国を一回ずつ訪問し、一方、ズン首相は、中国を三回、日本を二回、アメリカを一回、訪問しました。ベトナムの党国家指導部は二〇一一年にも交代しました。このときには、党内序列第一位のグエン・フー・チョンがベトナム共産党中央執行委員会書記長、党内序列第二位のチュオン・タン・サンが国家主席、第三位のグエン・タン・ズンが首相に任命されます。この年、チョン書記長は一〇月に中国を訪問し、ズン首相は日本を訪問しました。

ここからもうかがわれるように、ベトナムは、近年、きわめて精力的に日本、アメリカとの関係を進展させております。その結果、ベトナムは日本の最大の援助供与国となり、日本企業の有力な直接投資先となりました。また、ベトナムは日本と原子力協定を締結し、原子力発電所建設についても日本と合意しました。一方、アメリカとの関係も二〇〇〇年代に大いに改善します。ベトナムは二〇〇一年、アメリカと通商協定を締結し、二〇〇七年にはWTOに参加し、二〇〇八年には、ズン首相の訪米に際し、ブッシュ大統領からベトナムの主権、安全、領土の統一性について支持をとりつけます。

さらに、二〇一〇年には、アメリカの「国防計画見直し」で、ベトナムは新しい包括的連携を構築すべき国とされ、同年、アメリカの国防次官補代理とベトナムの国防副大臣が史上はじめて防衛対話を行います。また、ベトナムは、二〇一〇年、TPP交渉にも参加を表明します。さらに、ベトナムは、二〇一三年七月には包括的パートナーシップ、二〇一四年五月には原子力協定をアメリカと締結し、二〇一五年七月にはチョン書記長が訪米、オバマ大統領と会談しました。

中国との非対称性の「管理」

このようにベトナムが日米との関係強化に動いているのは、もちろん、中国が南シナ海の領土問題について一方的に力による現状変更を試みているためです。歴史的に見れば、ベトナムは、中国で帝国が台頭するたびに、侵略の対象となってきました。一九七九年、鄧小平指導下の中国のベトナムに対する「懲罰」行動ももちろんよく記憶されています。先にも述べたように、中越関係は、一九九〇年の首脳会談と一九九一年のカンボジア紛争の包括的政治解決合意以来、正常化されました。しかし、二〇一四年現在、中国は人口でベトナムの一五倍、経済規模はベトナムの五六倍あります。ベトナムとしては、人口、領土、経済力、軍事力等、あらゆる次元における力の圧倒的な非対称性の下、中越関係「管理」のために、使えるものはなんでも「てこ」として使うほかありません。ベトナムは、かつて冷戦の時代にはソ連を「てこ」として中国に対抗し、近年は、ASEAN、ロシアに加え、日本、アメリカ、さらにはインドを「てこ」として中国に対抗していると言えます。

では、ベトナムは、特に南シナ海の領土問題に関して、中越関係をどう「管理」しようとしているのか。南シナ海の領有権問題についてのベトナムの立場はきわめて明快です。二〇〇九年のグエン・チ・ビン国防副大臣のことばを借用すれば、「東海」(南シナ海)を「平和と友情と発展の海」にする、そのためにすべての関係国が「自制を働かせ、行動宣言を厳に遵守し、行動規範を強化すること」、そして、武力によってではなく、平和的に解決することです。しかし、こうした立場は、二国間交渉による問題解決を主張しつつ、海軍力の強化、漁業監視船等、公船の活動強化、さらには紛争海域における資源探査等、力によって南シナ海の実効的支配の実績を着実に積み上げていこうという中国の戦略と対立します。

ではどうするのか。みずからの海軍力を強化し、ASEAN、さらにはアメリカほかの国を「てこ」に使うことです。ベトナムは二〇一〇年、カムラン湾に、ロシアの支援を受けて、潜水艦、空母を含め、あらゆる国の海軍艦艇にサービスを提供する総合港の建設計画を発表しました。また、二〇一一年には、キロ級潜水艦六隻をロシアから購入することとし、すでに三隻が配備されています。カムラン湾の北、ニャチャンの軍港にはインド軍艦の駐留も要請しました。アメリカはベトナムの同盟国ではありません。それどころか、二〇〇九年の国防白書で明言する通り、アメリカは「民主的自由、信仰の自由、人権を乱用」する敵対勢力です。しかし、南シナ海における「主権、主権的権利、管轄権をめぐる争い」が、ベトナムの安全保障、さらには「海洋経済の発展」に対する大きな脅威となっていることからすれば、ロシア、インドに加え、アメリカ、日本と連携し、中国の脅威に対抗するしかありません。安全保障において、ロシア、インドと連携しつつ、アメリカ、日本も「てこ」に使う。原子力発電所、高速鉄道などの戦略的なインフラ整備、人材育成について日本と連携する。軍港整備はロシアの支援を求める。ベトナムはこのように「てこ」に使えるものはなんでも「てこ」に使うことで、中国との力の非対称性を「管理」しようとしていると言えます。

一方、経済においては、ＡＳＥＡＮ経済共同体の形成と中国との非対称的な経済的相互依存関係の拡大をどう「管理」するかが課題です。先にも述べたことですが、ハノイ、ハイフォン地域の産業集積が広州を中心とする生産ネットワークに統合されていくことは、安全保障上、きわめて微妙な問題を孕んでおります。しかし、それでは、ホーチミン・シティ周辺の産業集積を発展させればよいかというと、これは国土の均衡ある発展からみて、政治的にひじょうに難しい問題です。また、ＡＳＥＡＮ経済共同体の成立にともなう産業構造調整コストは、ベトナムの社会主義市場経済で大きなシェアを占める非効率な国有企業、タイ、マレーシアと比較して明らかに競争力の劣る自動車産業、電子・電気産業などを考えても、きわめて深刻な課題です。

ベトナムの党国家がこういう課題にどう対処しようとするのか、まだはっきりとした戦略は描けていないのではないかと思います。しかし、ベトナム共産党中央委員会の幹部と話をした印象で言えば、産業構造の調整コストがいくら高くとも、ベトナム経済の世界経済への統合を推進する、そう覚悟した上で、多国籍企業との個別取引によって、産業集積をつくっていこうと考えているのではないかと思います。その例として、ベトナムの経済政策担当者がよく挙げる例がサムソン電子です。最近の報道によれば、サムスン・ディスプレーは、ベトナムの有機ＥＬパネル工場への投資額を二・三兆ウォン（約二四〇〇億円）積み増し、二〇二〇年までに総投資予定額を三七〇〇億円とすることに決定したといいます。これは主としてスマート・フォン用の中小型パネル製造のためで、これを呼び水に中核部品の生産を進め、電子機器製造拠点としてベトナムの地位を高めようということのようです。ベトナムはすでにサムスンにとってスマート・フォンの一大生産拠点となっており、二〇一四年のベトナムの携帯電話・スマート・フォンの輸出額は二三六億ドル（約二・九四兆億円）、輸出総額の約一六パーセントを占め、ＴＰＰ交渉がまとまれば、アメリカ市場向けなど、スマート・フォンの輸出拡大も期待されます[10]。

ベトナムでは二〇一六年、党大会が開催され、国会が招集されて、次期党国家指導部が選出されます。しかし、国家戦略の大きな転換がおこるとは思えません。政治の安定／不安定と国際環境の安定／不安定の組み合わせとして、ベトナムとタイはちょうど対極にあります。安定的な国際環境に恵まれたタイの政治は長期にわたって漂流し、それでも、これが国の存亡に繋がるリスクはきわめて小さい。それに対し、ベトナムははるかに厳しい国際環境にあって、安定した政治体制と安定した国家戦略の下、国家の運営が行われている、また、ミャンマーの政治体制の将来はまだ不透明であるものの、二〇一一年の民政移管以来の国家戦略が近い将来、大きく変更されることはおそらくない、こう考えると、結局のところ、大陸部東南アジアの将来はかなりの程度、タイの動向によると言えるのではないかと思います。

7　インドネシア

「新秩序」体制から地方分権的民主制へ

では、島嶼部東南アジアはどうか。まずは、インドネシアです。

インドネシアでは、一九九八年五月のスハルト「新秩序」体制崩壊以降、ハビビ（一九九八～九九年）、アブドゥルラフマン・ワヒッド（一九九九～二〇〇一年）、メガワティ（二〇〇一～〇四年）と大統領が次々と交代し、スシロ・バンバン・ユドヨノ（二〇〇四～一四年）の時代にようやく政治の安定をみました。また、二〇一四年四月の国会議員選挙、七月の大統領選挙も平穏に実施され、スハルト時代に形成された支配エリートの外からジョコ・「ジョコウィ」・ウィドドが大統領に選出されたことは、インドネシアにおける民主制の定着を示すものと言えます。

インドネシアではここに至るまでに政治制度の大改革がありました。ハビビ、ワヒッド、メガワティ時代、言論、出版、結社、集会等の自由が回復され、憲法が改正されて、政党、選挙、議会の構成、国軍、警察、地方行政、その他、政治制度に関わる多くの法律が改定され、スハルト時代の中央集権的権威主義体制からポスト・スハルト時代の地方分権的民主制へ、体制の大きな転換が行われました。ユドヨノ時代の政治的安定はその上で実現されたものです。

地方分権的民主制の特徴はおよそ以下のようにまとめることができます。第一にこの体制は四年に

表3-8　インドネシアの貿易

	1996年		2000年		2010年		2013年	
貿　易　額（100万USドル）								
総　輸　出	49,890	比率（%）	62,124	比率（%）	157,778	比率（%）	182,551	比率（%）
1 日本	12,885	25.8	14,415	23.2	25,782	16.3	27,086	14.8
2 中国	2,057	4.12	2,768	4.46	15,693	9.95	22,601	12.4
3 シンガポール	4,565	9.15	6,562	10.6	13,723	8.7	16,686	9.14
4 アメリカ	6,795	13.6	8,489	13.7	14,302	9.06	15,741	8.62
5 韓国	3,281	6.58	4,318	6.95	12,575	7.97	11,422	6.26
6 インド	531	1.06	1,151	1.85	9,915	6.28	13,031	7.14
7 マレーシア	1,110	2.22	1,972	3.17	9,362	5.93	10,667	5.84
8 台湾	1,609	3.23	2,378	3.83	4,838	3.07	5,862	3.21
9 タイ	823	1.65	1,026	1.65	4,567	2.89	6,062	3.32
10 オーストラリア	1,202	2.41	1,519	2.45	4,244	2.69	4,370	2.39
総　輸　入	42,902	比率（%）	33,515	比率（%）	135,663	比率（%）	186,628	比率（%）
1 中国	1,598	4	2,022	6	20,424	15	29,849	16
2 シンガポール	2,875	7	3,789	11	20,241	15	25,582	13.7
3 日本	8,504	20	5,397	16	16,966	13	19,285	10.3
4 マレーシア	823	2	1,131	3	8,649	6	13,323	7.14
5 韓国	2,411	6	2,083	6	7,703	6	11,593	6.21
6 アメリカ	5,060	12	3,393	10	9,416	7	9,082	4.87
7 タイ	1,095	3	1,109	3	7,471	6	10,703	5.73
8 サウジアラビア	665	2	1,598	5	4,361	3	6,526	3.5
9 オーストラリア	2,535	6	1,694	5	4,099	3	5,038	2.7
10 台湾	1,664	4	1,270	4	3,242	2	4,480	2.4

渉る憲法改正の産物です。これは一九四五年憲法がスハルトの長期独裁を許したとの反省に立って、国民主権、基本的人権の尊重、三権分立を原則として、四年間、毎年、憲法が修正され、試行錯誤の末に、実質的に新しい憲法ができたためです。その結果、大統領の任期は二期一〇年に制限され、大統領の国会解散権は明確に否定されました。国会は、立法権、審査権、予算制定権がその権限としてはっきり憲法に規定

されました。また、大統領解任手続きについては、国会のみが、国会と地方代表議会から構成される国民協議会に大統領解任を提訴する権限をもつものとされました。そこでの基本的な考え方は、弱い大統領と強い議会を特徴とする大統領制民主主義です(11)。

憲法改正、さらにこれと軌を一に進展した政治制度に関わる法律の改正を踏まえ、一九九九、二〇〇四、二〇〇九、二〇一四年に選挙が実施されました。二〇〇四年以降の三度の選挙結果は表3－9に示す通りです。ここにも見るように、メガワティ元大統領を総裁とする民主党闘争派（PDI－P）、スハルト時代の大政翼賛機関ゴルカル党（Partai Golkar）、スハルトの元娘婿プラボウォ・スビアントの大インドネシア運動党（Gerindra）、ゴルカル党から分かれた国民民主党、スハルトの元国軍司令官ウィラントの人民良心党（Hanura）、ユドヨノ前大統領を後見人とする民主党（PD）、これら五国民政党（あるいは「世俗」政党）と、正統派イスラーム教育団体ナフダトゥール・ウラマを支持基盤にアブドゥルラフマン・ワヒッド元大統領が設立した民族覚醒党（PKB）、近代派イスラーム教育団体ムハマディアを支持基盤にアミン・ライスの設立した国民信託党（PAN）、福祉正義党（PKS）、開発統一党（PPP）の四イスラーム政党が国会に議席をもっています。二〇〇四、二〇〇九、二〇一四年には大統領も直接選挙で選ばれました。

表3－9に明らかな通り、国会では多党並立が常態ですが、二〇〇四、二〇〇九、二〇一四年と回を重ねる毎に、議席数、得票数、いずれにおいても、分布がなだらかになっています。また、与党連合に参加しているといっても、ユドヨノ大統領時代の福祉正義党などは、党利党略によって、しばし

表3-9　国会議員選挙における投票率と議席数（2004，2009，2014年）

	2004年		2009年		2014年	
	議席数	得票率	議席数	得票率	議席数	得票率
民主党闘争派（PDI-P）	109	18.53	94	14.03	109	18.95
ゴルカル党（Partai Golkar）	127	21.58	106	14.45	91	14.75
大インドネシア運動（Gerindra）	—	—	26	4.46	73	11.81
民　主　党（PD）	56	7.45	148	20.85	61	10.91
国民信託党（PAN）	53	6.44	46	6.01	49	7.59
民族覚醒党（PKB）	52	10.57	28	4.94	47	9.04
福祉正義党（PKS）	45	7.34	57	7.88	40	6.79
開発統一党（PPP）	58	8.15	38	5.32	39	6.53
国民民主党（Nasdem）	—	—	—	—	35	6.72
人民良心党（Hanura）	—	—	17	3.77	16	5.26
そ　の　他	50	17.33	0	18.29	0	1.65
合　　計	550	100	560	100	560	100
イスラム系4政党得票率合計		32.5		29.09		29.95
与党連合	391		423		246	
野党連合	109		137		314	
そ　の　他	50		0		0	

ば野党的行動をとりました。このため、大統領としては、臨機に与党、野党の政党のボスと交渉することが、政権運営の上でますます重要となっております。

進む地方分権

地方分権もハビビからメガワティの時代に進展しました。一九九九年の地方行政法と中央地方財政均衡法によって県・市が地方自治の基本単位とされ、地方自治体には中央政府から国家歳入の最低二五パーセント（その一〇パーセントは州、九〇パーセントは県・市に配分）が一般配分金として分与されることになりました。また、二〇〇四年には、地方行政法、中央地方財政均衡法が改正され、地方首長公選制が導入されました。インドネシアの地方行政システムの大きな特徴は地方自治体の新設がひじょうに容易なことにあります。州、県・市を新設すれば、首長、副首長、幹部公務員、地方議会議員などのポストが増えます。中央政府からの一般配分金等の分与も保証されています。そのため、一九九九年以降、新自治体が次々と設立されました。一九九八年の二六州、三一四県・市が、二〇〇八年には四一州、四七八県・市に増加しました。中央政府から地方への一般分配金等の分与も二〇〇一年の一九パーセントから二〇〇七年には三四パーセントまで増加しました。二〇〇八年以降のデータは手元にありませんが、地方分権の定着とともに、中央から地方へ、ますます手厚く資源分配が行われ、これをインセンティヴとして地方自治体が次々と新設され、地方自治体首長ポストがますます重要となっている、これが趨勢です。

こういう中で、地方自治体首長公選制の導入は、事前にはおそらくあまり想定していなかった政治的効果をもちました。地方自治体が次々と新設されて、かなり人口規模の小さい少数民族集団、あるいは宗教集団でも、ある特定の地方自治体では多数派を形成できるようになる、その結果、宗教、民族を基礎とするアイデンティティの政治が地方政治に封じ込まれました。

こうしてみれば、インドネシアの政治システムの特徴は、中央では弱い大統領と強い議会、中央地方関係では弱い中央政府と強い地方自治体にあると言えます。この特徴を明快に示しているのが、インフラ・プロジェクトの政治決定プロセスです。中央政府の実施するインフラ・プロジェクトについて、政府は、個別案件毎に議会の承認を必要とします。また、地方自治体との調整も必要です。インフラ整備資金の拠出割合は年によってかなり異同がありますが、二〇〇七年では、中央政府、州政府、県・市政府のインフラ関係資金の拠出割合は四三・三パーセント、二一パーセント、三五・七パーセントとなっていました。

もう一つ、地方分権的民主制の特徴がよく反映されるのは閣僚人事です。政権によって、閣僚人事にはかなりの異同がありますが、与党連合編成のために一定数の閣僚ポストが政党に配分されます。また、インドネシアの民族的、宗教的多様性を反映し、そのバランスをとるため、有力民族集団に閣僚ポストが配分されます。

さらにもう一つ、地方分権的民主制の特徴として、アイデンティティの政治が地方政治に封じ込められた結果、経済、特に貧困削減と雇用と物価の問題が国政の一大課題と受けとめられるようになりました。つまり、別の言い方をすれば、スハルト大統領時代とは別のかたちで、政治の目的は経済成長にあると再び受けとめられるようになったということです。また、政権運営、特に経済運営においては、歴史的にテクノクラットがきわめて重要な役割をはたしており、閣僚構成におけるテクノクラットの比率がある程度、政府の資源配分政策における「明日の生産性」か「今日のばらまき」かの指標になります。

民族的、宗教的、イデオロギー的に固定的な亀裂を抱えた社会では多数決に基づく民主主義体制は少数派の抵抗によって崩壊しがちであり、そのため、権力分有と集団自治の付与によって少数派の権利を多数決制におけるより、もっと広く認めた方がよい、そういう考え方を基礎に「多極共存型民主主義」（consociational democracy）が採用される国も少なくありません（恒川 2006）。このモデルは、あとで見る通り、マレーシアの政治を考える際には有用です。しかし、インドネシア社会は、民族的、宗教的、そして元々はイデオロギー的にもきわめて多様でしたが、まさに歴史の産物として、「多極共存型民主主義」ではなく、地方分権的民主制を採用しました。インドネシアの人々は、スカルノの革命の政治が一九六〇年代半ば、経済的破綻と反共の粛清によって五〇万人を超える死者をもたらす事態となったことを経験し、イデオロギーの政治はもう嫌だ、という教訓を引き出しました。このときスハルトは「安定と発展」の名の下、権威主義と経済成長の政治を導入しました。これは三〇年以上、うまくいき、経済成長の政治の正統性が広く受け入れられるようになりました。しかし、この政治はアジア経済危機の中で頓挫しました。また、そのときまでに、スハルト体制はあまりに長く続き、スハルトの家族主義の政治はコネと腐敗と談合と同一視されるようになっていました。スハルト体制崩壊とともに民主化と地方分権の試行錯誤がはじまり、二〇〇〇年代半ばに地方分権的民主制に辿り着きました。そのときまでには、アル・カイダと連携したジャマア・イスラミアのテロ、マルク、ポソの宗教紛争、アチェの内戦なども経験し、地方自治体首長公選制導入等を契機として、アイデンティティの政治が地方政治に封じ込められ、経済成長の政治とインドネシア国家の統一維持を国策の課題とする国民的合意が再び成立したと言えます。

スハルト体制崩壊からすでに一七年、総選挙は四回、大統領直接選挙も三回、平穏に実施され、インドネシアではすでに民主主義は定着したといってよいと思います。しかし、それでも、スハルト大統領の時代を覚えている人たちの中には、スハルト大統領と比較して、「……は」という評価をする人も少なくありません。二〇一四年の大統領選挙で、スハルトの元娘婿で、かつて一九九〇年代に陸軍特殊部隊司令官、戦略予備軍司令官として「秘密戦」に辣腕を振るったプラボウォ・スビアントが有力な大統領候補となったのも、これが一つの理由です。かれは「決断できる政治」を訴えました。しかし、インドネシア国民はジョコ・ウィドドの「きれいな政治」を選択しました。では、新政権はどんな政権か。それはインドネシアの現下の課題にどう取り組もうとしているのか。以下、簡単に述べておきます。

「中所得国の罠」への対応と領海の管理

第一の課題は経済です。インドネシア経済は大きな転機を迎えています。二〇〇八年の世界金融危機以降、インドネシアは、アメリカの量的緩和政策と、石炭、パーム油など一次産品輸出のブームに乗って、高い経済成長を享受しました。しかし、米連邦準備理事会（ＦＲＢ）の量的緩和政策はすでに終了に向かっていますし、中国経済の減速に伴い、一次産品価格も低下しています。一方、インドネシアの一人当たり国内所得はすでに二〇一二年に三五〇〇ドルを超え、これからは、いかにして「中所得国の罠」に陥ることなく経済成長を続けていくかが大きな課題となります。そのためには、電力、道路、港湾、空港等のインフラ整備と規制緩和、中小企業育成・イノベーション、人材育成などによって、新しい成長モデルをつくっていかなければなりません。

もう一つの課題は外交・安全保障です。アジア太平洋の力のバランスは急速に変わっております。スハルト時代、インドネシアの安全保障上の課題は国内治安維持でした。しかし、現在では、分離独立運動はほぼ沈静化し、イスラーム主義武闘派のテロ活動も、イスラーム国（ISIS）参加者が将来、帰国して、なにをするかは大きなリスクですが、いまのところ、警察力で封じ込められています。その一方、南シナ海における中国の大国主義的行動もあって、世界最大の島嶼国家であるインドネシアでもようやく、領海の実効的管理達成が大きな課題となっています。

インフラ整備・海洋大国構想・製造業振興

では、新政権はこうした課題にどう取り組んでいるのか。第一はインフラ整備です。新政権は燃料費補助金削減を決定し、補助金は二七六兆ルピアから八一兆ルピアに減額されました。一〇〇ルピア＝一円として、約二兆円の燃料費補助金が節約できたことになります。新政権はその四分の三（約一・五兆円）をインフラ整備に投資し、残りの四分の一（約〇・五兆円）をセーフティ・ネット構築に投入することにしました。この結果、インフラ整備については、ユドヨノ大統領時代よりはインフラ投資の資金的手当ができることになりました。しかし、インドネシアでは、これから五年で、およそ五〇兆円のインフラ資金を要すると言われており、そのうち政府が手当できるのは一五兆円、三五兆円はどこか別のところから手当しなければなりません。その答えはまだ出ていませんが、中国の経済協力に大きな期待があるのもこれが理由です。また、燃料費補助金削減が決定されたことで、インドネシアのマクロ経済安定ははるかに見通しが良くなりました。しかし、インフラ整備の優先順位をどうするか、ジャカルタの都市交通インフラか、全国主要都市の生活インフラか、ジャカルタ周辺の産業インフラか、ジャワの港湾整備か、「外島」の港湾整備か、どの地域でどんなインフラ案件にどれほどの資金を投入するか、これをそもそもどのような政策枠組みで決定するのか、これはたいへんな問題ですが、現在のところ、きわめて不透明なままになっております。また、インフラ整備事業において中国の経済協力がきわめて重要なことに疑いありませんが、すでに中国人フィクサーが蠢いており、いつ大きなスキャンダルがおこっても驚きではありません。たとえば、国民民主党党首のスルヤ・パロは、現在、メガワティと並ぶ政治ボスですが、かれは中国人ビジネスマンのサム・パという人物と組んで、手広くビジネスをやっております。サン・パは、伝えられるところでは、ジンバブエ、ベネズエラ、アルゼンチン、ギニア、タンザニア、マダガスカルなどに石油・鉱山利権をもち、ジンバブエではムガベ大統領の秘密警察と合弁会社を経営し、マダガスカルではクーデター直後に二〇〇億ドルの投資契約を締結、李克強首相のアンゴラ訪問（二〇一四年五月）に先立ち、インフラ整備、資源調達などの経済協力案件をまとめています[12]。

第二は海洋大国構想です。すでにアブドゥルラフマン・ワヒド大統領の時代から言われていたことですが、インドネシアは世界最大の領海をもつ海洋大国です。ところが、現在、インドネシア政府関係者の言うところでは、どれほど根拠のある数字であるかは別として、水産資源の九割は外国の密漁船に「盗まれている」といいます[13]。ジョコ・ウィドド大統領は、領海を実効的に管理し、港湾を整備し、海運を充実させ、水産業、造船業を振興し、海底資源開発を推進する、といいます。大統領はこの構想にかなり力を入れており、これまで調整大臣は政治安全保障、経済、社会福祉担当の三ポストだったところ、今回、新しく海洋問題担当調整大臣を任命しました。しかし、これはいまのところ、プラスというより、マイナスに作用しており、たとえば、港湾整備等のインフラ整備は海洋担当調整大臣の所掌、道路、鉄道等の交通インフラ整備は経済担当調整大臣の所掌となると、この調整はどうなるのか、こういうごく基本的なところで問題が生まれているのが現状です。

また、大統領に外交・安全保障政策の経験が全くなく、大統領に常任の安全保障担当補佐官がいないこともあって、海洋問題、特に密漁の問題が外交問題になる可能性もあります。その一例は拿捕した外国籍漁船の処分です。詳細は省きますが、新政権発足以来、最初の半年で、ベトナム、タイ、マレーシア、中国籍等の拿捕された密漁船が大統領命令で撃沈されました。この結果、ASEAN諸国首脳の新政権に対する信頼がかなり揺らいでいるのではないかと懸念されます。たとえば、二〇一四年五〜七月、南シナ海における中国の国有企業の海底資源探査をめぐって中国とベトナムが対立したとき、ベトナムのズン首相は隠密裡にユドヨノ大統領を訪問し、この問題の平和的処理について、仲介を依頼しました。ユドヨノ大統領とズン首相の間に信頼関係があったためです。しかし、こういう信頼関係はジョコ・ウィドド大統領とズン首相にはおそらくありませんし、もっと悪いことに、新大統領はそういう信頼関係の重要性すらまだ理解していない可能性があります。

第三は製造業振興、その一環としての資源輸出から資源加工輸出への転換と科学技術イノベーション振興、高等人材育成です。これはすでにユドヨノ大統領時代にはじまっております。近年、インドネシアの経済成長率は四パーセント台まで落ちており、経常収支も赤字になっています。中国経済が減速し、一次産品価格が下がり、一次産品の輸出が伸びないために貿易収支が入超となり、サービス収支も赤字基調のため、貿易収支の赤字が拡大すると経常収支の赤字も拡大する、こういう悪循環のためです。対応策は製造業、イノベーション、輸出振興しかありません。そのため、一方では、日本企業の直接投資に大きな期待が寄せられるとともに、他方では、資源輸出から資源加工輸出、つまり、資源を加工し、もっと付加価値を付けて輸出する、そういう方向に動こうとしています。しかし、これは相手のあることで、これがどれほど期待通り順調に進むか、まったくわかりません。また、科学技術イノベーション振興と高等人材育成のために、今回、教育省から高等教育部門が切り離され、科学技術担当国務大臣の所掌と合わせて、新しい省が設立されました。しかし、これもいまからの話です。

こうしてみれば、インドネシアの国家戦略は、ジョコ・ウィドド大統領指導下、基本的に「経済成長の政治」（インフラ整備、製造業振興、資源輸出から資源加工輸出へ、科学技術イノベーション）と海洋国家構想を車の両輪としている、と言ってよいと思います。しかし、インドネシアの政治システムは弱い大統領と強い議会、弱い中央政府と強い地方自治体を特徴とし、大統領の思い通り国政が運営されるわけにはいきません。しかも、現大統領は自分の政党を持たず、メガワティ元大統領に言わせれば、ジョコ・ウィドドは民主党闘争派の「一党員」にすぎません。そういう人物が、インドネシア政治のシステム的特性、自分自身の政治的ハンディキャップを克服し、どれほど強力な政治指導を行うことができるか、国家戦略の方向が大きく転換するといったリスクはひじょうに小さい一方、政治が漂流し、大統領への期待がしだいに萎んでいく可能性も十分あります。

8 マレーシア

マレー人・華人・インド人

インドネシアは、複合社会（plural society）、つまり、民族的、宗教的にきわめて多様な社会ですが、そういう社会的亀裂を「管理」するために政治システムをどう設計するかという問題に試行錯誤をくり返し、スカルノ時代のイデオロギーの政治、スハルト時代の中央集権的権威主義の政治を経験して、結局、地方分権的民主制に辿り着き、やってみるとアイデンティティの政治は地方政治に封じ込まれることになりました。マレーシアの場合はこれとは逆で、マラヤ独立に先立ち、マレー人コミュニティ、華人コミュニティ、インド人コミュニティを代表する三政党が取引し、この「グランド・バーゲン」で「多極共存型民主主義」が採用されました。この体制とその下で一九七〇年代から実施された事実上のマレー人優先政策（ブミプトラ政策）が一九九七~九八年の東アジア経済危機を契機にしだいに行き詰まっている、それがマレーシア政治の現状です。

では、どうしてこういうことになったのか。それにはマレーシアの政治を歴史的に振り返って見る

表3-10　マレーシアの貿易

	1996年		2000年		2010年		2013年	
貿易額（100万USドル）								
総輸出	78,214	比率（%）	98,154	比率（%）	198,748	比率（%）	228,392	比率（%）
1 シンガポール	16,018	20	18,050	18	26,544	13	31,912	14
2 中国	1,882	2	3,028	3	24,912	13	30,711	13.4
3 日本	10,498	13	12,780	13	20,782	10	25,328	11.1
4 アメリカ	14,251	18	20,162	21	18,987	10	18,474	8.09
5 タイ	3,207	4	3,550	4	10,587	5	12,674	5.55
6 ホンコン	4,607	6	4,440	5	10,088	5	9,898	4.33
7 オーストラリア	1,217	2	2,426	2	7,472	4	9,238	4.04
8 韓国	2,386	3	3,235	3	7,555	4	8,292	3.63
9 インド	1,209	2	1,925	2	6,517	3	8,175	3.58
10 インドネシア	1,219	2	1,707	2	5,616	3	10,500	4.6
総輸入	78,458	比率（%）	82,205	比率（%）	164,735	比率（%）	206,118	比率（%）
1 中国	1,876	2	3,237	4	20,682	13	33,740	16.4
2 シンガポール	10,475	13	11,763	14	18,761	11	25,504	12.4
3 日本	19,241	25	17,331	21	20,726	13	17,899	8.68
4 アメリカ	12,133	15	13,668	17	17,526	11	16,186	7.85
5 タイ	2,594	3	3,176	4	10,263	6	12,281	5.96
6 インドネシア	1,426	2	2,269	3	9,151	6	8,879	4.31
7 韓国	4,070	5	3,663	4	8,933	5	9,725	4.72
8 ドイツ	3,905	5	4,611	6	7,422	5	9,990	4.85
9 ホンコン	3,351	4	2,441	3	6,648	4	7,278	3.53
10 オーストラリア	2,210	3	1,593	2	3,184	2	5,242	2.54

必要があります。マレーシアでは一九六九年の「人種暴動」以来、「民族間の平和」（ethnic peace）を大義名分として、国民戦線（Barisan Nasional, BN）を与党連合とする体制が続いております。東アジア経済危機以前の一九七〇～八〇年代には、BNが憲法改正に必要な国会議席の三分の二を掌握し、さらにBN議席の三分の二を統一マレー国民組織（UMNO）が掌握することで、UMNOが事実上、マレーシアを

支配しました。ＵＭＮＯがマレーシア政治を領導し、民族間の社会経済格差解消を国策の最重要課題として、新経済政策とその後継の国家開発政策によってマレー人の社会経済的地位を改善し、国家主導の経済政策、教育政策によってマレー人中産階級を創出する、それが基本的な戦略でした（Khoo 2006：178）。これは、かなりの程度、成功したと言えます。マレー人の株式所有比率は一九七〇年の二・四パーセントから一九九〇年の一九・三パーセント、製造業部門におけるマレー人の雇用比率は二一・二パーセントから四四・〇パーセントへ伸びました（金子 2011：77）。

マハティール時代――工業化とイスラーム復興

その結果、マレーシアの政治経済は、マハティール首相時代（一九八一～二〇〇三年）に大きく変容します。マハティールはマレーシア株式会社（Malaysia Inc.）の名の下、日本企業、韓国企業と合弁会社を設立し、重工業育成に乗り出します。また、投資を自由化し、これが折からのプラザ合意（一九八五年）以降の日本企業の海外進出と相俟って、一九八〇年代後半から一九九〇年代後半にかけて、マレーシアの工業化をもたらします（Khoo 2006：182-183）。さらに、一九九〇年頃から、国有企業の民営化によって、マレー人ビジネス・エリートが創出されます。

マレー人中間層の台頭とマレーシア社会の中産階級化はマレーシア政治を大きく変容させます。その一つは、ＵＭＮＯがしだいにビジネス志向を強めていったことです。本来、ＵＭＮＯの社会的支持基盤は、農民、小学校の先生、公務員などにありました。たとえば、一九八一年の党大会では、代議員の四〇パーセントは小学校の先生でした。しかし、一九八〇年代末になると、企業経営者・実業家がＵＭＮＯの主要支持勢力になります。一九八〇年代後半、マレー人口に占める企業経営者・幹部の割合は一・四パーセント程度ですが、こういう人たちがＵＭＮＯ代議員の二五パーセントを占めるようになり、一方、学校の先生、公務員の割合は一九パーセント、二三パーセントにまで落ちます（鳥居 2001）。マハティールの国有企業民営化政策、公共事業、民業活用のインフラ整備事業はＵＭＮＯのビジネス志向をさらに促進します。ＵＭＮＯはその社会的支持基盤培養のために党員に利権を分配します。マレー系企業の経営者・幹部は公共事業、民活のインフラ整備プロジェクトなどの受注のためにＵＭＮＯに参加し、カネをばらまき、中央、地方の党の重要ポストを占めようとします。こうして、ＵＭＮＯは、ときとともに、壮大な利権分配のマシーンになっていきます。

もう一つはマレー人コミュニティ、特にマレー人中間層におけるイスラーム復興です。一九七〇年代以降、世界各地のムスリムの中にはますます敬虔なムスリムとなる人たちが増えています。こうした一般民衆の日常生活に浸透したイスラーム化現象は一般に「イスラーム復興」と呼ばれます。イスラーム復興は、最近、世界的にきわめて重要な政治的潮流となっているイスラーム主義は違います。大塚和夫の要領の良い整理に従えば、イスラーム主義はイスラーム国家建設をめざす政治的イデオロギーです。これに対し、イスラーム復興は、日常生活の中でイスラーム的と認識される象徴や行為が以前よりも顕在化し、ムスリムの生き方のさまざまな側面により大きな影響を及ぼすようになる現象を指します（大塚 2000）。したがって、イスラーム復興と捉えられる現象には、急進的なイスラーム主義運動、あるいは組織的な政治活動ばかりでなく、社会全体というより個人の救済のための宗教行為の強化といった現象もふくまれます。こうしたイスラーム復興の現象は、たとえばヴェール着用者の増加傾向によって示されます。イスラーム世界では、エジプトでもマレーシアでもインドネシアでも、一九八〇年代以降、特に都市の比較的若く高学歴の女性の中で、ヒジャーブ（ヴェール）などを着用する人たちが増加しました。こういう人たちの中には急進的イスラーム主義に同調する人もいれば、そういった運動に距離をおく人たちもいますが、ヴェール着用は、祖母や母の時代の慣習への単純な復帰ではなく、むしろ優れて現代的現象です。現代のムスリムは、異教徒の存在はもとより、ムスリムであっても自分たちとは異なる信仰をもつさまざまの人たちのいること、ムスリムにもさまざまな人のいることをよく知っています。そういう人たちとの対照を通して自分や周囲の人たちの信仰を反省的に再認識する、そして自分たちの信仰から少し距離をとり、これを反省的思考の対象とする、そうした手続きの結果として「イスラーム的」なものを自覚的に選び取る、それがイスラーム復興現象の基底にあります。マレーシアでは、こうしたイスラーム復興の動きが、マレー語教育、イスラーム教育を受けたマレー人だけでなく、英語教育を受けたマレー人の間でも広がっていきます。UMNOはこうした動きを取り込むため、マレーシア・イスラーム青年運動（ABIM）指導者のアンワル・イブラヒムを党に迎え、アンワルは党内で急速に力をつけて、一九九三年には副首相に任命されます。

こうしてUMNOは一九八〇～九〇年代、マレー人の経済的利益とマレー人のイスラーム・アイデンティティの擁護者として、その支配の正統性を調達することになります。一九九三〜九八年、いまから振り返ってみれば、マハティール首相の絶頂期、マハティール首相とアンワル・イブラヒム副首相のコンビは、こうしたUMNO指導下のマレーシア政治の成功を象徴するものでした。日本企業の直接投資もあってマレーシア経済は順調に成長し、国際環境も安定していました。マハティール首相は「ルック・イースト」政策によって日本、韓国との関係を強化し、東アジア経済グループ（EAEG）の結成を提唱します。また、一九九一年には「ヴィジョン 2020」を発表し、国家開発政策を開始します。マレーシア経済を二〇年間、年平均七パーセントで成長させ、二〇二〇年までにマレーシアを先進国の仲間入りさせる、また、それまでに、マレーシア国民意識に根差した国民国家を建設する、それが目標とされます。国家開発政策は、それまでの新経済政策と同様、民族間の社会経済格差是正を目標とし、Malaysia Inc. の「先兵」としてマレー系のビジネスを育成する一方、投資の自由化をさらに進め、多国籍企業の直接投資、機関投資家のポートフォリオ投資を歓迎します（Khoo 2006：186）。また、大学教育を自由化し、一九九〇年代半ば以降、私立大学の設立を認めるようになります。

東アジア経済危機と政治の漂流

そういうときに一九九七〜九八年の東アジア経済危機がおこり、それとともに与党連合BNの支配、その下における民族間の社会経済格差是正を大義名分とするブミプトラ政策、つまり、事実上のマレー人優先政策、マレー人ビジネス・エリート育成政策はシステム的危機に陥ります。一九九〇年代、アンワル・イブラヒムとかれを支持するＡＢＩＭの活動家、企業経営者、実業家は、ＵＭＮＯ党内でしだいに力をつけました。しかし、それでも、ＵＭＮＯ内で利権をどう分配するか、その最終的決定はマハティール首相が掌握していました。これはかなりの程度、世代対立でした。そういうところで、マハティールとアンワルは、東アジア経済危機に対する対応策をめぐって、対立します。東アジア危機は一九九七年七月、タイではじまり、韓国、インドネシアに伝染し、一九九八年に入ってマレーシアにも伝染します。マレーシア・リンギットの対ドル・レートが下落し、ドル建て資金を国際市場から借りていた企業が債務危機に陥り、資産価格が下がり、株式市場が崩落し、経済は深刻な不況に落ち込みます。アンワルはＩＭＦと連携し、金利を上げ、市場自由化、金融セクター改革、ガバナンス改革、つまり、一言でいえば、マハティールの Malaysia Inc. の解体によって、危機の克服をめざします（Khoo 2006：187）。アンワルは、一九九七年後半、副首相兼財務大臣として、高金利政策と緊縮財政を宣言し、これが多くのマレー系企業を経営破綻の危機に追い込みます。一方、マハティールは、財政出動で経済を浮揚し、経営破綻の危機に直面したマレー系企業を救済することで危機に対応しようとします。それが、一九九八年一月、首相府に設立された国家経済行動評議会（ＮＥＡＣ）の対応策になります。

こうして、マレーシア政府は東アジア危機のさなかに分裂します。アンワルは一九九八年のＵＭＮＯの党大会でマハティールに挑戦し、総裁選を争います。しかし、アンワルはこの選挙でマハティールに敗れ、マハティールは一九九八年九月にはアンワルを副首相・財務大臣から解任し、資本規制と固定為替制度の導入によって危機に対応します。金融緩和と財政出動によって経済の浮揚が試みられ、マレー系企業は資本注入、国有化等によって救済されます。日本政府も「宮澤資金」の提供で、マレーシア政府を支援します。こうして一九九九年後半まではマレーシアは貿易黒字によって十分な外貨準備を積み上げ、マレーシア経済も回復しはじめます。マハティールはMalaysia Inc. の救済に成功します。しかし、アンワル・イブラヒムの失脚、逮捕、投獄はマレー人コミュニティに分裂をもたらします（Khoo 2006：189-190）。

こうしてマレーシア政治の漂流がはじまります。ＵＭＮＯは分裂し、アンワルの支持基盤だったＡＢＩＭ、さらには一九八〇〜九〇年代に各地に設立された非マレー系のＮＧＯなどを基礎に、国民正義党（Keadilan）が結成されます。国民正義党は、それまでマレー人コミュニティではほとんど争点にならなかった人権、公正、正義、民主化といった問題を取り上げ、政府に対する抗議運動を展開します。また、マレー人中間層を中心としてマレー系のＮＧＯも活発に活動するようになります。さらに、民族横断的な野党連携の動きも出てきます。一九九九年一二月の選挙をめざして、マレー系の汎マレーシア・イスラーム党（ＰＡＳ）、国民正義党、マレーシア人民党、非マレー系の民主行動党（ＤＡＰ）が野党連合（Barisan Alternative）、あえて訳せば「もう一つの選択肢」戦線となるでしょうか、民族横断的な野党連合を結成します。一九九九年の選挙では与党連合が勝利します。マレー人の票はＵＭＮＯから国民正義党とＰＡＳに流れましたが、マレー人コミュニティの分裂による政治の不安定化を懸念した華人とインド系住民が与党連合に票を投じたためです（金子 2011：82）。

野党連合は、九・一一同時テロの衝撃下、イスラーム主義政党のＰＡＳと民族間の平等を訴える華人主体のＤＡＰの対立が激化し、一年半で空中分解します（金子 2011：83）。おそらくこれが引け時と見たのでしょう、マハティールは二〇〇三年一〇月に首相の座を降り、アブドゥッラ・バダウィが首相になります。バダウィは開かれた自由な政治を志向し、かれの下で、非マレー系住民も、民族間の平等、つまり、事実上のマレー人優先政策の撤廃を公然と提起するようになります。また、ＰＡＳとＤＡＰの提携がアンワルの仲介で修復され、アンワルの国民正義党（ＰＫＲ）とＰＡＳとＤＡＰの主要三党による野党連合が結成されます。国民正義党は一九九九年選挙ではまだ圧倒的にマレー系の政党でした。しかし、二〇〇八年選挙では、多くの非マレー系候補を立て、マレー系政党の枠を超えて、名実ともに、多民族政党として登場します。その背景には一九九九年選挙以来、野党勢力を支えてきたＮＧＯの幹部が多数、国民正義党から立候補したこともありますが、基本的には金子芳樹の指摘する通り、「市民社会の成熟」のもたらしたものと言えます。こうして二〇〇八年選挙では、野党連合が善戦し、与党連合は連邦議会でも州議会でも議席を大きく減らします。与党は連邦議会選挙では憲法改正に必要な下院議席の三分の二のラインを割り込みます。一方、野党は一三州中、五州で与党となります。マレーシア政治は一気に流動化します。華人、インド系住民の票が与党連合から野党連合に流れたためです（金子 2011：89）。

しかし、それでも、ＵＭＮＯを中心とする与党連合は、ブミプトラ政策、つまり、事実上のマレー人優先政策、マレー系ビジネス優先政策をやめるわけにはいきません。マレーシアの代表的経済学者のモハメッド・アリフが指摘する通り、マレーシアは、東アジア経済危機以降、グローバル化する世界経済の中でどのような位置を占めるか、新しいモデルを模索しています。かつて民族間の社会経済格差の是正が大きな課題であったとすれば、現在では、それ以上に、各民族内における社会経済の是正が大きな課題になっています。また、マレーシアの潜在成長率は一九八〇年代末の七・五パーセントから二〇一〇年代には五・五パーセントに下がり、二〇二〇年に先進国入りをするというヴィジョンの達成も怪しくなっています。非効率的なマレー系企業が優遇されているからです（Mohamed Ariff 2012 : 17-23）。マレーシア政府のテクノクラットにもこれはわかっています。しかし、ブミプトラ政策の撤廃はＵＭＮＯを中心とするＢＮの与党連合そのものの崩壊をもたらすため、われわれはシンガポール政府とは違う、われわれは「民族の平和」（ethnic peace）のため「セカンド・ベスト」の政策をとるといいます。

ブミプトラ政策の行き詰まりは明らかです。外国からの直接投資も、二〇〇〇年代に入り、東アジア経済危機以前の前年度比九パーセントから四〜五パーセント台の伸びにまで減速しています（Mohamed Ariff 2012 : 21）。華人、インド系住民のフラストレーションも高まっています。その一つの表れが頭脳流出です。華人、インド系住民は、若く野心的で優秀であればあるほど、国外に留学し、卒業しても戻ってきません。シンガポール政府もそれをよく理解して、奨学金を提供し、若い優秀なマレーシア人を引き抜いています。しかし、それでも、与党連合はブミプトラ政策をやめるわけにはいきません。二〇一四年の選挙では、こうした政治の行き詰まりが見事に露呈しました。選挙は、与党連合が二二二議席、野党連合が一三三議席を得て、与党連合の勝利となりました。しかし、得票率を見れば、与党連合四七・三八パーセント、野党連合五〇・八七パーセントで、選挙区割が与党連合に有利なため、与党連合が勝利したにすぎません。

先進国への道

マレーシアの一人当たり国内所得は二〇一四年で一万八〇〇〇ドル、二〇二〇年の先進国入りの夢が達成できるかどうか、微妙になっています。世界的な頭脳循環の中、マレーシアは若く優秀な華人、インド系の人たちを政策的に失っています。その一方、マレー人は、それほど努力しないでも、いずれ政府、企業の幹部になると思っています。そういう「甘え」の構造の中で、与党連合としてはもちろんブミプトロ政策をやめるとは言えません。また、UMNO自体、とっくに壮大な利権分配のマシーンとなっています。それがどれほど腐っているかを見るには、ナジブ首相の七億ドルに達する公金横領疑惑を見れば十分です(14)。ブミプトラ政策の行き詰まる中、政府がなにもせずに、ただ、漂流しているとは言いません。TPPに参加し、外圧によって、マレーシアの産業構造を改革する、シンガポール経済の外延的拡大によってジョホールの経済を発展させる、マレーシアをイスラーム金融のハブとする、そういった手は次々と打っております。しかし、本手は打てない、それがマレーシアの現状です。

9　フィリピン

コラソン・アキノの改革——ピープル・パワー

では、フィリピンはどうか。インドネシアとマレーシアでは一九九七〜九八年の東アジア経済危機が歴史の大きな転機になりましたが、フィリピンでは、転機は一九八三〜八六年のマルコス体制下の危機にあり、いまから振り返ってみれば、一九八〇年代、マルコスとその後継者のコラソン・アキノの行った決定が、現在に至るまで、フィリピンの政治経済の大きな枠組みを決めていると言えます。

マルコスは「中央からの革命」を訴え、一九七〇年代、開発主義体制の編成と上からの国家建設に乗り出しました。一九七〇年代、フィリピン経済は年平均六・二パーセントの成長を達成し、マルコスの「中央からの革命」はそれなりにうまく行きました。しかし、一九八〇年代はじめまでに、フィリピン経済はきわめて深刻な危機に陥ります。ドル建て債務が一九七六年の五一億ドルから一九八一年の一四八億ドルと膨らむ一方、アメリカ連邦準備制度（FRB）の一九七九年の金融政策の転換で公定歩合がはね上がり、多くのフィリピン企業が債務危機に陥ったためです。一九八三年にはベニグノ・アキノ上院議員暗殺でこれに政治危機が付け加わります。こうして一九八三〜八五年、フィリピンはきわめて深刻な政治経済危機に陥り、政府は一九八四〜八五年、数度にわたってフィリピン・ペソを切り下げ、関税を引き上げ、輸入の抑制と資本流出の防止を試みますが、効果はありません。一

表3-11　フィリピンの貿易

	1996年		2000年		2010年		2013年	
貿　易　額（100万USドル）								
総　輸　出	20,562	比率(%)	38,216	比率(%)	51,432	比率(%)	53,978	比率(%)
1 日本	3,668	18	5,609	15	7,827	15	11,423	21.2
2 アメリカ	6,966	34	11,406	30	7,568	15	7,832	14.5
3 中国	328	2	663	2	5,702	11	6,583	12.2
4 シンガポール	1,224	6	3,124	8	7,331	14	4,014	7.44
5 ホンコン	868	4	1,907	5	4,334	8	4,418	8.18
6 韓国	371	2	1,173	3	2,228	4	3,126	5.79
7 オランダ	1,115	5	2,982	8	2,429	5	1,692	3.14
8 ドイツ	847	4	1,329	3	2,657	5	2,167	4.01
9 タイ	780	4	1,206	3	1,784	3	1,936	3.59
10 台湾	661	3	2,861	7	1,752	3	1,801	3.34
総　輸　入	31,867	比率(%)	34,491	比率(%)	60,193	比率(%)	68,014	比率(%)
1 アメリカ	6,243	20	6,413	19	6,452	11	7,358	10.8
2 日本	6,916	22	6,511	19	7,422	12	5,739	8.44
3 中国	653	2	786	2	5,070	8	8,837	13
4 シンガポール	1,689	5	2,325	7	5,703	9	4,650	6.84
5 台湾	1,582	5	2,255	7	4,045	7	5,367	7.89
6 韓国	1,643	5	2,754	8	4,210	7	5,280	7.76
7 タイ	575	2	879	3	4,253	7	3,719	5.47
8 サウジアラビア	1,630	5	1,048	3	2,648	4	3,111	4.57
9 インドネシア	0	0	693	2	2,459	4	2,980	4.38
10 マレーシア	792	2	1,307	4	2,682	4	2,517	3.7

方、アキノ暗殺以降、政府に対する抗議行動はマニラの中間層から上層に拡大し、地方では共産党のゲリラが勢力を拡大します（白石 2000：169-171；Raquiza 2011：40-41）。

スハルト体制下のインドネシアの支配エリート、タイの旧勢力、ミャンマーの支配勢力、これらはすべて国家機構、特に軍にその権力基盤をもっております。したがって、エリートの周流にもそれ特有のリズムがあります。軍人、官僚が年とともに昇進し、要職を務め、やがて退官していく、このリズムにしたがってエリートの世代交代がおこり、実力者もこのリズムに乗って力を蓄え、やがて世代交代の中で消えていきます。しかし、フィリピンでは、支配エリートの権力基盤は国家機構の外にあります。その意味で、かれらは、各地に割拠し、国家機構から一定程度、自立した存在として、軍人、官僚のエリート周流のリズムとは無縁ですが、同時に、その故に、国の資源に自動的にアクセスすることもできません。そのためには、市長、州知事、議員、大臣などにならなければなりません。マルコスはこうした国家の資源へのアクセスと交換に、各地に割拠する実力者を「新社会運動」に組織し、封じ込め、その一方で、かれの信頼する軍人を、定年を超えても国軍枢要のポストに留め置き、テクノクラットと懇意の実業家を登用して、マクロ経済運営と個別開発プロジェクトの実施を図ろうとしました。しかし、アメリカの金融政策の転換でマルコスの試みた個別開発プロジェクトの多くが破綻し、マクロ経済安定が失われ、アキノ暗殺以降、政治経済危機が深刻化し、結局、国軍改革を訴える佐官級将校のクーデターが一九八六年のピープル・パワー革命をもたらします（白石 2000：169-171）。

民主制の復活と開発主義体制の解体

一九八六年革命で大統領に就任したコラソン・「コリー」・アキノには、二つ大きな課題がありました。民主制の復活と経済再建です。アキノ大統領は、革命後、直ちにマルコス体制の解体に取りかかります。新憲法を制定し、一九七三年の戒厳令発布以前の体制を復活させます。革命後、フィリピンでは左派ナショナリズムが昂揚し、上院はアメリカとの基地協定を批准せず、これが米軍のフィリピンからの撤収をもたらします。また、アキノ大統領は、開発主義体制の解体にも乗り出します。マルコス時代、かれの意を体して個別開発プロジェクトを担当した実業家たちは、それまでには、「クロニー」(crony)、つまり「親友、仲間、朋友」と呼ばれるようになっていました。アキノ大統領は、こうした大統領の身内、朋友が経済を牛耳る資本主義を「クロニー資本主義」(crony capitalism)と呼び、これがマルコス体制下の腐敗と経済危機の原因だったとして、かれらの支配下にあった企業を接収します。また、商工省を改組し、産業政策を担当した産業開発局(Bureau of Industrial Development)を廃止し、関税削減によって貿易自由化を推進します(Raquiza 2011：43-44)。こうして、フィリピンは、一九九〇年代はじめまでに、米軍基地撤廃と経済自由化に大きく舵を切ります。

もう一つ、フィリピン経済の特徴は送金の圧倒的重要性です。フィリピンでは、東南アジアの他の国々と違って、教育の拡大が一世代早くはじまり、これがフィリピン人の海外労働を促すというマルコスの決定と相俟って、フィリピン経済を東南アジアの他の国々の経済とは違う軌道に導いていきます。高等教育機関に学ぶフィリピン人学生の数は、一九七五年ですでに一〇万人当たり一八〇八人、これが一九八〇年には二六四一人、一九九五年には二七六〇人に達します。一方、タイでは、一〇万人当たりの高等教育機関の学生数は一九七五年で三一六人、一九九五年でも二〇九六人にすぎません(服部・船津・鳥居編 2002：299)。同時に、フィリピン経済は一九八〇年代には深刻な危機にあり、一九九〇年代にも低迷します。その結果、高等教育を受けた多くのフィリピン人の専門家(プロフェッショナル）、エンジニア、経営幹部、医者、看護師などが国外に職を求め、その数は二〇〇二年で七四〇万人、フィリピン人口の一〇パーセント、労働人口の二一パーセントに達し、送金額は七五億ドル、フィリピンの国内総生産（GDP）の九パーセントに達します。二〇一一年には、九五〇万人のフィリピン人（人口の一〇パーセント）が国外で働き、送金額は二三〇億ドルに達しました。また、現在では、フィリピン国民の二二五〇〜三五〇〇万人が送金に頼って生活しており、これが、東南アジアの他の国々と比較して、フィリピンの経済成長における消費の役割の大きさ（二〇一〇年で七二パーセント）を説明する理由ともなっています（Whaley 2012）。フィリピン経済を考える上で、国内総生産以上に国民総所得（GNI）が重要となっているのもこのためで、実際、一人当たり国民所得は二〇〇〇年の一二三七ドルから二〇一〇年には二八二九ドルに伸び、二〇一四年の一人当たり国内所得は二八六五ドルですが、一人当たり国民所得はインドネシアの一人当たり国内所得三五三三ドルを超えるはずです。

第二次産業の衰退と第三次産業の拡大

フィリピン政治経済の研究者の中には、フィリピンの政治体制は反開発主義体制（anti-developmental state）だという人も少なくありません。こういう人たちはフィリピンにおける第二次産業部門の衰退を問題視します（Bello, De Guzman and Malig 2004；Raquiza 2011：19）。これは、事実問題としては、確かにその通りで、フィリピン経済に占める第二次産業部門のシェアは一九八〇年の二六パーセントから二〇〇九年の二一パーセントと縮小しました。問題はこれがフィリピンの政治経済にとってどういう意味をもつかです。

教育の拡大と送金はフィリピン経済のサービス部門、特に小売りと金融と不動産開発の成長を促し、同時に、会計処理、法律業務支援、広告、コンピュータ・プログラミング、市場調査など、ビジネス・プロセス・アウトソーシング（ＢＰＯ）の拡大をもたらしています。フィリピンのコール・センター・ビジネスは年商一一〇億ドル、二〇一〇年には六八・三万人の雇用を生み、ＢＰＯはそれに続くビジネスとして成長しています（Whaley 2012）。

これがマニラの都市中間層の拡大をもたらし、政治における新しい動きを生み出しています。どういうことか、それには、近年、政治連合がどう形成されているかを見れば十分です。政治連合は大統領選挙のたびに形成されます。伝統的政治家、地方ボス、ＮＧＯ、ＰＯ（People's Organization）などがだれかを大統領候補に担いで連合し、その人物が大統領になると、これら実にさまざまの政治勢力に連なる人たちが政府に入り、政府省庁を自分たちの支配下に置き、かれらが良しとする政策を実施します。その結果、政府全体としては、政策の整合性、体系性、一貫性は失われます。また、大統領の政治的選択の幅も制限されます。しかし、それでも、省庁の中にはしっかりした政策をとるところもあり、大統領は連合維持のためにそうした政策にも資源配分を行います。この結果、政府のパフォーマンスは、どんな勢力がどの省庁を支配し、どんな政策を行うかによって、ひじょうにばらつきが大きくなります。

海外労働者が増加し、送金が国民生活にますます重要となり、サービス部門が拡大する、こういう社会経済的変化はエリートの周流にも大きな意味をもっています。二〇一〇年の大統領選挙は、ベニグノ・「ノイノイ」・アキノ三世とマヌエル・「マニー」・ヴィリアールの対決となりました。アキノは一九八三年に暗殺されたベニグノ・アキノ上院議員とコラソン・アキノ大統領の息子で、「きれいな政府」(clean government)を訴えました。ヴィリアールはマニラのスラム出身で、不動産開発、特に下位中間層向け住宅開発で財を成しました。マニラの不動産開発には、ある規模以上になると、上は大統領から下は市長、市会議員まで、政治家の介在なしに実行できません。その意味で、ヴィリアールにとって、政治とビジネスは同じことの両面で、かれは財を成すにつれて、政治エリートのインナー・サークルに入っていきました。アキノは三代に渉る旧家、英語で言えば old money (むかしからの金持ち)に属しますが、アキノは「きれい」で、ヴィリアールはおそらく「汚い」といっても、これは世代的なものにすぎません。重要なことは「きれい」「汚い」ではなく、かれらがいかにして財を成したかにあります。アキノ家はもうすでに国際競争力を失って久しい農業(砂糖プランテーション)で財を成しました。ヴィリアールは海外労働者の拡大、送金の増加、中間層台頭の波に乗って財を成しました。二〇一〇年の大統領選挙では、たまたま二〇〇九年にコリー・アキノが亡くなり、一九八六年革命の記憶が大衆的によみがえる中で、アキノが勝利しました。

アキノは大統領就任以来、汚職追放、高等教育拡大、インフラ整備に精力的に取り組み、国内総生産のおそらく一〇パーセントを超える送金でマクロ経済が安定する中、まさにマニラの中間層、海外労働者の期待する政策をとることで、フィリピン独立以来、もっとも評価の高い大統領となっています。また、社会的には、マニラの中間層は、かつてかれらにはとても行けなかったようなマニラの名門高校、大学に、こどもを行かせるようになっています。フィリピンの政治というと、すぐオリガーキー（寡頭制）といって、地方に割拠する地方ボス、伝統的政治家の領導する政治が想起されますが、実際には、ひじょうに静かに「社会革命」が進んでいます。フィリピン大統領の任期は六年で、そのため、六年、一二年の時間の幅で見ると、大統領の交代とともに、政権を支える政治連合も代わり、政府省庁の重要ポストを占める人たちも代わり、それとともにフィリピンの政治経済も変っていきます。二〇一六年には大統領選挙があります。だれが次の大統領になるかはわかりません。だれが、どのような政治連合の支持を受けて、次の大統領になるか、それによって、フィリピンの将来は大きく左右されます。しかし、同時に、大きな趨勢として、old money から new money へ、支配エリートの交代がおこり、海外労働と送金とＢＯＰビジネスに乗って台頭する中間層の政治的力が拡大していることはほぼ確実です。

東南アジア全体の概観

こうして見れば、東南アジアの現状と展望はおよそ次のようにまとめてよいと考えます。大陸部東南アジアでは、ベトナムの党国家体制とその国家戦略はひじょうに安定している。ミャンマーも二〇一五年から二〇一六年にかけて、選挙と政権交代を大きな混乱なく乗り切れば、政治的にはおそらく安定しているし、民政移管以降の国家戦略も継承される可能性が大きい。懸念されるべきはタイ政治の漂流で、長期的には、自由民主主義と市場経済の方向に動くと思いますが、一つの時代が終わるまで、政治の不安定は続き、そのリスクはしだいに大きくなっている。一方、島嶼部東南アジアでは、経済的には、フィリピンがもっとも安定的に成長軌道に乗っておりますが、安全保障においては、中国との関係をどう「管理」するか、ますます難しくなるはずです。インドネシアの新政権はなお「学習中」で、学習速度が遅いと、迷走し、国民的期待が萎えていく危険性もあります。マレーシアの与党連合BN体制とブミプトラ政策は行き詰まっていますが、近い将来、体制が転換するかといえば、なかなか難しいと言わざるをえません。

註

(1) タイの二〇一五年人口センサスの紹介としては、末廣（2015：25）を参照。
(2) 鳥居（2015：30）を参照。
(3) 鈴木（2015：38-39）を参照。
(4) 増原（2015：41-43）を参照。なお、付言しておけば、インドネシアは、地域的に見ると、宗教的にも、民族的にも、言語的にも、きわめて多様です。二〇一五年センサスでは、一〇〇万人以下の民族集団は、複数の集団を地域毎にひとまとめにするという分類方法が採用されているため、一〇〇〇以上の民族集団についで、これをていねいに数え上げた二〇〇〇年のセンサスを見ると、たとえば、北スマトラ州の人口は二〇〇〇年で一一五一万人、その民族別構成は、ジャワ人三七五万人（三二・六パーセント）、タパヌリ・バタック人一八三万人（一五・九パーセント）、トバ・バタック人一一二万人（九・七パーセント）、マンデイリン・バタック人九一万人（七・九パーセント）、ニアス人七三万人（六・三パーセント）、カロ・バタック人五九万人（五・一パーセント）、マレー人五七万人（五・〇パーセント）、アンコラ・バタック人三九万人（三・四パーセント）、その他一六三万人、宗教的には、イスラーム教徒七五三万人（六五・四パーセント）、カトリック教徒五五万人（四・八パーセント）、プロテスタント三〇六万人（二六・六パーセント）、ヒンドゥー教徒二万人、仏教徒三二万人（二・八パーセント）、その他二万人となっております。一方、中部ジャワとジョクジャカル特別州の人口は三四〇四万人、民族的にはジャワ人が三三三一万人（九七・九パーセント）、それ以外はスンダ人三四万人、華人一八万人、タパヌリ・バッタク人三万人、マレー人二万人、マドゥラ人二万人、その他一四万人、宗教的にはイスラーム教徒三二八〇万人（九六・四パーセント）、カトリック教徒五四万人、プロテスタント教徒五八万人、その他一一万人、北スマトラと比較して、はるかに均質な構成となっています。

（5）なお、ここで一つ注意すべきことは、バンコク首都圏では、センサス人口一四六三万人、住民登録をしている人口（登録人口）一一五六万人で、センサス人口が登録人口を三〇〇万人上回り、東部六県でもセンサス人口と登録人口の間に五九万人の差があるのに対し、東北部ではセンサス人口が登録人口を三九一万人下回り、また、北部では五二万人、南部でも五一万人下回っているということです。これは、多くの人たちが東北部などからバンコクと東部の工業地帯に住民登録を変更することなく移動していることを示します。国家経済社会開発庁（NESDB）の発表する一人当たり地域所得あるいは県別所得は、登録人口にもとづいて計算されています。これを居住地にもとづく実際の人口（センサス人口）で計算すると、二〇一〇年のバンコク首都圏の一人当たりGDPは四一・三万バーツではなく三二・六万バーツ、東北部のそれは四・四五万バーツではなく、五・二七万バーツになります。つまり、格差の実態は数字ほどではないということになります。

（6） Thitinan Pongsudhirak, "Thailand's Stunted Transition", www.project-syndicate.org/commentary/thailand-military-junta-shinawatra-by-thitinan-pongsudhirak-2015-05

（7） なお、国家改革評議会（NRC）は、二〇一五年九月六日、新憲法草案を否決し、これまで二〇一六年八～九月と予想されていた民政復帰は二〇一七年まで遅れることになりました（「『軍の強権』容認が争点に、タイ憲法草案否決」、『日本経済新聞』二〇一五年九月七日付）。

（8） 以下のミャンマー政治経済の分析においては、特に別途、参照文献を挙げない限り、以下の論考によります。工藤（2014a；2014b：2-5）、工藤・熊谷（2014：14-17）、梅崎（2014：18-21）を参照。

（9） 「ミャンマー与党シュエ・マン党首解任」ロイター、二〇一五年八月一三日付。

（10） 「サムスン、ベトナム投資を二四〇〇億円積み増し、スマホ用有機EL工場に」『日本経済新聞』二〇一五年八月一二日付。

（11） この時期の政治制度の改革については、松井・川村（2005：75-99）を参照。

（12） https://en.wikipedia.org/wiki/Sam_Pa

（13） "Indonesia's marine policy, Fishing trips, For the new administration, the path to prosperity is a watery one," Economist, Jan. 3, 2015, http://www.economist.com/news/asia/21637451-new-administration-path-prosperity-watery-one-fishing-trips

（14） 「マレーシア、ナジブ首相に公金横領疑惑、夫人にも疑惑浮上、国外逃亡の可能性も」『JBPRESS』二〇一五年七月一三日付、http://jbpress.ismedia.jp/articles/-/44270

第4章　アジア太平洋／東アジア／インド・太平洋と日本

これまで三回にわたって、アジア太平洋／東アジア／インド・太平洋の長期の趨勢、この地域の地政学的・政治経済学的構造、東南アジア諸国の国家戦略について話をしてきました。今回は最終回で、結論的に、「アジア太平洋／東アジア／インド・太平洋と日本」というタイトルで話をさせていただきます。

1　日本を取り巻く現状

安全保障をめぐる戦略

日本の最近の動きを整理しておきます。二〇一二年一二月に第二次安倍晋三政権が成立して二〇一五年八月で二年九カ月になります。この間、安倍政権はきわめて精力的に外交・安全保障政策に取り組んできました。これは、以下を想起すれば、十分と思います。

まず、日本の外交・安全保障政策の司令塔となる国家安全保障会議創設の関連法案が二〇一三年一一月に国会で成立し、一二月、国家安全保障会議（NSC）が設立されました。これは四大臣（首相、官房長官、外務大臣、防衛大臣）会合を中核とし、内閣官房にその事務局として六〇人のスタッフからなる国家安全保障局が設置されました。

次いで一二月一七日、政府は、国家安全保障会議と閣議で、「国家安全保障戦略」を決定しました。国家安全保障戦略の策定は日本でははじめてのことで、日本の国家安全保障戦略の基本的な考え方を理解する上で、この文書はひじょうに重要です。この文書は内閣官房のサイトにアクセスすればすぐ出て来ますので、ここでは要点をごく簡単に紹介しておきます。

その一つは、「国際協調主義に基づく積極的平和主義」の立場を維持し、「日米同盟を基軸」として、パートナー国との協力関係を拡大・深化させるということです。その際、「総合的な防衛体制の構築」としては、「統合運用」「柔軟かつ即応性の高い運用」が重要であり、また、いわゆる「グレーゾーン」への対応として、「領域警備に当たる法執行機関の能力強化や海洋監視能力の強化」を進め、「不測の事態にシームレスに対応できるよう、関係省庁間の連携を強化する」ことが謳われております。さらに、海洋安全保障については、「力ではなく、法の支配、航行・飛行の自由や安全の確保、国際法にのっとった紛争の平和的解決を含む法の支配といった基本ルールに基づく秩序」に支えられた「開かれ安定した海洋」の維持・発展に向けた日本の役割が重視されます。

もう一つは共助で、日米同盟については、「日米防衛協力のための指針」を見直し、弾道ミサイル防衛、海洋、宇宙空間、サイバー空間、大規模災害対応等、幅広い協力の強化が強調されます。また、パートナー国、特に「我が国と普遍的価値や戦略的利益を共有する、アジア太平洋地域の国々」との協力については、オーストラリアとの戦略的パートナーシップの強化、ASEAN諸国との「あらゆる分野における協力」の深化・発展、そしてインドとの戦略的グローバル・パートナーシップ、特に「海洋安全保障を含む幅広い分野」での関係が明記されています。さらに、中国とは、大局的かつ中長期的見地から「戦略的互恵関係」の構築に向けて取り組むとともに、地域の平和と安定と繁栄のために「責任ある建設的な役割を果たす」よう促し、力による現状変更の試みには「冷静かつ毅然」と対応していくとしています。[1]

政府はまた、一二月一七日の国家安全保障会議と閣議で、新たな防衛計画の大綱と中期防衛力整備計画（二〇一四〜一八年度）も決定しました。防衛大綱では新しい防衛力の概念として「動的防衛力」に代えて「統合機動防衛力」を打ち出し、多様な事態への機動的対処と陸海空の一体運用を重視しています。また、島嶼防衛のために、水陸両用の部隊「水陸機動団」を新たに編成し、東シナ海などでの警戒監視能力を高めるとします。[2]

さらに、二〇一四年四月には「防衛装備移転三原則」を閣議決定しました。これは「武器輸出三原則等」に代わるもので、これによって防衛装備の海外移転を認める条件が明示されました。この新方針は、外国との安全保障協力、平和貢献・国際協力に資するとともに、日本の防衛産業の維持・強化を図るものでもあります。誤解のないよう確認しておけば、旧三原則等で武器輸出を禁止してきた国への移転は、防衛装備移転三原則でも禁止されており、これまで例外的に移転を認めてきた案件について、これを「移転を認め得る場合」として正式に認めたということです。この新方針は「我が国と普遍的価値や戦略的利益を共有する」国々との安全保障協力、防衛協力に、予想した以上の効果をもったと思います。なお、これを受けて、二〇一五年六月には、国会で改正防衛省設置法が成立し、防衛装備庁が新設されることになりました。防衛装備庁は装備品の開発から取得、維持までを一元的に管理し、防衛装備の調達コストを抑えるとともに、防衛装備移転三原則に基づく防衛装備の輸出、国際的な共同開発・共同生産の推進を任務とすることになります(3)。

基本的論理を維持しつつ、憲法九条の解釈を変更

次いで、二〇一四年七月一日、政府は、閣議決定「国の存立を全うし、国民を守るための切れ目のない安全保障法制の整備について」によって、安全保障法制の整備を決定し、これにともない、安全保障の法的基盤の骨格をなす憲法第九条の解釈を、これまでの憲法解釈の基本的論理を維持しつつ、現在の安全保障環境に適応したかたちで、集団的自衛権について、見直すこととしました(4)。この解釈変更によっても、国際法の下で標準的に解釈される意味での集団的自衛権を日本も行使できる、ということにはなりません。憲法の基本的論理において認められる自衛権の行使とは、「わが国に対する急迫、不正の侵害に対処する場合」の実力行使は日本を防衛するための「必要最小限度」の範囲で憲法上許容されるもので、これまでは、集団的自衛権の行使はその「必要最小限度」を超えるものとして許容されないということでした。この解釈をきわめて限定的に変更し、集団的自衛権の行使も自衛

のための「必要最小限度」の実力行使であるとする、それが今回の変更です。また、これを受けて、二〇一五年八月現在、国会では、安全保障法制に関わる法案の審議が行われています。この法案は、日本の安全保障政策の根幹に関わり、この議論が最終的にどう落ち着くかは日本の安全保障にとっても、太平洋からインド洋に至る広大な地域の平和と安定と繁栄にとっても、きわめて大きな意義をもちます。

また、安全保障法制関連法案の国会提出に先立ち、「日米防衛協力のための指針」（ガイドライン）も改訂されました。これは二〇一二年一二月、安倍首相が小野寺五典防衛大臣に見直し検討を指示し、二〇一三年一〇月の日米安全保障協議委員会（日本の防衛大臣、外務大臣、アメリカの国防長官、国務長官）で作業がはじまり、二〇一五年四月に日米両政府で合意されたものです。ガイドラインは日本有事における共同対処（日米安保条約に基づく対処）をはじめとする日米協力について、大枠と方向性を示すもので、今回のガイドラインは二〇一三年の防衛大綱を踏まえています。そのため、今回のガイドラインは、「アジア太平洋地域およびこれを越えた地域が安定し平和で繁栄したものになる」よう、日米防衛協力の範囲を地理的にも分野的にも拡大し、宇宙、サイバー空間といった新しい領域における課題も対象とするものになっています。(5)

能動的／積極的平和主義——英語に訳せば同じ

このように外交・安全保障政策において次々と重要な政策が策定・実施されているのは、もちろん、安倍政権の功績です。しかし、同時に、こうした政策の多くがすでに長期にわたって懸案となっていたことも事実です。たとえば、一九八〇年代には、「能動的平和主義」が唱えられましたが、これは「積極的平和主義」と英語にすれば全く同じです。集団的自衛権の問題は一九九〇〜九一年の湾岸戦争のときすでに大きな争点となりました。また、安倍政権の策定・実施した政策の中に、民主党政権、特に野田政権の時代に、すでに手がつけられていたものも少なくありません。あるいは、もっと言えば、民主党には、自民党の歴代政権が、冷戦時代以来、国会答弁等で積み重ねてきた安全保障政策上の「縛り」がなかったため、党内を二分するような案件でない限り、比較的自由に安全保障政策についても政策形成のプロセスを動かすことができたということかも知れません。その一例が二〇一一年防衛大綱の「動的防衛力」[6]で、これは「基盤的防衛力」に代わる概念として打ち出され、冷戦終焉以来はじめて、日本をめぐる安全保障環境の変化に正面から対応しようとしたものです。「動的防衛力」は、二〇一三年の防衛大綱では、概念としては「統合機動防衛力」にとって代えられました。しかし、内容的には、「統合機動防衛力」は「動的防衛力」の発展形といえます。また、武器輸出三原則等の見直し、防衛装備移転三原則の策定に繋がる「防衛生産・技術基盤研究会」の報告書は、二〇一二年六月に防衛大臣に提出され、ここでは、日本の防衛産業・技術戦略として、国際共同開発・生産に参加することの重要性が指摘されています。[7]

アジア太平洋からインド洋に至る地域での協力

安倍首相はまた、首相就任以来、きわめて活発に首脳外交も行っています。東アジア、南アジア、オセアニアの地域だけを見ても、二〇一三年一月にベトナム、タイ、インドネシアを訪問し、そのあと五月にミャンマー、七月にマレーシア、シンガポール、フィリピン、一〇月にブルネイ、一一月にカンボジア、ラオスを訪問、一二月には東京で日本ＡＳＥＡＮ特別首脳会議を開催しました。また、二〇一四年には、一月にインド、七月にオーストラリア、ニュージーランド、九月にバングラデシュ、スリランカを訪問し、その間、四月にはトニー・アボット・オーストラリア首相、八月にはインドのナレンドラ・モディ首相が来日しています。

すでに述べたことですが、一九九七～九八年の東アジア経済危機以来、東アジアを中心とする地域協力の枠組みはしだいに拡大してきています。ＡＳＥＡＮ＋３（日本、中国、韓国）首脳会議は一九九七年にはじまりました。二〇〇五年にはＡＳＥＡＮ＋３にインド、オーストラリア、ニュージーランドを加えたＡＳＥＡＮ＋６で東アジア首脳会議が創設されました。二〇一〇年、ベトナムがＡＳＥＡＮ議長国のときには、ＡＳＥＡＮ＋６にアメリカとロシアを加えたＡＳＥＡＮ＋８の国防大臣会合が創設され、その翌年、二〇一一年には、アメリカ、ロシアも東アジア首脳会議に参加し、東アジア首脳会議はＡＳＥＡＮ＋８首脳会議となりました。つまり、別の言い方をすれば、一九九〇年代にはＡＰＥＣ（アジア太平洋経済協力）に典型的に見る通り、アメリカを主要プレーヤーとするアジア太平洋が地域協力の枠組みでしたが、一九九七～九八年の東アジア経済危機以降、「東アジア」共同体構築の名の下、アメリカをはずしたＡＳＥＡＮ＋３＝東アジアを枠組みとする協力が基調となりました。ところが二〇〇五年以降、「東アジア」の意味がしだいに拡張され、二〇一〇年以降はアジア太平洋からインド洋に至る広大な地域を指す「インド・太平洋」が地域協力の枠組みとなっています。

太平洋からインド洋に至る広大な地域には、プレーヤーとして、日本、アメリカ、中国も、韓国も、ＡＳＥＡＮの国々も、インド、オーストラリアもおります。この地域の地図を見れば直ちにわかることですが、この地域では、日本から台湾、フィリピン、インドネシアを経由してインドに至る横軸とインドネシアからオーストラリアに至る縦軸、この二つの軸によってＴ字型に地域の骨格がつくられています。また、その北にはアジアの大陸部があり、中国から南西に、ベトナム、ラオス、カンボジアからタイ、ミャンマー、バングラデシュを経由し、インドに至る国々が連なっています。安倍首相は政権成立以来、これらの国々をすべて訪問しました。

中国の「真珠の首飾り」戦略への対抗ではない

では、これにどういう意味があるのか。これは中国包囲網だ、中国の「真珠の首飾り」戦略への対抗だ、という人も少なくありません。中国は明らかにそう受けとめています。これは全くの誤りではありません。中国の軍事大国化と東シナ海、南シナ海における力による現状変更の試みは、日本もふくめ、周辺の国々に深刻な懸念を生んでいるからです。

しかし、これは、もっと大きなシステム的変化の一つの表れと考えた方がよいと思います。日本、アメリカ、島嶼部東南アジアの国々とベトナム、インド、オーストラリア、こうした国は中国の軍事大国化にさまざまに対応しています。その結果、特にだれかが「指揮」をしているということではなしに、シナジー効果として、大きな地域的連携が生まれつつあります。ＡＳＥＡＮ＋８を枠組みとする東アジア首脳会議はその一例です。もう一つの例はこの地域の安全保障システムの変容です。この地域では一九五〇年代以来、アメリカを中心とし、日米同盟、米韓同盟、米豪同盟など、バイ（二国間）の同盟関係の束として「ハブとスポーク」の安全保障システムが編成され、これが長い間、この地域の安定の基盤となってきました。これが近年、しだいにネットワーク化しています。アメリカの同盟国、パートナー国が、日本とオーストラリア、オーストラリアとインド、インドと日本、日本とインドネシア、あるいは日本とアメリカとオーストラリア、日本とアメリカとインドといったかたちで安全保障協力を強化しているからです。なぜか。この地域の力のバランスが急速に変化しているからです。

日米同盟の強化と国際社会の平和と安定

では、この地域の安定と平和と繁栄のために、日本はなにをすればよいのか。国家安全保障戦略は、これを、きわめて明快に「日米同盟の強化」「国際社会の平和と安定のためのパートナーとの外交・安全保障協力の強化」としてまとめており、そこでパートナーとして挙げられているのは、韓国、オーストラリア、ＡＳＥＡＮ諸国、インドです。安倍首相の首脳外交が示しているのは、こういったパートナー国のうち、特にインド・太平洋の骨格をなす国々との連携強化です。オーストラリア、インドは、アボット政権、モディ政権下、すでにその方向に動いています。ベトナム、フィリピンも、おそらくその方向に動いていくだろうと思います。インドネシアの新政権も、それが将来、どう政策に落とし込まれていくかはまだわかりませんが、「海洋軸」(maritime axis) 構想を提起しています。こうした地政学的連携はインド・太平洋の安定と連携に大きな意義をもち、また、アメリカのリバランシングとの組み合わせで、中長期的に、中国の海洋戦略の変更を促すものにもなりえます。なお、付言しておけば、これは、日本の安全保障にとって、朝鮮半島が重要でないということではありません。北朝鮮の核とミサイルは大きな脅威ですし、歴史的に見れば、朝鮮半島の不安定化は常に日本の安全保障上の脅威と受けとめられました。しかし、韓国では、朴槿恵大統領がアメリカの反対を押し切って中国の戦勝記念式典に出席することに象徴的に示されるように、いわば国民的ムードとして、アメリカ、中国との二国間関係さえうまく「管理」していれば、韓国の安全保障と経済的繁栄は確保できるといった大きな判断があるように見えます。外交・安全保障政策には常に相手があります。相手にその意思がないところではなにもできません。その結果、日本の地政学的まなざしは、しだいにアジア太平洋からインド洋に向けられるようになっている、ということだと思います。

TPP参加、AIIB不参加

また、安倍政権の対外経済政策を見ると、安倍政権は、日本・オーストラリア自由貿易協定を二〇一四年七月にとりまとめ、協定は二〇一五年一月に発効しました。二〇一三年七月にはTPP交渉に参加しました。また、それに先立ち、二〇一三年三月には、日本・EU経済連携協定の交渉開始を正式に合意しました。TPPと日本・EU経済連携協定は、アメリカとEUの環大西洋貿易投資パートナーシップ（TTIP）とともに、二一世紀の世界的な通商秩序の骨格をなすものです。さらに、日本は、二〇一五年六月には、中国主導で設立されたアジア・インフラ投資銀行（AIIB）に、当面、参加しない、と決定しました。これにはいろいろな理由があると思いますが、同時に、日本政府は、案件によっては、アジア開発銀行とアジア・インフラ投資銀行の協調融資を認めるとのことで、その意味では、日本政府はまだ、様子見、あるいは、もっとはっきり言えば、やらせてみたら、という立場と思います。

問題は、上に見たような外交・安全保障、対外経済政策が、全体として、日本の国家戦略にどんな意味をもっているのか、こうした政策によって日本の国家戦略、あるいはその基礎にある考え方にどういった変化が生じているのかにあります。

2　比較史的検討

大きな図体を持て余す日本

この問題をここでは比較史的に考えてみたいと思います。第二次大戦後、日本は、サンフランシスコ条約に署名し、日米安全保障条約を締結して、独立を回復しました。それ以降、一九五〇～六〇年代に、やがて「吉田ドクトリン」として知られるようになる国家戦略が制度化され、国民的合意となります。この見直しがはじまるのが一九八〇年代から一九九〇年代、首相でいえば、中曾根康弘首相（一九八二～八七年）から宮澤喜一首相（一九九一～九三年）にかけての時代です。それからすでに二〇年以上たちました。その間の歴史を振り返って見ると、アジア太平洋／東アジア／インド・太平洋と地域の枠組みが大きく変わる中、この地域における日本の位置も大きく変わったと言わざるをえません。以下、試みたいことは、さて、それでは、アジアはどう変化したのか、日本の位置はどう変化したのか、日本の国家戦略はそれにともない、どう変化しているのか、を考えることです。

一九八〇～九〇年代、これは日本の富と力がピークに達した時期ですが、この時期、日本が国家戦略上、どのような課題に直面していたかについては、すでに当時から、いろいろな論者が議論しています。たとえば、中曾根政権時代、宮澤喜一大蔵大臣の下で財務官（一九八六年六月～一九八九年七月）を務めた行天豊雄は、半ば回顧録ともいえる『円の興亡――「通貨マフィア」の独白』（朝日新聞出版、二〇一三年）で、かれが財務官を務めた時代の日本を次のように想起しています。

私が財務官をしていたのは、日本がある意味でモンスター的な時代だった。当時の日本の地位は、戦後の復興がピークに達してそれに対するプラスマイナス両方の反応が起こっていたわけで、転換期にあって日本の方も根本的に国のあり方、世界戦略というものを変えていかなければいけない時期にあったと思う。非常に率直に言って、日本が歴史的な転換期を賢く正しく、かつまた勇気を持ってやってきたかと言われると、一〇〇点はやれないという感じがある。日本自身、転換期だったということへの認識が十分ではなかった。（行天 2013：142）

ここで行天の言う「モンスター的」ということばはなかなか意味深長ですが、その意味するところの一つは、図体は大きくなったが、なにをすればよいのか、わかっていたとは言えない、大きな図体を持て余しながら、したがって、周囲の迷惑にもあまり気が付かず、はっきりした方向感もなく、モンスターのように、のっしのっしと歩いていた、そういうイメージだろうと思います。あるいは、もっとストレートに言えば、当時、日本は転換期にあって、世界戦略、あるいは国家戦略を変えなければならなかった、しかし、日本が、賢く、正しく、勇気をもって国家戦略を転換したかといえば、一〇〇点はあげられない、ということになります。では、合格点はあげられるのか。これはなかなか微妙な問題です。

日本はヤヌス——二つの顔

もう一つの例は、ケネス・パイルの『日本への疑問——戦後の五〇年と新しい道』（サイマル出版会、一九九五年）です。原題は *The Japanese Question : Power and Purpose in a New Era*、原書は一九九二年の出版ですから、原稿は一九九〇～九一年頃にできたはずです。パイルは、シアトルにあるワシントン大学の歴史家で日本研究の重鎮ですが、バランスの良くとれた研究者で、世代的には、村上泰亮、佐藤誠三郎、天谷直弘、山崎正和など、わたしより一回り上の世代に属します。かれはこの本の中で、一九九〇年頃の日本にはヤヌスのように二つの顔があると言って、次のように書いています。

ひとつの顔は次の世紀に向かい、若くて新鮮だが、その特徴はまだ完全には形成されていない。それは未来に向かって準備されつつある日本の顔であり、新しい政策を評価し、新しい挑戦に応ずるべく社会や政府の仕組みを再編成しようとしている日本の顔である。もうひとつは、風雪に長い間耐えてきたことが明白に刻まれた力強い顔である。その目は、列強の仲間入りをするため一世紀以上にわたった過去の努力に向けられている。それは、内向的で、従来のやり方に満足している日本の顔である。改革にはあまり乗り気でなく、新しい方法の導入にもそれほど積極的ではない。これまでの成果をもたらした価値観や制度・機構を廃棄したがらない日本の側面を象徴しているかのようである。（パイル 1995：199-200）

ここで注意すべきはパイルの原書の副題が *Power and Purpose* となっていることです。これは意訳すれば、政治の目的ということで、行天のいう「世界戦略」と同様、明治以来、追い付け、追い越せで、ずっとやってきた日本が、いま、転換期にあり、そのまなざしは、未来と過去の両方に向いている、では、これからどこに行こうというのか、欧米に追いついた日本はその力をなんのために使おうというのか、その答はまだ出ていない、それが問題なのだ、と言っています。

わたしはこの頃、アメリカに住んでおりました。ニューヨーク州のいなか、人口五万のイサカという小さな町にあるコーネル大学で教えていて、遠くから日本を見ておりました。そのときの記憶では、「国際国家日本」「新国際主義」「新保守主義」「能動的平和主義」「国際化」といったキーワードによって、「吉田ドクトリン」の見直しが議論されていたと思います。では、その頃、日本の国家戦略はどのようなものとして提示され、また、政策に落とし込まれていたのか。

吉田ドクトリンの制度化

はじめに「吉田ドクトリン」があります。

これは、一九四〇年代末以降、アジアにおける冷戦のはじまる中で、日本の独立回復に先立ち、吉田茂首相とジョン・フォスター・ダレス特使の交渉の中で形成されたものです。その要点は次の三点にまとめられます。第一に、日本の国家目標は経済復興にあり、日本はそのためにアメリカとの政治経済協力を必要とする、第二に、日本は軽軍備に徹し、国際政治戦略上の問題には関与しない、あるいは、別の表現では、国民のエネルギーを産業発展に集中し、国民を分断しかねない内部対立、吉田のいう「日本国民の心の中の三八度線」にはさわらない、そして、第三に、日本の安全保障のために、アメリカ軍の基地を領土内に提供する、この三点です（パイル 1995：38-39）。

吉田首相自身、一九六〇年代になって、このドクトリンに疑問を抱くようになったことはよく知られております。実際、かれは、「世界の一流に伍するに至った独立国日本」が「自己防衛」において、いつまでも「他国依存の改まらないこと」「国際連合の一員としてその恵沢を期待しながら、国際連合の平和維持の機構に対しては、手をかそうとしない」こと、これは「身勝手の沙汰、いわゆる虫のよい生き方とせねばなるまい」と言っております。

しかし、それでも、吉田ドクトリンは一九六〇年代に入り、ますます制度化されます。一九六七年、佐藤栄作首相は「非核三原則」を発表します。また、同年、武器輸出三原則も決定します。これは共産圏諸国、国連決議によって武器輸出を禁止されている国、そして武力紛争当事国または当事国になる可能性のある国に対し、武器を輸出しないことを定めたものです。この原則は三木武夫内閣（一九七四〜七六年）の時代に、すべての国を武器輸出禁止対象とし、また武器の定義についても、兵器および装備品だけでなく、兵器部品までをふくむものに拡大されます。さらに、防衛支出を国民総生産の一パーセント以内にとどめることも一九六〇年代に慣例となり、一九七六年の国防大綱で制度化されます。一方、ニクソン大統領の時代（一九六九〜七四年）、沖縄返還、ニクソン・ドクトリンとの関連で、アジアの集団安全保障における日本の役割が議論されますが、日本は地域安全保障機構に直接関与することに同意しません。このように一九六〇年代から一九七〇年代にかけて、歴代政権は「吉田ドクトリン」の制度化によって「経済第一主義」についての国民的コンセンサスを維持しますが、そのとき日本の安全保障政策、防衛政策のキーワードとなったのが「総合安全保障」「専守防衛」「基盤的防衛力」で、これが「通商国家」日本の「経済第一主義」の系として提示されていたと言えます。

吉田ドクトリンの見直し――中曾根・竹下・宮澤内閣

では、これは、一九八〇年代に、どう見直されたのか。これをおそらくもっとも見事に捉まえたのが天谷直弘の「町人国家」ということばだと思います。天谷という人は本当に頭の良い人だと思いますが、「町人国家」ということばには、「通商国家」日本の生き方への誇りとともに、「武士社会の中で商人が繁栄するには、優れた情報収集能力、計画能力、直感力、外交術が必要であり、ときにはごますり能力さえ必要である」といった表現にはっきり示される通り、一歩下がったところから、アイロニーも込めて、日本を見る、そして、国家戦略転換のきっかけも仕掛けておく、そういう賢さがあります。ちょうど、欧米へのキャッチアップが完了した頃のことで、そのとき中曾根首相が「戦後政治の総決算」を提唱します。これは政治家の時代感覚の鋭さを見事に示すことばで、「戦後復興」は終わった、「追い付け、追い越せ」の時代も終わった、日本はもう大国だ、だから大国に相応しい振る舞いをしなければならないということです。

一方、一九八〇年代のアメリカは、ポール・ボルカーFRB議長の高金利政策の時代、ロナルド・レーガン大統領の「新冷戦」の時代です。一九七〇年代に広がったインフレ期待を潰すために、FRBは公定歩合を一六パーセント以上まで上げ、円・ドル、マルク・ドルの為替レートは「成層圏に達する」（ボルカー）ドル高になり、アメリカの企業は国際市場で日本企業、ドイツ企業に敗退していきます。その結果、日米関係では、鉄鋼、テレビ、自動車、半導体と、次々に貿易摩擦がおこります（ボルカー・行天 1992：264）。

では、そういう時代に、中曾根首相、竹下登首相、宮澤喜一首相といった人たちはなにをしようとしたのか。中曾根首相は「国際国家日本」を提唱しました。これは、きわめて奇妙なことばで、「国民国家日本」ならあたりまえですが、「国際国家日本」はなんのことか、よくわかりません。しかし、中曾根首相の発言を読み返してみると、その趣旨は、結局のところ、日本は国際的な政治問題に関与し、世界政治において積極的にリーダーシップを発揮する、ということのようです。そして、実際、中曾根首相は精力的に首脳外交を展開し、ロン＝ヤス関係を基軸に日米同盟を強化し、G7サミットの場で大国としての日本を振る舞いました。しかし、中曾根首相は、安全保障政策については、武器輸出三原則等の限定的見直し、防衛費の上限などについて吉田ドクトリンを少し修正しただけで、吉田ドクトリンを支えたシステムそのものにはほとんど手をつけることができませんでした。その結果、中曾根首相の時代、日本の国際的役割も、主として経済、特に通貨・金融と科学技術に限られ、その意味で、この時代の日本の国際的役割としてもっとも重要だったのは一九八五年のプラザ合意、つまり、レーガン大統領の「新冷戦」を通貨・金融協力で支えるということだったと思います。

これは、もちろん、安全保障政策、通商産業政策、さらには市場自由化に関わる農業政策などと比較して、通貨・金融政策が日本の国内条件にそれほど制約されなかったためでもあります。また、そのことで言えば、通貨・金融政策においても、プラザ合意からルーブル合意、そしてブラック・マンデーからバブルの歴史を見ると、国内的にはかなり金融政策に負担が偏り、財政政策はアメリカ政府が期待したようには対応していません。しかし、ここで重要なことは、いくら「国際国家日本」「新国際主義」「国際化」といっても、国内の政治的調整はたいへんで、国際的な期待、特にアメリカ政府の期待に手っ取り早く対応するには、調整の少しでもやりやすいところで対応したということです。それが、中曾根政権時代にはプラザ合意で、竹下政権の時代になると援助（ODA）になります。また、こういう外交と内政のインターフェイスということでは、中曾根首相が竹下を後継者に指名したあと、「これから内政が非常に重要になる。外交を伸ばすには、内政のバックアップがなくてはいかん。竹下君は内政については非常に調整力があるので竹下君にお願いしたんだ」と中曾根首相が述べたと言いますが、まさに勘所を押さえた判断と言えます（長谷川 2014：321）。

経済大国になった日本の自信の裏で

では、そのとき、制約条件とはなんだったのか。わたしは「経済大国」日本の難しさにあったと考えております。国際的に見れば、いくら世界第二位の経済大国になったといっても、日本は、アメリカ、欧州（EC、欧州共同体）の半分程度の経済規模にすぎません。その日本が世界政治の中で大国外交をしようとすれば、少しつま先立ちをして、背伸びするしかありません。しかし、国内では、国民の多くが、深刻な脅威もないのに、なぜ、アメリカは防衛予算を増やせというのか、アメリカとの貿易摩擦が次々におこるといっても、それは、日本の企業がアメリカ企業より良い製品をもっと安くつくっているのだからしょうがないだろう、そういう議論になって、まるで譲ろうとしない。また、アジアに目を転じると、日本は小人国のガリバーで、中国もふくめ、アジアの国々が発展するよう、経済協力で資金を提供し、人を派遣し、背中を押して、助けてやればよい。日本企業の直接投資で国境を超えた生産ネットワークが拡大し、東アジア経済が事実上、統合していくのであれば、市場のロジックにまかせておけばよい。地域協力を推進し、ルールをつくり、その結果、日本が縛られ、アメリカから警戒されるようなことはしない方がよい。こういう判断が国民的に広く共有されていたということでしょう。

また、さらに言えば、こういう判断の基礎には、富と力のバランスはこれからも日本に有利な方向で推移するという期待もありました。たとえば、村上泰亮のように、傑出した、オールラウンドの社会科学者が、「あふたあ・へげもにい」(『中央公論』一九八五年一一月号)のようなエッセイを書いています。そこで前提とされているのは、軍事的、経済的に、アメリカが圧倒的に優勢な時代はもう終わった、世界システムは変容した、アメリカに頼っているだけでは二〇世紀システムを支えた「アメリカの平和」(パックス・アメリカーナ)、ドル本位の国際通貨体制と自由貿易体制を維持することはできない、という判断で、これは日本の将来、日本の技術、日本の経済についての、たいへんな自信の裏返しでもありました。

これを見事に示しているのが、日本経済研究センターが一九九二年に発表した世界経済予測です。これによると、一九九〇年現在、世界の名目GDPに占める南北アメリカのシェアは二九・〇パーセント(北米二六・一パーセント、中南米二・九パーセント)、欧州は三二・九パーセント(西欧三〇・四パーセント、東欧二・五パーセント)、「アジア・大洋州」は二〇・九パーセント(日本一二・八パーセント、中国一・六パーセント、その他アジア五・〇パーセント、大洋州一・五パーセント)、「アジア・大洋州」は南北アメリカ、欧州の三分の二にすぎません。しかし、二〇一〇年には、「アジア・大洋州」が二九・四パーセント(日本一七・五パーセント、中国二・六パーセント、その他アジア八・〇パーセント、大洋州一・三パーセント)、これに対し、南北アメリカ二六・〇パーセント(北米二三・〇パーセント、中南米三・〇パーセント)、欧州二八・七パーセント(西欧二六・七パーセント、東欧二・〇パーセント)と予想されています。「アジア・大洋州」成長の原動力は、「いうまでもなく」東アジアの日本(一二・八パーセントから一七・五パーセント)、アジアNIEs(二・二パーセントから四・一パーセント)、ASEAN(一・二パーセントから二・二パーセント)、中国(一・六パーセントから二・六パーセント)で、かつて日銀理事を務めた鈴木淑夫は、これを踏まえ、「東アジアは、近代世界経済史の檜舞台に、いま初めて登場しようとしている」と書いています(鈴木 1992：109–110)。

日米貿易摩擦と安全保障・金融のアンカー

予測は外れるもので、外れることは全く問題ではありませんが、この予測は、それ自体、一つの事実として、この時代の日本人の自信を示しています。一九九二年にこういう予測を見た人は、おそらく、そうだろうな、と思ったことでしょうし、また、その上で、日本とアジアと世界の将来を構想したはずです。したがって、こういう将来展望の中で、いままで述べてきたことをもう一度、まとめると、日米同盟は、日本の安全保障だけでなく、アジアの平和と安定と繁栄にきわめて重要な公共財とされ、一九九〇年代後半、橋本・クリントン合意のようなかたちで同盟の再定義が行われたこともよくわかります。また、アメリカのアジア経営を理解する上で「庭仕事」(gardening)の比喩が有用だと申し上げましたが、この「庭仕事」の費用も日本がかなり負担するようになったこともよくわかります。その一例は一九八六年革命以降のフィリピンで、革命の最終段階で、アメリカ政府が介入し、マルコス大統領夫妻がアメリカに亡命して、アキノ政権ができるわけですが、そのあと、日本政府とアメリカ政府は、実務レベルの連携で、日本がフィリピンへのODAを増やすというかたちで、新政権を支援することになります。その一方、アメリカ政府は、新政権に対するクーデター危機などに際し、クラークにある米軍基地からジェット戦闘機を飛ばして、クーデター・グループにシグナルを送り、クーデターを失敗させる、そういう役割分担ができています。(8)

したがって、一九八〇年代から一九九〇年代にかけて、日米関係は、一方で貿易摩擦の処理に忙殺されながら、他方で、安全保障・防衛と通貨・金融が日米同盟のアンカーになる、そしてこれを踏まえて、日本は世界政治の舞台で、経済大国日本として振る舞うということになりました。また、アジアでは、経済協力、つまり、民間企業の直接投資とこれを支えるインフラ投資、技術協力等によって、事実上の経済統合を進めていくことが基本になります。

これを戦略として明快に提示したのが一九九四年の宮澤喜一首相の「二一世紀のアジア・太平洋と日本を考える懇談会」の報告書です。そこでの基本的な考え方は、日本企業の生産ネットワークが拡大していけば、自ずとアジアの事実上の経済統合が進展する、これはアメリカとの貿易摩擦を「管理」する上でもプラスである、また、東アジアの新興国（ＮＩＥｓ　韓国、台湾、ホンコン、シンガポール）、ＡＳＥＡＮの国々（タイ、マレーシア、インドネシア、フィリピン）、さらには中国の沿岸部、こういう国・地域が発展し、市場が拡大すれば、これも日本経済にとってプラスである、しかも、こういうかたちでこれらの国々の経済が発展すれば、政治も安定する、つまり、第二次大戦後、日本がやってきた「生産性の政治」、あるいは「経済成長の政治」、政治の目的は経済成長にあり、経済成長によって雇用を創出し貧困を削減し国民生活を向上させる、これがうまくいけば、政治も安定する、そういう政治が日本からアジアに広がっていくことにもなる、ということです。これが日本の国家戦略の系として、アジア戦略の基本的な考え方になります。なお、あたりまえのことですが、日本でこういう考え方が広がると、アメリカでは、これを警戒して、日本は「大東亜共栄圏パート２」をつくろうとしている、日本は新重商主義国家だ、日本とアメリカでは資本主義の性格も国家の性格も違う、貿易摩擦でいくら交渉してもだめだ、日本の政治経済システムそのものを変えなくてはいけない、そういう議論が出てきます。

アジア太平洋の台頭とアメリカのリバランシング

では、結局のところ、なにがおこったのか。

第一に、力のバランスが大きく変化しました。表１－１をあらためて見ていただきたいと思います。くりかえしになりますが、ここから、少なくとも二つのことが読み取れます。その一つは、二一世紀に入って、G7が地盤沈下し、新興国が台頭したということです。もう一つは、北アメリカ、欧州の地盤沈下とアジア太平洋の台頭です。ただし、アジア太平洋で伸びたのは、日本ではなく、中国です。つまり、世界全体としては、一九九〇年頃、日本人が予想したのとそれほど違わない世界ができましたが、アジア太平洋では、日本人の予想とはずいぶん違うかたちで、富と力の分布の変化がおこりました。

第二に、一九九七~九八年、東アジア経済危機がありました。この危機を契機に、開発主義体制、英語で言えば developmental states が次々と崩壊し、それにともない、日本型の「経済成長の政治」も多くの国で頓挫しました。それで一つの時代が終わり、改革によって新しい体制をつくったところはまた成長しますが、改革が中途半端に終わったところ、頓挫したところでは、経済も停滞していきます。フィリピンとインドネシア、タイとマレーシアの違いはこれをはっきり示しています。同時に、日本から見れば、日本の経済的停滞と東アジア経済危機の結果、日本の「生産性の政治」「経済成長の政治」の外延的拡大によって、この地域は、制度をつくらなくとも、市場の力によって、日本の「裏庭」になる、そういう期待も失われました。その代わり、エリートはアングロ・サクソン化し、グローバル化している、その一方、貿易、インフラ整備などでは、中国の経済協力がきわめて大きな力をもつようになっています。

そして第三に、日本の地政学的地位も変化しました。かつて冷戦の時代、ドイツは東西に分断され、東・西ドイツはフロントライン（前線）で対峙しておりました。また、ベルリンでは、それが物理的に、壁として、目の前にありました。一方、日本は、冷戦の時代、「心の中の三八度線」はあっても、フロントラインにはおりませんでした。しかし、中国の台頭と東シナ海における中国の力による現状変更の試みによって、日本は二一世紀に入り、フロントラインに立つようになっています。冷戦終焉以降、NATOとEUの東方拡大によって、ドイツがその内懐に入ってしまったのとまさに対象的です。

近年の日本の外交・安全保障政策は、こうした外部環境の変化に対する合理的対応といえます。もちろん、日米同盟が日本の外交・安全保障の基本にありますから、アメリカのリバランシングに対応し、これと連携をとっております。国家安全保障会議の創設、国家安全保障政策、二〇一三年防衛大綱、防衛装備移転三原則の策定、集団的自衛権についての憲法解釈変更、安全保障法制の整備、日米ガイドライン策定、首脳外交、アメリカを中心とするハブとスポークスの安全保障システムのネットワーク化[9]、こうした政策はすべて、一九八〇～九〇年代、中曾根首相から宮澤首相の時代にはじまった吉田ドクトリンの見直しがようやく一つの結論に辿り着きつつあることを示しています。

日本のグローバル化――バランス・オブ・パワーの変化

では、なぜ、一九八〇～九〇年代にはできなくて、二〇一〇年代にできるようになったのか。力のバランスの変化、日本のアジア政策の蹉跌、日本の地政学的位置の変化とともに、世代交代によって、吉田の言う「心の中の三八度線」が、ゆっくりと崩れてきたということでしょう。ただし、「心の中」

の壁は、ベルリンの壁と違い、物理的に壊れて、それでおしまいというわけにはいきません。安全保障法制に対する反対運動に見る通り、二度と悲惨な戦争を経験したくない、危険なことにはとにかく関わりたくないという意識に支えられて、吉田の言う「身勝手の沙汰、いわゆる虫のよい生き方」は、日本の外交・安全保障政策において、いまなお日本が「普通の国」になる上では大きな制約条件となっています。

世代交代はまた、もっと広く、「国際化」についての日本人の受けとめ方にも、大きな変化をもたらしました。一九八六年の経済企画庁の調査によれば、「海外からのニュース」「海外からの技術」「海外からの電話通話や郵便」など、いまでは「国際化」ともみられない、ごくあたりまえの海外とのやりとりについては、回答者の七割が賛成でした。外国人観光客、留学生などの短期の人的交流についても同様でした。しかし、外国人就労者、国際結婚の増加など、日本の社会そのものの「国際化」に繋がることについては、賛成は三割以下だったといいます（パイル 1995：190）。

これがおよそ三〇年前のことです。では、いまではどうか。実は、二〇〇五年に、結婚一〇組のうち一組は国際結婚になっていました。東京では八組に一組が国際結婚でした。いまでは、小学校の運動会などに行けば、明らかにメスティーソ、メスティーサと見えるこどもがクラスに一、二人は確実におります。また、頭脳循環、グローバル人材の登用ということで、大学・研究機関、日本企業で働く外国人の比率も上がっています。ここ数年の海外からの観光客の増加で、「インバウンド」消費が株式市場を動かすようになっているのもよく知られています。また、安倍政権の社会・経済政策、特に特区の議論などを見ていてのわたしの個人的感想として、日本の政治的リーダーシップを考える上では、イデオロギーより世代の方がはるかに重要になっていると思います。それが「国際化」、あるいは「グローバル化」への日本の対応を変え、さらにはTPPに代表されるような、一〇～一五年前にはほとんど考えられなかった対外経済政策を支えています。

日本のグランド・ストラテジー――歴史との折り合いと二一世紀秩序への貢献

では、日本は、二一世紀、どう生きていけばよいのか。これまでくりかえし述べてきたように、国家戦略とは、これが日本の国家戦略です、と手にして読めるような文書がどこかにあるわけではありません。そうではなく、多くの日本人が、こういう時代、こういう世界では、われわれとしてこうやらざるをえないだろう、そうほとんど常識として受け入れているもの、そういう中に、キーワード的に入っていると考えた方がよい。「平和主義」「国際協調」「日米同盟」「グローバル化」「グローバル人材」「頭脳循環」「女性の登用」「経済連携」、思いつくままにあげても、こういうことばが日本の国家戦略においてキーワードになっています。そこで一つ、注意すべきことは、かつて一九八〇～九〇年代にはもっとも重要なキーワードだった「大国」、特に「経済大国」ということばが、いまでももちろん使われますが、頻度的に、かつてほどには使われなくなったということです。また、もう一つは、歴史との折り合いです。グランド・ストラテジー（大きな戦略）、国家戦略は、常に、ある程度は、グランド・ナラティブ、大きな物語で、日本の国家戦略は、結局、どこかで、なんらかのかたちで、戦争の過去と折り合いをつけなければなりません。これは戦後七〇年の首相談話で一区切りついたように見えます。日本は一九三〇～四〇年代に国策（国家戦略）を誤ったとして、大日本帝国の過去と戦後の日本の歴史を断絶したものと捉える、これで良い、と思います。

では、これから、日本の国家戦略はどのようなものにすればよいのか。先ほど、キーワードとして「大国」「経済大国」ということばの使用頻度が下がっているのではないかと申しました。わたしはこれがひじょうに重要だと思います。誤解のないよう確認しておけば、日本は大国です。いまでも世界第三の経済をもち、防衛予算の規模は世界で六位です。しかし、日本は超大国ではありません。その割り切りが重要です。では、超大国と大国ではなにが違うのか。超大国は、国際的なルールを、自分で、あるいはみずからリーダーシップをとってつくれる国です。それに対し、大国は、超大国が国際的なルールをつくろうとするときに、超大国と交渉し、ルールづくりに実質的に参加できる国です。たとえ国内的な制約要因がなくとも、日本のリーダーシップでTPP交渉を立ち上げることはできなかったはずです。アメリカのリーダーシップがあってはじめてTPP交渉がはじまりました。しかし、アジア太平洋における二一世紀の通商秩序の構築という目的からすれば、日本の参加しないTPPにほとんど意味はありません。中国は国内法として領海法をつくり、これを周辺諸国に押し付けようとしています。かりに日本がこれを受け入れれば、それで勝負がつきます。それが大国です。したがって、日本は大国だ、しかし、超大国ではない、こう割り切って、外交・安全保障ではアメリカ中心のハブとスポークスのシステムのネットワーク化を基礎に力の政治、バランシングの政治をする、対外経済政策では、市場自由化を基本に経済連携・自由貿易のルールづくりに積極的に参加する、また、世界の金融秩序の進化に貢献する、これが基本的な考え方になると思います。

自由主義的な国際秩序への道程

問題は、なぜ、また、なんのために、そういうことをするのか、です。吉田の言う通り、「身勝手の沙汰、いわゆる虫のよい生き方」、あるいはもっと一般的に、内向きの、自分たちさえよければ、という行き方は、別に日本に限ったことではありませんが、常にあります。そのとき問われるのは、本章のはじめに取り上げたことですが、政治の目的、英語で言えばPower and Purposeの問題です。日本は超大国ではありませんし、超大国になりたいとも思っていません。しかし、それでも、日本は大国として、いろいろな力をもっています。経済力、軍事力、科学技術力、三・一一に東北の人たちがごくあたりまえのこととして示したようなきわめて強靱な社会的連帯の力、そういう力をなんのために使うのか。われわれは、日本という国民国家になにを期待するのか、この国家はなにをすべきなのか。

それを考える上で鍵となるのは、序章に戻れば、二〇世紀システムが四つの制度的基盤の上につくられていたということです。国際的には「アメリカの平和」と「ドル本位制・WTO通商体制」、国内的には「自由民主主義国家」と「市場経済」、この四つです。いま、世界、特にアジアは急速に変化しています。世界経済に占める中国のシェアが五パーセント以下だったときには、中国は、国内体制としては、党国家体制と社会主義市場経済という、きわめて異質な政治経済の体制を維持しつつ、アメリカのヘゲモニーを受け入れ、ドル本位制・WTO体制にフリー・ライドできました。しかし、世界経済に占める中国のシェアが一五パーセントを超えるようになれば、社会主義市場経済を維持しつつ、ドル本位制・WTO体制にフリー・ライドすることはしだいに難しくなります。また、富国強軍のほとんど論理的な帰結として「アメリカの平和」に正面から挑戦するようになれば、日本としてもこれに対応せざるをえません。では、そのとき、日本はどうするのか。それは、別の言い方をすれば、われわれはどういう世界をつくりたいのか、現在の秩序の上に、もっと自由で公平な世界をつくりたいのか。それとも、「自分たちだけよければ」といって、「虫のよい生き方」を続けようとするのか、ということです。いま、われわれはこの問題に正面から向かい合い、大きな方向としては、大日本帝国の過去と折り合いをつけ、戦後日本がその下で平和と安定と繁栄を享受してきた自由主義的国際秩序（liberal international order）を守り、発展させる、そういう合意ができつつあると思います。こういう考え方がゆっくりと、しかし、確実に、世代交代とともに、広がりつつある、それが、鳩山由紀夫政権、菅直人政権の惨憺たる政治指導を経験して、野田政権の時代以来、特に安倍政権の下でおこっていることだと思います。

註

（1） http://www.cn.emb-japan.go.jp/fpolicy_j/nss_j.pdf
（2） http://www.cas.go.jp/jp/siryou/131217anzenhoshou/ndpg-j.pdf

（3）http://www.cas.go.jp/jp/gaiyou/jimu/pdf/bouei1.pdf

（4）http://www.cas.go.jp/jp/gaiyou/jimu/pdf/anpohosei.pdf

（5）http://www.mod.go.jp/j/approach/anpo/shishin/shishin_20150427j.html

（6）http://www.mod.go.jp/j/approach/agenda/guideline/2011/taikou.html

（7）http://www.mod.go.jp/j/approach/agenda/meeting/seisan/houkoku/final/report.pdf

（8）フィリピンのクーデター危機に際してのアメリカの介入の一例としては、パウエル（1995：520-523）を参照。

（9）ただし、ハブとスポークスの地域的な安全保障システムのネットワーク化のためには、日本はこれからずいぶん努力しなければなりません。米国を中心とするハブとスポークの安全保障システムが現にどのように運用されているかを見る一つの方法は、共同軍事演習をマクロ的に観察することです。廣瀬律子（2013）によれば、一九八〇年代（一九八一～九〇年）の冷戦の時代に、東アジアでは合計四〇五回の共同演習が実施され、そのうち、米日（二二五）、米豪（五一）、米韓（三〇）、米タイ（一七）、米比（六）の共同演習が合計三二九回、八一パーセントを占めたといいます。ハブとスポークスの安全保障システムにおけるアメリカのリーダーシップ、基軸としての日米同盟の重要性が如実に示された数字です。ところが、二〇〇〇年代（二〇〇一～〇九年）には、共同演習の頻度は九九六回に増加します。そのうち、米国とその同盟国の共同演習は、米日（二〇一）、米豪（八九）、米比（八六）、米韓（三一）、米タイ（二六）で合計四三三回、四三パーセント、それに加え、米印（四四）、豪州・ニュージーランド（四三）、豪州・タイ（三九）、豪州・シンガポール（二八）、シンガポール・インドネシア（三〇）等の共同演習が増加しました。つまり、アメリカに次いで、オーストラリアが第二のハブとして登場し、東アジアのハブとスポークの安全保障システムがネットワーク型に変化しつつあるということです。

引用文献

アイケンベリー、G.ジョン（2012）『リベラルな秩序か帝国か――アメリカと世界政治の行方』上・下、細谷雄一訳、勁草書房。

青山瑠妙（2013）『中国のアジア外交』東京大学出版会。

五十嵐誠（2014）「少数民族問題」『アジ研ワールド・トレンド』二〇一四年二月号。

梅崎創（2014）「ミャンマーと地域協力――アジアの新しい結節点へ」『アジ研ワールド・トレンド』二〇一四年三月号。

遠藤誉（2012）『チャイナ・ジャッジ――毛沢東になれなかった男』朝日新聞出版。

大泉啓一郎（2008）「大メコン圏（GMS）開発プログラムとCLMVの発展――経済回廊整備で広がる可能性と日本の役割」『環太平洋ビジネス情報RIM』（http://www.jri.co.jp/MediaLibrary/file/report/rim/pdf/2716.pdf）。

大泉啓一郎（2011）『消費するアジア』中央公論新社。

大塚和夫（2000）『イスラーム的――世界化時代の中で』NHKブックス。

金子芳樹（2011）「マレーシア・シンガポール――グローバル化に揺れる多民族国家」山影進・広瀬崇子編著『南部アジア』ミネルヴァ書房。

加茂具樹（2015）「習近平政権の『反腐敗』とは何か」『中央公論』二〇一五年五月号。

川村晃一（2005）「政治制度から見る2004年総選挙」松井和久・川村晃一編著『メガワティからユドヨノへ、インドネシア総選挙と新政権の始動』明石書店。

キッシンジャー、ヘンリー・A.（2013）『キッシンジャー回顧録　中国』上、塚越敏彦ほか訳、岩波書店。

行天豊雄（2013）『円の興亡――「通貨マフィア」の独白』朝日新聞出版。

工藤年博（2014a）「特集にあたって、テイン・セイン政権と改革（1）――『ポスト軍政』幕開けの背景」『アジ研ワールド・トレンド』二〇一四年二月号。

工藤年博（2014b）「特集にあたって、テイン・セイン政権と改革（2）――『ポスト2015年』を展望する」『アジ研ワールド・トレンド』二〇一四年三月号。

工藤年博・熊谷聡（2014）「ミャンマーの輸出志向・外資導入の成長戦略」『アジ研ワールド・トレンド』二〇一四年三月号。

国際情勢研究所「最近の中国情勢とわが国の対応」二〇一三年一一月三日。

白石隆（2000）『海の帝国』中央公論社。

白石隆（2010）「インドネシアにおいて経済成長の政治はいかにして復活したか」大塚啓二郎・白石隆編『国家と経済発展』東洋経済新報社。

白石隆、ハウ・カロライン（2012）『中国は東アジアをどう変えるか――二一世紀の新地域システム』中央公論新社。

シャンボー、デイビッド（2015）『中国、グローバル化の真相――「未完の大国」が世界を変える』加藤祐子訳、朝日新聞出版。

末廣昭（2015）「タイ　拡大バンコク首都圏の形成」『アジ研ワールド・トレンド』二〇一五年八月号。

鈴木淑夫（1992）『日本経済の再生――バブル経済を超えて』東洋経済新報社。

鈴木有理佳（2015）「フィリピン、人口ボーナスはしばらく続く」『アジ研ワールド・トレンド』二〇一五年八月号。

スペンス、マイケル（2011）『マルチスピード化する世界の中で――途上国の躍進とグローバル経済の大転換』土方奈美訳、早川書房。

田中健夫（2012）『倭寇――海の歴史』講談社。

玉田芳史（2011）「タイ政治における黄シャツと赤シャツ――誰、なぜ、どこへ」『国際情勢紀要』二〇一一年二月。

玉田芳史（2013）「民主化と抵抗――新局面に入ったタイの政治」『国際問題』六二五号、二〇一三年一〇月。

玉田芳史（2014）「10月14日政変から40年――タイ政治の現地点」『国際情勢紀要』二〇一四年二月。

津上俊哉（2015a）「二〇一五年の中国――習近平政権の行方」科学技術振興機構中国総合研究交流センター、第七九回研究会、二〇一五年一月一五日。

津上俊哉（2015b）「アジアインフラ投資銀行を仕掛けた中国の思惑」『中央公論』二〇一五年五月号。

津上俊哉（2015c）『巨龍の苦闘――中国、GDP世界一位の幻想』角川書店。

恒川恵市（2006）「民主主義体制の長期的持続の条件――民主化の紛争理論に向けて」恒川恵市編『民主主義イデオロギー』早稲田大学出版会。

津守滋「ミャンマーの外交」『アジ研ワールド・トレンド』二〇一四年二月号。

鳥居高（2001）「マレーシアの開発戦略と政治変動」山影進・末廣昭編『アジア政治経済論――アジアの中の日本を目指して』NTT出版。

鳥居高（2015）「『見えない？』それとも『隠された？』民族問題」『アジ研ワールド・トレンド』二〇一五年八月号。

中西嘉宏「テインセインの強みと弱み」『アジ研ワールド・トレンド』二〇一四年三月号。

パイル、ケネス・B．（1995）『日本への疑問――戦後の五〇年と新しい道』加藤幹雄訳、サイマル出版会。

パウエル、コリン・パーシコ、ジョセフ（1995）『マイ・アメリカン・ジャーニー』鈴木主税訳、角川書店。

長谷川和年（2014）『首相秘書官が語る中曽根外交の舞台裏――米・中・韓との相互信頼はいかに構築されたか』朝日新聞出版。

服部民夫・船津鶴代・鳥居高編（2002）『アジア中間層の生成と特質』アジア経済研究所。

廣瀬律子（2013）「東アジアにおける共同軍事演習の変容――バズ・スポークスからネットワークへ」（政策研究大学院大学、博士論文）。

古田元夫（2009）『ドイモイの誕生――ベトナムにおける改革路線の形成過程』青木書店。

ハルバースタム、デービット（2003）『静かなる戦争』上、小倉度郎ほか訳、ＰＨＰ研究所。

ブレマー、イアン（2012）『「Ｇゼロ」後の世界――主導国なき時代の勝者はだれか』北沢格訳、日本経済新聞出版社。

防衛省・自衛隊（2014）『防衛白書』防衛省。

防衛省防衛研究所編（2015）『東アジア戦略概観２０１５』防衛省防衛研究所。

ポラニー、カール（1975）『大転換――市場社会の形成と崩壊』吉沢英成ほか訳、東洋経済新報社。

ボルカー、ポール・行天豊雄（1992）『富の興亡――円とドルの歴史』東洋経済新報社。

ホワイト、ヒュー（2014）『アメリカが中国を選ぶ日――覇権国なきアジアの運命』徳川家広訳、勁草書房。

マグレガー、リチャード（2011）『中国共産党——支配者たちの秘密の世界』小谷まさ代訳、草思社。

増原綾子（2015）「インドネシア、膨大な数の島から成る他民族国家の人口把握」『アジ研ワールド・トレンド』二〇一五年八月号。

マン、ジェームズ（1999）『米中奔流』鈴木主税訳、共同通信社。

村上泰亮（1992）『反古典の政治経済学——進歩史観の黄昏』上、中央公論社。

ルトワック、エドワード（2013）『自滅する中国——なぜ世界帝国になれないのか』奥山真司監訳、芙蓉書房出版。

若月秀和（2006）『「全方位外交」の時代——冷戦変容期の日本とアジア、１９７１～８０年』日本経済評論社。

Baldwin, Richard. (2013) "Misthinking Globalization," Keynote Speech, International Symposium on Global Value Chains : Quo Vadis?, July 5, 2013, GRIPS, Tokyo.

Bello, W. F., De Guzman, M., and Malig, M.L. (2004) *The Anti-Development State : The Political Economy of Permanent Crisis in the Philippines,* London and New York : Zed Books.

Brands, Hal. (2014) *What Good Is Grand Strategy? Power and Purpose in American Statecraft from Harry S. Truman to George W. Bush,* Ithaca : Cornell University Press.

Brzezinski, Zbigniew. (2007) *Second Chance : Three Presidents and the Crisis of American Superpower,* New York : Basic Books.

Chen, Zhiwu. (2015) "China's Dangerous Debt : Why the Economy Could Be Headed for Trouble," *Foreign Affairs* (June 2015), 13-18.

"China's lending hits new heights," *Financial Times*, January 17, 2011, http://www.ft.com/intl/cms/s/0/488c60f4-2281-11e0-b6a2-00144feab49a.html#axzz1euurZLQp.

Hagel, Chuck. (2014) Reagan National Defense Forum Keynote, Ronald Reagan Presidential Library, Simi Valley, California, Nov. 15, 2014, http://www.defense.gov/ Speeches/Speech.aspx?SpeechID=1903

Hau, Caroline S. (2004) *On the Subject of the Nation : Filipino Writing from 1981 to 2003*, Manila : Ateneo de Manila University Press.

Hill, Hal and Shiraishi, Takashi. (2007) "Indonesia After the Asian Crisis," in *Asian Economic Policy Review*, 2-1, 123-141.

Ikenberry, G. John. (2011) *Liberal Leviathan : The Origins, Crisis, and Transformation of the American World Order : The Origins, Crisis, and Transformation of the American World*, Princeton : Princeton University Press.

Khoo, Boo Teik. (2006) "Malaysia : Balancing Development and Power," in Rodan, Garry, Kevin Hewison and Richard Robison (eds.), *The Political Economy of South-East Asia : Markets, Power and Contestation*, Melbourne : Oxford University Press, 170-196.

McCoy, Alfred W. (2015) "The Geopolitics of American Global Decline : Washington Versus China in the Twenty-First Century," in Tomgram : Alfred McCoy, Washington's Great Game and Why It's Failing, June 30, 2015.

Mohamed Ariff. (2012) "Preface," in H. Hill, T.S. Yean and R.H.M. Zin (eds.), *Malaysia's Development Challenges : Graduating from the Middle*, London and New York : Routledge, 17-23.

Obama, Barak. (2011) http://www.whitehouse.gov/the-press-office/2011/11/17/remarks-president-obama-australian-parliament

Panetta, Leon. (2012) http://www.iiss.org/conferences/the-shangri-la-dialogue/shangri-la-dialogue-2012/speeches/first-plenary-session/leon-panetta

Pasuk Phongpaichit and Baker, Christopher J. (2008) "Conclusion," in Pasuk Phongpaichit and C. Baker, (eds.), *Thai Capital: After the 1997 Crisis*, Chiang Mai: Silkworm Books.

Pasuk Phongpaichit and Baker, Christopher J. (2009) *Thaksin*, Chiang Mai: Silkworm Books.

Pillsbury, Michael. (2015) *The Hundred-year Marathon: China's Secret Strategy to Replace America as the Global Superpower*, New York: Henry Holt and Company.

Raquiza, Antoinette R. (2011) *State Structure, Policy Formation, and Economic Development in Southeast Asia: The Political Economy of Thailand and the Philippines*. New York: Routledge.

Shiraishi, Takashi. (2005) "The Asian Crisis Reconsidered," in Paricio N. Abinales, Ishikawa Noboru, and Tanabe Akio, (eds.), *Dislocating Nation-States: Globalization in Asia and Africa*, Kyoto: Kyoto University Press, 2005, 17-40.

Shiraishi, Takashi. (2008) "Introduction: The Rise of Middle Classes in Southeast Asia," in T. Shiraishi and Pasuk Phongpaichit, (eds.), *The Rise of Middle Classes in Southeast Asia*, Kyoto and Melbourne: Kyoto University Press and Trans Pacific Press, 1-23.

Shultz, George P. (1993) *Turmoil and Triumph: My Years as Secretary of State*, New York: Charles Scribner's Sons.

Suehiro, Akira. (2014) "Technocracy and Thaksinocracy in Thailand : Reforms of the Public Sector and the Budget System under the Thaksin Government," *Southeast Asian Studies*, Vol. 3, No. 2, englishkyoto-seas.org/2014/08/vd-3-no-2-suehiro-akira/

Summers, Laurence. (2015) "A Global Wake-up Call for the U.S.?" *Washington Post*, April 5, 2015 ; "Time US leadership woke up to new economic era," *Financial Times*, April 5, 2015.

Swaine, Michael D. (2015) "Xi Jinping's Address to the Central Conference on Work Relating to Foreign Affairs : Assessing and Advancing Major-Power Diplomacy with Chinese Characteristics," http://carnegieendowment.org/files/Michael_Swaine_CLM_46.pdf.

Tamada, Yoshifumi. (2008) "Democracy and the Middle Class in Thailand : The Uprising of May 1992," in T. Shiraishi and Pasuk Phongpaichit, (eds.), *The Rise of Middle Classes in Southeast Asia*, Kyoto and Melbourne : Kyoto University Press and Trans Pacific Press, 40-82.

Thitinan Pongsudhirak, "Thailand's Stunted Transition", www.project-syndicate.org/commentary/thailand-military-junta-shinawatra-by-thitinan-pongsudhirak-2015-05

U.S. Department of Defense. (2012) *Defense Strategic Guideline*, http://www.defense.gov/news/Defense_Strategic_Guidance.pdf

Whaley, F. (2012) "A Youthful Populace Helps Make the Philippines an Economic Bright Spot in Asia," *New York Times*, 27 August, http://www.nytimes.com/2012/08/28/business/global/philippine-economy-set-to-become-asias-newest-bright-spot.html?_r=2&pagewanted=all, accessed 28 August 2012.

WTO and IDE-JETRO. (2012) *Trade Patterns and Global Value Chains in East Asia : From Trade in Goods to*

Trade in Tasks, WTO and IDE-JETRO.

Youwei. (2015) "The End of Reform in China : Authoritarian Adaptation Hits a Wall," *Foreign Affairs* (June 2015), pp. 2-7.

あとがき

本書は、二〇一四年五～一一月（五月三〇日、七月四日、七月二五日、一一月七日）、ミネルヴァ書房本社にて行った四回の「究」セミナーを大幅に加筆訂正したものである。セミナーをテープにとり、これを起こして、それがすぐに原稿になるなどと考えたわけではないが、それにしても加筆訂正には予想をはるかに超える時間を要した。その一つの理由は、事実関係を遺漏のないようあらためて確認し、記述する作業に多くの時間を要したということもあるが、もう一つの理由は、現状分析に特有のディレンマ、つまり、分析・執筆作業はある時点で終えざるをえない、しかし、現状の方は、そういうこととはお構いなしに、日々進展していく、その結果、書いたものは、原稿を出版社に送付した瞬間から、鮮度が落ちていく。これにどう対応するか、考えを整理し、記述するのに時間をとられたためである。それがどれほど成功したか、これについては、読者のご判断を仰ぎたいと思うが、念のため申し上げておけば、本書で、構造・制度と並んで、大戦略・国家戦略に分析の焦点を合わせたのはそのためである。

本書では「現状」は二〇一五年八月末日を限りとしている。しかし、それ以降も、もちろん、いくつかひじょうに重要な出来事がおこっている。ここでは、一つだけ、本書本文の分析に相当の修正をもたらす可能性のある出来事について述べておきたい。それは一一月八日に実施されたミャンマーの選挙である。選挙では、わたしが予想した以上に、アウン・サン・スー・チーを党首とするNLD（国民民主連盟）が大勝した。一一月二二日現在、開票はなお進行中であるが、NLDが下院の過半数を制することはほぼ確実である。その結果、二〇一六年召集の議会では、国会議長、大統領にNLD党員が選出され、ミャンマーの政治はNLDと国軍の「権力共有」（power sharing）となる可能性がひじょうに大きい。しかし、アウン・サン・スー・チー（さらにはNLDとこれを支持する圧倒的多数の国民）と国軍司令官（と国軍）では、ミャンマーの政治的将来についての考えはずいぶん違う。これは現行憲法についての両者の発言を見ても、歴然としている。そうした中で、NLDが国軍をパートナーとして、それなりに安定的に国政を運営できるのか、それとも民主化・自由化についての国民の大きな期待に背中を押され、憲法改正を中心的な争点として、国軍を敵にしてしまうのか。大いに注意しておく必要がある。

本書執筆においては、宮一穂先生（京都精華大学教授）、高木祐輔先生（政策研究大学院大学助教授）、ミネルヴァ書房編集部の堀川健太郎氏から貴重なコメントを賜った。また、いつものことながら、本書も、キャロライン・ハウとの議論に多くを依っている。心からお礼を申しあげたい。

なお、本書に関わる調査・研究は、「東アジア地域秩序の変容と東南アジア諸国の対応」（研究課題番号：23330052、二〇一一〜二〇一三年度、研究代表者：白石隆）、「新興国の政治と経済発展の相互作用パターンの解明」（新領域学術研究、二〇一三〜二〇一七年度、研究代表者：園部哲志）によってはじめて実施できた。ここに記して、感謝いたします。

二〇一五年一一月一二日

京都、竹屋町新町の寓居にて　　白石　隆

人名索引

あ　行

アイケンベリー，J.　16,18,23
アウン・サン・スー・チー　117,178-180,184
アキノ，コソラン　220-222,226,252
アブドゥッラ・バダウィ　217
アブドゥルラフマン・ワヒッド　197,206
安倍晋三　141,231,235,237
アボット，T.　237
天谷直弘　244,247
アンワル・イブラヒム　214-217
ヴィリアール，マヌエル　226
ウールジー，J.　69
大泉啓一郎　51,114
小野寺五典　235
オバマ，B.　18,23,33,63,64,71,72,92

か　行

カッチェンシュタイン，P.　10
キッシンジャー，H.　103
キャンベル，K.　181
行天豊雄　242
グエン・タン・ズン　192,207
グエン・フー・チョン　192
クリントン，B.　69
クリントン，H.　72,117,181
江沢民　27
胡錦濤　27,85,107,124,192
ゴルバチョフ，M.　71

さ　行

佐藤栄作　246
佐藤誠三郎　244
シャンボー，D.　119
習近平　27,85,90,93,112,124,126,183
シュルツ，J.　103
ジョコ・ウィドド　112,197,207,208
シリセナ，M.　118
スシロ・バンバン，ユドヨノ　197,207
スハルト　198,203,209,221
スペンス，M.　20
スラキアット・サティアン　21

た　行

タクシン・チナワット　167,169,170
竹下登　248
ダレス，J. F.　245
津上俊哉　87,123
テイン・セイン　117,175,178-180,182-184
鄧小平　193

な　行

中曾根康弘　242,248,255
ニクソン，R.　72,140,246
ノン・ドゥック・マイン　192

は　行

パイル，K.　243
薄熙来　124, 126
朴槿恵　128, 129
ハビビ，J.　197
ファン・ビン・ミン　110
フーコー，M.　38
プーチン，V.　95, 99
プーミポン・アドゥンラヤデート　173
フクヤマ，F.　4
ブッシュ，J. W.　23, 70, 128
プラユット・ジャンオーチャー　141, 174
ブレマー，I.　18, 20, 23
フン・セン　107
ヘーゲル，C.　110
ボールドウィン，R.　44
ポズナー，M.　181
ポラニー，K.　2, 3
ポル・ポト　188
ボルカー，P.　247

ま　行

マハティール・ビン・モハマド　211, 214-217
マルコス，F.　155, 220, 222, 223, 252
三木武夫　246
宮澤喜一　242, 248, 252, 255
村上泰亮　30, 244, 250
メガワティ，スカルノプトゥリ　197, 199, 208
毛沢東　125
モディ，N.　237

や　行

山崎正和　244
吉田茂　245

ら　行

ラジャパクサ，M.　118
リー・クアンユー　136
李克強　206
ルトワック，E.　73, 83, 136
レーガン，R.　247

わ　行

ワナ・マウン・ルウィン　181, 182

事項索引

あ 行

赤いノスタルジー　125
赤シャツ（UDD）　164, 168
アジア・インフラ投資銀行（AIIB）　98, 240, 241
アジア相互協力信頼醸成措置会議　99
アジア太平洋　1, 30-32, 36, 63, 64, 66, 71, 126, 137, 141, 231, 237, 238, 242
——同盟　104
アナキー　6, 17
アブ・サヤーフ　150
アメリカの平和　30
安全保障会議（NSC）　75
安全保障法制関連法案　235
イスラーム教　147, 148, 150, 151
イスラーム国（ISIS）　205
イスラーム主義　212
イスラーム復興　212
一帯一路　95, 98, 113, 116, 118
依法治国　124
インド・太平洋　1, 33, 66, 127, 141, 231, 238, 242
インバウンド消費　256
ヴィジョン 2020　214
宇宙　235
A2/AD 能力　77
沖縄返還　246

か 行

下位地域（サブ・リージョン）　147
海洋軸構想　240
黄シャツ（PAD）　163, 164, 168
期待の革命　37, 54
九段線（牛の舌）　35, 104
協力ゲーム　36
キリスト教　147, 148, 150
金本位制　28
クメール・ルージュ　188
グランド・ナラティヴ　161
グランド・バーゲン　172-174, 178, 179
グローバル・ガバナンス　7, 13, 15, 21, 23
クロニー資本主義　223
経済成長の政治　59
限定的パートナーシップ　119
憲法第九条　234
権力共有（パワー・シェアリング）　184, 185
構築主義　9
国際価値連鎖　43, 63
国際国家日本　248
国際分業　45
国民正義党（PKR）　216, 217
国民戦線（BN）　210, 228
国連　17
心の中の三八度線　245, 255
国家安全保障会議（NSC）　232
国家安全保障戦略　232

国家経済行動評議会（NEAC）　215
国家理性（レーゾン・デタ）　6
ゴルカル党（Partai Golkar）　199

さ　行

サイバー空間　235
サイバー・テロ　92
札束外交　122
サンフランシスコ条約　241
G7　13,14,19,21
Gゼロ　18,20
G20　20
市場経済（自己調整的市場）　2,3,28,259
社会主義市場経済　259
上海協力機構（SCO）　99
一九世紀文明　2-4
自由主義　2,28
自由世界　4,7,28
集団的自衛権　234
自由貿易協定　60
自由民主主義国家　259
シルクロード経済ベルト（一帯）　95,98
新疆ウイグル自治区　99,100
真珠の首飾り戦略　118,238
新常態（ニュー・ノーマル）　89
新秩序体制　197
人民良心党（PNR）　199
新冷戦　248
水陸機動団　233
スカーボロー礁　109
スプラトリー諸島　97
スマイル・カーブ　44
セーフティ・ネット　54,55
世界銀行　6,17
世界金融危機　155
世界システム　5,30
世界秩序　17
セカンド・トーマス礁　110,111
積極的平和主義→能動的平和主義　236
折衷主義　10
全方位外交　191
走出去　102
ソマリア危機　70

た　行

大インドネシア運動党（Gerindra）　199
大国主義　159
『大転換』　2
大東亜共栄圏パート2　253
太平洋国家　64-66
大メコン圏（GMS）　113,115,139
タイラックタイ党　162
多極化　15,16
ただ乗り　29
チェンマイ・イニシアティブ　55
地球温暖化　22
地政学　231
中央アジア高速鉄道　100
中韓 FTA　129,131
中国・ASEAN 戦略パートナーシップ共同宣言行動計画　114
中国の夢　82,126
中所得国の罠　56,59,153,155,204
中ロ軍事協力協定締結　118
朝貢システム　120,121
町人国家　247
帝国主義　3
ティラワ・マスタープラン　182
てこ　107,108,135,159,193,195

テロとの戦争　70, 101
天安門事件　71
ドイモイ　188-190
統一マレー国民組織（UMNO）　210-212, 215, 216, 219
東京戦略 2012　116
韜光養晦　82, 91
党国家体制　259
ドーハ・ラウンド　34
ドル本位制・GATT/WTO 体制　4, 7, 29, 83, 259, 260

な　行

二極体制　15
ニクソン・ドクトリン　246
二一世紀海上シルクロード（一路）　95, 98
二一世紀のアジア・太平洋と日本を考える懇談会　252
二〇世紀システム　4, 29, 259
日米安全保障条約　242
日米同盟　17, 232, 239
日米防衛協力のための指針（ガイドライン）　235
庭仕事（gardening）　79, 83, 103, 252
能動的平和主義→積極的平和主義　236

は　行

パックス・アメリカーナ（アメリカの平和）　4, 250, 259, 260
ハブ・アンド・スポークス　28, 63, 127, 170, 239, 258
バブル　248
バランス・オブ・パワー（力の均衡）　2, 28, 36, 128
汎アジア高速鉄道　100
バンコク首都圏　166
　拡大——　166
『反古典の政治経済学』　30
ピープル・パワー　220
ピヴォット（軸足）　65, 68
非核三原則　246
東アジア共同体　127
東アジア経済危機　155, 156, 209, 237, 254
東シナ海　92, 97, 104, 127, 233
ビジネス・プロセス・アウトソーシング（BPO）　225
ヒジャーブ（ヴェール）　213
必要最小限度の実力行使　234, 235
ビルマ式社会主義　177
武器輸出三原則等　233
富国強軍　29, 126, 260
二つの百年　93
仏教　147, 148
プラザ合意　14, 24, 155, 248, 249
ブラック・マンデー　248
文化大革命　125
米連邦準備理事会（FRB）　204
平和と繁栄のための戦略的パートナーシップに関する共同宣言　105
ヘゲモニー交代論　5, 6, 30
ヘッジ・ファンド　7, 55
ベルリンの壁　256
防衛装備移転三原則　233, 234
防衛装備庁　234
保護主義　60

ま　行

マイクロ・クレディット（小額融資）　167
マルクス・レーニン主義　123

マルティラテラリズム　34
マレーシア・イスラーム青年運動（ABIM）　213, 214
マレーシア・イスラーム党（PAS）　216, 217
マレーシア株式会社（Malaysia Inc.）　211, 214-216
マレーシア人民党　216
マレー人優先政策（ブミプトラ政策）　209, 214, 217, 218, 228
ミッソン・ダム建設　181
南シナ海　92, 96, 97, 104, 108, 122, 127, 134, 194, 207
——行動宣言　106
民主行動党（DAP）　216, 217
民主党（PD）　199
民主党闘争派（PDI-P）　199
民族の平和（ethnic peace）　218
メガ・リージョン　51, 52, 166
メコン河流域開発協力　114
モロ・イスラーム解放戦線　150
モロ民族解放戦線　150

や　行

野党連合（Barisan Alternative）　216
融資平台（融資プラットフォーム）　89
ユーラシア高速鉄道　100
吉田ドクトリン　30, 242, 245, 246, 248, 255

ら　行

ラカイン沖　183
リアリズム　9
リーマン・ショック　87, 123
立憲主義　17
リバランシング　65, 68, 69, 76, 95, 108, 128
カウンター——　93, 95
リンチピン（要）　129
冷戦　254, 255
歴史の終わり　4

欧　文

ADMM+（ASEAN Defense Ministers Meeting-Plus）　137
APEC（アジア太平洋経済協力）　237
ARF（ASEAN 地域フォーラム）　106, 107
ASEAN（東南アジア諸国連合）　6, 50, 51, 105, 107, 135-137, 147
——外相会議　109, 111, 183
——共同体　138
——経済共同体　58, 154, 186
——首脳会議　183
——・中国首脳会談　114
ASEAN-7　25, 26
ASEAN+8　106, 107, 237, 239
ASEAN+6　106, 237
ASEAN+3　109, 136, 137, 237
ASEAN+10　137
BRIC　39
BRICS　14
——銀行　30
DAC（OECD 開発援助委員会）　22
EU（欧州連合）　6, 24, 31, 43, 138
FTAAP（アジア太平洋自由貿易地域）　35
ICT（情報通信技術）　48
IMF（国際通貨基金）　6, 13, 17, 41, 215

IOT（internet of things）　38
LCC（ロー・コスト・キャリア）　47,48
NAFTA（北米自由貿易協定）　43
NATO（北大西洋条約機構）　6,17,28,31
NIEs（新興工業経済地域）　253
NLD（国民民主連盟）　117,176-178,184
ODA（政府開発援助）　22
OECD（経済協力開発機構）　17,21
RCEP（ASEAN＋6）　42
TPP（Trans-Pacific Partnership）　34,35,67,127,135,193,219,240,241,257,258
TTIP（Trans-Atlantic Trade and Investment Partnership）　34
USDP（連邦団結発展党）　176,184,185
WTO（世界貿易機構）　6,17,28,34,45

《著者紹介》

白石　隆（しらいし・たかし）

1950年　生まれ。
1972年　東京大学教養学部卒業。
1977年　コーネル大学大学院博士課程修了。
1986年　博士号取得（Ph.D.）。
東京大学教養学部助教授，コーネル大学教授，京都大学東南アジア研究所教授，政策研究大学院大学副学長，内閣府総合科学技術会議議員を経て，
現　在　政策研究大学院大学学長・日本貿易振興機構アジア経済研究所所長。
主　著　*An Age in Motion*, Cornell University Press, 1999., 大平正芳アジア太平洋賞受賞。
『インドネシア』リブロポート，1992年，新版，NTT出版，1996年，サントリー学芸賞受賞。
『海の帝国』中央公論新社，2000年，読売・吉野作造賞受賞。
『中国は東アジアをどう変えるか』（ハウ・カロラインとの共著）中央公論新社，2012年，ほか多数。

セミナー・知を究める①
海洋アジア vs. 大陸アジア
——日本の国家戦略を考える——

2016年2月10日　初版第1刷発行　〈検印省略〉

定価はカバーに
表示しています

著　者　白　石　　隆
発行者　杉　田　啓　三
印刷者　坂　本　喜　杏

発行所　株式会社　ミネルヴァ書房
607-8494　京都市山科区日ノ岡堤谷町1
電話代表　(075)581-5191
振替口座　01020-0-8076

冨山房インターナショナル・兼文堂

ISBN 978-4-623-07571-3
Printed in Japan

叢書・知を究める

①脳科学からみる子どもの心の育ち　乾　敏郎 著
②戦争という見世物　木下直之 著
③福祉工学への招待　伊福部　達 著
④日韓歴史認識問題とは何か　木村　幹 著
⑤堀河天皇吟抄　朧谷　寿 著
⑥人間《ひと》とは何ぞ　沓掛良彦 著
⑦18歳からの社会保障読本　小塩隆士 著